# HITLER UND DIE FRAUEN

# HITLER
# UND DIE FRAUEN

Herausgegeben von Ulrike Leutheusser

*unter Mitarbeit von*
*Astrid Harms und Thomas Hausner*

Mit Beiträgen von
Ulrike Leutheusser
Martha Schad
Helm Stierlin

Deutsche Verlags-Anstalt
Stuttgart München

Die Bildauswahl besorgten Astrid Harms und Thomas Hausner

Die Deutsche Bibliothek – CIP-Einheitsaufnahme
Ein Titeldatensatz für diese Publikation ist
bei Der Deutschen Bibliothek erhältlich


Satz: EDV-Fotosatz Huber/Verlagsservice G. Pfeifer, Germering
Druck und Bindearbeiten: GGP Media, Pößneck
ISBN 3-421-05557-2

# Inhalt

Ulrike Leutheusser

# Hitler und die Deutschen

## Verführung und Unterwerfung

Den »widrigen Gegenstand«, so hat der Historiker Golo Mann den Führer der NSDAP und Verderber Deutschlands genannt. Hitler und die Deutschen – das ist ein Thema von Verführung und Gewalt, von Halluzination und Vernichtung, von Täuschung und Selbsttäuschung, von Depression, Verzweiflung und messianischer Hoffnung am Anfang und dem Verlust aller Hoffnung, aller Vergangenheit und, am bitteren Ende, aller Zukunft.

Das Dritte Reich war ein radikaler Bruch mit allem, was vorher gewesen war, ein Bruch mit allem alten Glauben und aller Realität. Der Einsatz der alten Zeichen und Symbole, vom »Tag von Potsdam« bis zu der Heinrich-Verehrung in Quedlinburg, war Kostümierung, eine Art Illusionstheater, das mit Preußens »Üb' immer Treu und Redlichkeit« oder den christlichen Kaisern des Heiligen Römischen Reiches nichts zu tun hatte. Jene Schauer-Trauer-Dramen zum Andenken an die alten Kämpfer, die Albert Speer an jedem 9. November in München wie Theaterkulissen aufzubauen wußte, und die heroischen Inszenierungen, welche Leni Riefenstahl in eine neue Kunstform des Films bannte, waren buchstäblich Schall und Rauch, Fahnenmeer und Lichterdom. Dazu wurden auch, wie in einer Schwarzen Messe, Elemente der kirchlich-christlichen Liturgie genutzt, die den Menschen irgendwie bekannt vorkamen, ihnen Vertrauen suggerierten, sie geneigt machten zum Glauben an die Götzen der

Moderne. Doch nichts stand dahinter als der Zynismus der Macht, die nichts, aber auch gar nichts über sich anerkannte. Es war, wie Ernst Niekisch schon in den zwanziger Jahren geschrieben hatte, das »Reich der niederen Dämonen«. Jene »völkische Revolution«, die 1933 ausgerufen und sogleich durchgesetzt wurde, mit Tricks, Verbrechen, Terror und pseudolegalen Gesetzen, war die Revolution des Nihilismus.

Hitler und die Deutschen – darüber ist viel geschrieben worden, und mit den Jahren immer mehr, statt, wie man vielleicht hätte erwarten können, weniger. Hitler, Österreicher von Geburt, später nach Ausbürgerung staatenlos, hatte bis zur Einbürgerung durch die Regierung von Braunschweig 1932 nicht einmal einen deutschen Paß. Von Anfang bis Ende waren ihm die Deutschen nichts als Werkzeug zur Verwirklichung eines wüsten Traumes von Weltmacht oder Untergang. Am Ende, als alles auf den Untergang zutrieb, hat er kalt festgestellt, wenn die Deutschen nicht siegen könnten, dann verdienten sie die Katastrophe. Dann waren sie kein Herrenvolk, seiner Sendung nicht wert gewesen.

Diese eisige Kälte, diese widermenschliche Distanz, dieser radikale Zynismus: War den Männern und Frauen, die ihn wählten und ihm zujubelten und bis zum Ende an ihn glaubten wie an einen Messias – war ihnen verborgen, welches Schicksal er ihnen und den Ihren zugedacht hatte? Verstanden sie nicht, was er sagte und was das für ihr persönliches Schicksal und ihr bißchen Lebensglück bedeutete? Niemals ist die Zukunft eines Volkes so zynisch verwettet worden wie durch Hitler und seine Vollstrecker. Was er versprach, war, hinter berauschenden Reden vom Frieden und vom tausendjährigen Reich, Eroberung und Krieg gegen die ganze Welt, der unvorstellbare Opfer kosten mußte an Gut und Blut: Männer und Frauen, Alte und Junge. Niemals allerdings ist in Deutschland auch von breiten Schichten so viel blinder Glaube auf einen einzigen Mann gewendet worden.

Eines indes darf bei der späten Betrachtung nicht vergessen werden. Es war nicht die Gesamtheit der Nation, die Hitler wählte und, als er die totale Macht hatte, ihm folgte. Die Nazis behaupteten nahezu vom ersten Tage, wie um den finsteren Coup-Charakter ihrer »Machtergreifung« zu verstecken, es stehe hinter dem Führer das ganze Volk. Von der deutschen Nation sprachen sie, aber sie meinten nicht die darin aufgehobenen Werte der Demokratie und den Rechtsstaat, den aufrechten Gang und die Meinungsfreiheit. Im Gegenteil: Sie wollten nicht nur die deutsche Revolution von 1918 ungeschehen machen, sondern auch Rußlands Revolution und die Französische Revolution. Im Gewand einer monströsen Geschichtsrevision wollten sie die letzte, die abschließende Revolution wider alle Revolutionen.

Die demokratische Verfassung von 1919 nutzten sie allein in der kurzen Phase des Legalitätskurses zwischen dem Münchner Bierhallenputsch von 1923 und dem Einzug in die Reichskanzlei knapp zehn Jahre später – um sie dann, nach Erringung der Macht, zu zerstören, als hätte es sie nie gegeben. Die Vergangenheit der Republik war nur noch »Systemzeit«, die Bismarckzeit das »Zweite Reich«, Vorstufe des eigentlichen und letzten, des tausendjährigen »Dritten Reiches«. Geschichte war Manipulation und Mummenschanz.

Vor dem Krisenjahr 1930 fand die gesamte »völkische Bewegung« statt ohne das Volk. Die NS-Bewegung war eine lärmende Sekte am rechten wilden und wirren Rande der Weimarer Republik. Erst im Gefolge der Weltwirtschaftskrise, die Deutschland hart traf, härter als die anderen westeuropäischen Staaten, gelang den brutalen Marschierern der Einbruch in breite Bevölkerungsschichten in Stadt und Land. In der Krise stieg die Bitternis des verlorenen Weltkrieges wieder auf, zusammen mit den wirtschaftlich belastenden Folgen. Die rasende Inflation der frühen zwanziger Jahre hatte die Sparvermögen der kleinen Leute und des Mittelstands zu Staub gemacht. Zur Verarmung dieser Schichten aber kam die Massenarbeitslosigkeit, als die kurzen Blütejahre der Weimarer Republik im großen Crash des Herbstes 1929 abstürzten und die Bankenkrise 1931 noch einmal nachsetzte. Auf dem Höhepunkt 1931/32 zählte man an die sechs Millionen Arbeitslose, weitere Millionen wurden, da sie zuvor nicht in registrierten Arbeitsverhältnissen gewesen waren, vor allem auf dem Lande, gar nicht mehr gezählt. Arbeitslosigkeit aber bedeutete damals sehr schnell, vor dem Nichts zu stehen, unterzugehen in Hoffnungslosigkeit, Armut und Verzweiflung.

In seinem Hörsaal in Heidelberg hat damals der Philosoph Karl Jaspers eine Vorlesung gehalten, »Die geistige Situation der Zeit«, alsbald als Band 1000 der renommierten Reihe Göschen publiziert und landauf, landab gelesen und weitergereicht.

Jaspers Diagnose: »Es ist wohl ein Bewußtsein verbreitet: alles versagt; es gibt nichts, das nicht fragwürdig wäre; nichts Eigentliches bewährt sich; es ist ein endloser Wirbel, der in gegenseitigem Betrügen und Sichselbstbetrügen durch Ideologien seinen Bestand hat. Das Bewußtsein des Zeitalters löst sich von jedem Sein und beschäftigt sich mit sich selbst. Wer so denkt, fühlt sich zugleich selbst als nichts. Sein Bewußtsein des Endes ist zugleich Nichtigkeitsbewußtsein seines eigenen Wesens. Das losgelöste Zeitbewußtsein hat sich überschlagen.«

Was Jaspers sagte, war wie eine Röntgenaufnahme des seelisch-politischen Zustands der Deutschen, mit Hitler und den deutschen Kommunisten vor den Mauern der Republik. Aber diese Mauern wurden von den Demokraten kaum noch verteidigt, und auch nicht mehr von dem greisen Reichspräsidenten und seinen Kanzlern.

Die Anziehungskraft der Hitler-Bewegung – denn das war die in München 1920 gegründete und 1930 aus dem Bodensatz der Gesellschaft emporsteigende NSDAP – beruhte im wesentlichen darauf, daß sie die alten sozialen Fronten zu überwinden vorgab und allen alles versprach: »National« klang rechts, »sozialistisch« klang links, »deutsch« klang nach Volksgemeinschaft, »Arbeiterpartei« klang nach sozialer Versöhnung. Nach dem Untergang von Kaiserreich und Republik versuchten die politischen Gaukler die Massen mit ihren Parolen zu ködern. Ausgeschlossen waren und als Feinde und Verräter diffamiert: Demokraten, Kommunisten, Liberale, Christen. Und schließlich zur totalen Vernichtung bestimmt: die Juden.

In einem Klima des Hasses und des kaum noch unterdrückten Bürgerkriegs war die NSDAP nicht die einzige militante Gruppe der späten Weimarer Jahre. Sie war aber, spiegelbildlich zu den Kommunisten, die radikalste und gewalttätigste. Das Straßenbild war bestimmt von Uniformen, in Reih und Glied marschierenden Männern, Fahnen, Knüppeleien, wilden Gesängen, Hetzreden und blutigen Slogans.

Auffallend war die Abwesenheit von Frauen in der Bewegung.

Die Inflation, die Massenarbeitslosigkeit, die Angst vor dem Absturz, vor dem Nichts und vor den Partisanen Stalins waren es, die die Menschen erst ins politische Delirium versetzten und dann Hitler zutrieben. Aber selbst auf dem Höhepunkt der wirtschaftlichen Not gewann die Hitler-Bewegung keine Mehrheit. Bei den Reichstagswahlen im Juli 1932 errang die NSDAP – bei extrem hoher Wahlbeteiligung von über 80 Prozent – 37,4 Prozent der Stimmen. Und im November desselben Jahres, als nach einem Mißtrauensvotum gegen die ohne Rückhalt des Parlaments agierende Regierung Papen und der nachfolgenden Auflösung des Reichstags im September wieder gewählt wurde, waren es nur noch 33,1 Prozent. Der NSDAP waren zwei Millionen Wähler verloren gegangen. Die wilden Marschierer waren besiegbar, die führenden Männer der »Bewegung« sahen ihre Chance schwinden. Hitler dachte an Selbstmord. Die Regierung des Generals von Schleicher war nicht ohne Chance, gestützt auf Reichswehr und Länderpolizei, die Krise politisch durchzustehen und, so glaubte man damals, Zeit zu gewinnen.

Es kam anders. Die sogenannte »Machtergreifung« war eine Art Palast-Coup, gestützt auf die Ausnahmebefugnisse des Artikels 48, des Notstandsparagraphen der Reichsverfassung, auf die »Harzburger Front« der sogenannten nationalen Verbände, auf die Deutschnationalen und, vor allem, auf die NSDAP. Bis zum

Der Verführer Hitler in inszenierten Rednerposen,
vier Zigarettensammelbilder

»Preußenschlag« am 20. Juli 1932, als die Reichsregierung Papen die Weimarer Koalition (von den Linksliberalen über das katholische Zentrum bis zu den Sozialdemokraten) aus dem Amt jagte, war Preußen ein demokratisches Musterland gewesen, stabil und stetig. Aber die Regierung Braun/Severing konnte Beamtenapparat und Polizei nicht mehr zu ihrer Verteidigung mobilisieren, und selbst nicht das sozialdemokratische »Reichsbanner Schwarz-Rot-Gold«.

Nach dem 30. Januar 1933 wurden in den Händen der neuen Herren Polizei und Armee zum Instrument, die Macht zu befestigen. Innerhalb weniger Monate waren die Gegenkräfte beseitigt, SA und SS machten all jenen Angst, die demokratieverdächtig waren oder noch Zurückhaltung wagten.

Die ersten Konzentrationslager wurden eröffnet vor aller Augen. Das schuf Mitwisser und schüchterte alle ein. Die »Reichstagsbrandverordnung« hob am 28. Februar 1933 alle Rechtsgarantien auf. Das »Ermächtigungsgesetz« vom 23. März 1933 gab der neuen Reichsregierung nahezu unbeschränkte Vollmachten. Was noch fehlte, nahm sie sich. Vier Monate nach dem 30. Januar 1933 herrschte in Deutschland die totalitäre Diktatur. Die Verzweiflung vieler darf nicht darüber hinwegtäuschen, daß große Teile der Bevölkerung das Regime begrüßten. Doch selbst bei den bereits unter Druck und Drohung stattfindenden Reichstagswahlen des 5. März 1933 konnte die NSDAP nicht mehr als 43,9 Prozent der Stimmen gewinnen. Den Test freier Wahlen hat Hitler seitdem gescheut, und die Behauptung, die Zustimmung zur Diktatur sei total gewesen und habe die Einheit von Volk und Führer bewirkt, ist Propagandathese der Nationalsozialisten und durch nichts zu belegen. Dennoch wurde sie später durch die Gegenpropaganda nachgebetet. Die Gestapo, die so vieles wußte und in ihren »Meldungen aus dem Reich« weiterreichte, war jedenfalls niemals beruhigt über den Grad der tatsächlich gegebenen Zustimmung. Terror und Propaganda blieben unentbehrliche Mittel des Regimes und durchdrangen alle Lebensbereiche, die Betriebe ebenso wie die Familien, die Kirchen und das Militär. Die Jugendorganisationen, aufgebaut nach dem Modell Stalins und Mussolinis, hatten keine andere Aufgabe, als die Geister zu formieren und zu kontrollieren.

Hitler und die Deutschen – mehr als die Hälfte waren Frauen. Von Anfang an war die NSDAP ein Männerbund, dem, zumal in der von dem aus der Reichswehr ausgestoßenen Ex-Hauptmann Ernst Röhm aufgebauten SA, starke homoerotische Züge nicht fehlten. Frauen spielten weder in der Führung noch in der Partei eine Rolle. Auch ist erwiesen, daß bis 1930 Frauen weniger von ihrem Wahlrecht Gebrauch machten und kaum dazu neigten, für Parteien der extremen Rechten oder Linken zu stimmen. Das änderte sich erst im Wirbel der Wirtschaftskrise und der Massenarbeitslosigkeit: Fortan wurden auch die Frauen den Extremen zugetrieben. Im März 1933 waren dann am Erfolg der NSDAP Frauen mehr beteiligt als Männer. Die Macht übte ihren Sog aus, und die NS-Propaganda fand offenkundig Themen und Töne, um die Frauen anzusprechen.

Gleichzeitig gab es aber auch Frauen, die vom Charme Hitlers und seinem Willen zur Macht magnetisch angezogen waren. Anfang der zwanziger Jahre fand Hitler, damals knapp über dreißig Jahre alt, in der gehobenen Münchner Gesellschaft, die von der Räterepublik 1919 traumatisiert war, eine Reihe ihm wohlgesonnener älterer Frauen, die ihn finanziell förderten und ihm Manieren beibrachten. So wurde der ehemalige Reichswehragitator, der seine Raubtier-Erziehung in der Dschungelwelt des Wiener Männerheims erhalten hatte, gesellschaftsfähig. Von seiner Umgebung und besonders gern von Winifred Wagner in Bayreuth ließ er sich »Wolf« nennen. Halb Sohn, halb ersehnter Geliebter, wußte Hitler die Damen, die ihn bemutterten, auszunutzen.

Aber erst nach dem Scheitern des Marsches auf die Feldherrnhalle in München am 9. November 1923 und dem Absitzen der dafür verhängten milden Strafe in der – nicht unehrenhaften und zudem mit Lesestoff bereicherten – Landsberger Festungshaft kamen die Frauen insgesamt in sein Blickfeld. Denn mit dem Schein der Legalität war die Notwendigkeit verbunden, in allgemeinen Wahlen Stimmen zu gewinnen. Dafür waren Frauen unentbehrlich. Innerhalb der »Bewegung«, der SA und sonstiger Untergliederungen dagegen spielten sie so gut wie keine Rolle. Die NSDAP war und blieb immer Männerpartei.

Hitler allerdings legte großen Wert darauf, die Wählerinnen der Bewegung nicht nur über das Programm, das wahrscheinlich wenige jemals lasen – von *Mein Kampf* gar nicht zu reden – zu gewinnen, sondern als messianischer Heilsbringer, als Objekt einer zugleich distanzierten und nahen Machterotik. Daher durfte keine der Gesellschaftsdamen, die ihn förderten, oder der jungen Frauen, die ihn anhimmelten, jemals im Licht der Scheinwerfer ihm zu nahe kommen, mit Ausnahme von Winifred Wagner. Das hatte nichts mit Bewahrung der Privatsphäre zu tun, wie sie ein bürgerlicher Mensch gesucht hätte, sondern ausschließlich mit dem Bild des mönchischen Erlösers, auf den sich millionenfach weibliche Sehnsüchte richten sollten – und wahrscheinlich richteten.

Auffallend ist schon, daß in den ersten Monaten des neuen Regimes weithin Aufbruchstimmung herrschte. Die Zahl der Heiraten stieg dramatisch und auch die Zahl der Geburten. Die neuen Vornamen waren die von NSDAP-Ikonen wie Horst und Adolf. Auf der weiblichen Seite gab es auffallend viele Heidruns und Gerhilds. Die Statistik jedenfalls zeigt einen tiefen emotionalen Wandel gegenüber der Zeit der Depression, lange bevor es wirtschaftlich besser ging. Die neuen Ehestandsdarlehen allein erklären das nicht.

Es war die Aura der Macht, die Hitler und den Seinen die Zustimmung von mehr Frauen gewann. Die Filme der Leni Riefenstahl waren Propaganda und gaben Rollenmodelle vor, wenn sie die Frauen mit hingebungsvoll schmachtenden Augen, auf den »Führer« gerichtet, zeigte. Durch die umfassende Organisation und Uniformierung der Gesellschaft, vom Bund deutscher Mädel

BDM – der weiblichen Entsprechung der Hitlerjugend HJ – bis zur NS-Frauenschaft, vom Winterhilfswerk bis zum Mutterkreuz wurden die Frauen vom Regime erfaßt, vereinnahmt und benutzt.

Die Partei-Ideologen entwickelten ein Frauenbild, und die Regimemaler und Bildhauer reproduzierten es mit maschinenhafter Wiederholung, das alles unterdrückte und unter Verdacht stellte, was mit der weiblichen Emanzipation der zwanziger Jahre zu verbinden war: von französischem Parfüm bis zu lackierten Fingernägeln, vom Bubikopf bis zum Rauchen, zum Jazz und – dies vor allem – zur Karriere. Die »deutsche Frau« des nun vorgegebenen Modells rauchte nicht, lackierte nicht die Fingernägel, scheute sich nicht vor Kernseife, trug keine für rüstungswichtige Devisen eingekauften Seidenstrümpfe und knotete ihr Haar, zum bäuerlichen Zopf geflochten. Die NS-Reichsfrauenführerin Gertrud Scholtz-Klink, Musterfrau wie aus dem Katalog, trug übrigens einen künstlichen Haarzopf zu ihren zahlreichen öffentlichen Auftritten. Frauen sollten Dienerin des Mannes und Gebärerin seiner Kinder sein.

Das damals erfundene diffamierende Wort vom »Doppelverdiener« meinte nicht den Empfänger zweier Gehälter, sondern war dazu bestimmt, verheiratete Frauen aus dem Beruf zu drängen. Erst im Verlauf des Krieges änderte sich dies, und Frauen hatten wieder eine Chance. Da die Männer an der Front waren, wurden sie wieder vermehrt zum Studium zugelassen. Andererseits wurden sie zur Arbeit verpflichtet.

Hitler war sich wohl bewußt, daß die erotisch-politische Loyalität, die in den hektischen Vorkriegsjahren durch Verführung und Zwang aufgebaut worden war, wenig belastbar sein würde. Wirtschaftlicher Wohlstand war durch Arbeitsbeschaffung und Aufrüstung erreicht worden. Lange Zeit sollte es deshalb Butter und Kanonen geben. Die »deutsche Frau«, jenes Kollektivwesen mit blonden Haaren, blauen Augen, in ewiger Schwangerschaft und dem »Führer« treu ergeben, sollte vom Krieg und seinen

Von Tränen überwältigt: Frauen grüßen Hitler

Schrecknissen, außer durch Fanfaren und Siegesmeldungen im »Volksempfänger«, möglichst wenig spüren.

Lebensmittelkarten und Schlangestehen, Luftangriffe und Todesmeldungen waren nicht vorgesehen. Wenn der Sohn, der Mann oder Bruder eines elenden Todes gestorben war, irgendwo auf den Schlachtfeldern Europas oder Afrikas, dann mußte »in stolzer Trauer für Führer und Volk« dies in die Zeitungen eingerückt werden.

Im Verlauf des Krieges, als Hunderttausende in Rußland umkamen, wurde selbst dies, da der Anblick der massenhaften schwarzen Anzeigen mit Eisernem Kreuz die Heimatfront ins Wanken bringen konnte, verboten. Die nationalsozialistische Propaganda war Lüge von Anfang bis Ende: für die Männer wie für die Frauen. Man muß sie gewissermaßen gegen den Strich lesen: als Eingeständnis nämlich, daß es mit der Einheit von Führer und Volk und der mystischen Ehe zwischen Hitler und den deutschen Frauen nicht weit her gewesen sein kann.

Die Geschichte der nationalsozialistischen Ära ist jahrzehntelang so geschrieben und dargestellt worden, als habe es sich nahezu ausschließlich um eine Männersache gehandelt. Die Entdeckung der Frauen in der Geschichte der deutschen Diktatur sagt nicht nur etwas über Herrschaftstechnik und Ideologie des Dritten Reiches in seiner Zeit, sondern auch über politische Verführung und Verführbarkeit zu aller Zeit.

Martha Schad

# »Das Auge war vor allen Dingen ungeheuer anziehend«

## Freundinnen und Verehrerinnen

Nicht ohne Dankbarkeit gedachte Adolf Hitler in seiner Rede am 8. November 1934 in München »der gläubigsten Schicht seines Glaubensvolkes«, der Frauen. Er zitierte eine amerikanische Zeitschrift, die meinte, das Schlimmste am Nationalsozialismus seien die Frauen. Hitler: »Ja! Ich weiß, daß ich die ganzen Jahre hindurch gerade in den Frauen meines Volkes meine fanatischsten Anhänger besitze.« Er erinnerte daran, daß ihn seit 1920 Frauen beschirmt, gefördert und finanziell unterstützt hatten. Der Kult, der sich um seine Person entwickelte, und der überreizte Ton der ihn verehrenden Frauen sind gute Beispiele für die »Rolle der Erotik in der modernen Massenpropaganda«. Hitlers außergewöhnliche charismatische Ausstrahlung ließ Frauen, ob BDM-Mädchen oder Mitglied der NS-Frauenschaft, jubeln, wenn er auftauchte. Sie lauschten seinen »Ekstaseformeln«, waren bereit ihm Kinder zu gebären, sogar bereit, mit ihm in den Tod zu gehen.

Eine der seltenen Stellen in Hitlers *Mein Kampf*, die eine menschliche Gefühlsregung offenbart, lautet: »Ich hatte den Vater verehrt, die Mutter jedoch geliebt.« Hitler, am 20. April 1889 in Braunau geboren, »in diesem von den Strahlen deutschen Märtyrertums vergoldeten Innstädtchen, bayerisch dem Blute, österrei-

---

Die Beiträge Martha Schads entstanden auf der Grundlage der Fernsehserie *Hitler und die Frauen* im Bayerischen Fernsehen (Filmautor: Thomas Hausner).

Alois Hitler

Klara Hitler

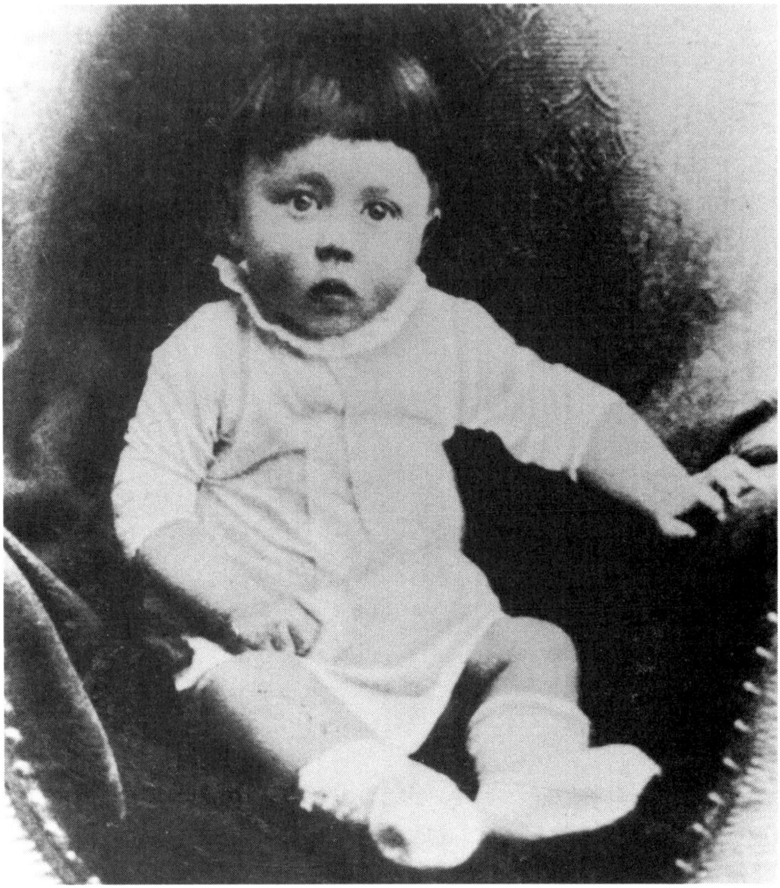

Hitler als Baby

chisch dem Staate nach«, bezeichnete seinen Vater als pflichtgetreuen Staatsbeamten, seine im Haushalt aufgehende Mutter nannte er ihren Kindern in ewig gleicher liebevoller Sorge zugetan.

Hitlers Mutter Klara war dreiundzwanzig Jahre jünger als ihr verwitweter 48-jähriger Vetter Alois, der sie mit kirchlichem Dispens heiratete. Er hatte sie schon vor dem Ableben seiner ersten Frau geschwängert. Auch nach der Hochzeit nannte Klara ihren Mann »Onkel«. Sie brachte innerhalb von zweieinhalb Jah-

Hitler (oben Mitte) mit seiner Leondinger Volksschulklasse 1899

ren drei Kinder zur Welt und verlor alle drei innerhalb von fünf Wochen an Diphtherie. Von den folgenden drei Kindern überlebten nur Adolf und Paula. Der Vater, ein herrschsüchtiger Ehemann, zeigte seinem Sohn gegenüber äußerste Strenge und schlug ihn bei jeder sich bietenden Gelegenheit. Die hilflose Mutter wagte nicht, dagegen einzuschreiten.

Als der die Familie tyrannisierende Alois Hitler 1903 starb, war es für die Familie eine Erlösung. Da Adolf Hitler schon seit Herbst 1900 in die Linzer Realschule ging, zog seine Mutter auch nach Linz und nahm eine Wohnung im dritten Stock des Hauses Humboldtstraße 31. Wegen anhaltender schlechter Leistungen mußte Hitler die Linzer Realschule allerdings bald verlassen. Die Mutter schickte ihn daraufhin in die nächstgelegene Realschule nach Steyr. Auch dort schaffte er die Versetzung nicht. Er flüchtete sich in eine Krankheit, die keine war, und brachte seine Mutter dazu, einzuwilligen, daß er die Schule abbrach. Er ließ sich von der Mutter und ihrer mit einem körperlichen Leiden behafteten Schwester Johanna verwöhnen und aushalten. Die folgenden Jahre in Linz nannte Hitler die »glücklichsten Tage, die mir nahezu als ein schöner Traum erschienen«. Er habe als »Muttersöhnchen in der Hohlheit des gemächlichen Lebens, in weichen Daunen gelebt«.

Klara Hitler starb 1907 an Krebs. Der jüdische Hausarzt Dr. Eduard Bloch, der sie bis zu ihrem Tode behandelte, erinnerte sich: »Ich habe in meiner beinahe vierzig jährigen ärztlichen Tätigkeit nie einen jungen Menschen so schmerzgebrochen und leiderfüllt gesehen, wie es der junge Adolf Hitler gewesen ist.« Bloch nannte Adolfs Liebe zu seiner Mutter »sein auffälligstes Merkmal«.

Adolf Hitler verklärte seine Mutter später: Ihren Geburtstag, den 12. August, erklärte er 1938 zum »Ehrentag der deutschen Mutter«. Eine Fotografie seiner Mutter hatte Hitler selbst noch in den letzten Tagen im Bunker in Berlin bei sich. Hitlers Telefonist und Funker Rochus Misch erinnert sich, daß dort im Schlafzimmer über dem Bett ein Bild der Mutter hing.

In der Linzer Zeit überkam Hitler eine romantisch-schwärmerische Liebe, die ohne Erfüllung geblieben ist. Hitler, der bereits 1904 im Linzer »Verein der von Tisch und Bett Getrennten« gerne Vorträge hörte, schwärmte für ein hübsches blondes Linzer Mädchen namens Stefanie Rabatsch, mit der er nie ein Wort gesprochen hatte. Sie erschien ihm als weibliches Schönheitsideal, allerdings auch unerreichbar, da sie die Tochter eines hohen Regierungsbeamten war und er nur ein armer »Student«. Doch in einem Brief versicherte er ihr, daß er nach Abschluß seines Studiums um ihre Hand anhalten werde. Stefanie verlobte sich 1908 mit einem Hauptmann des in Linz stationierten Hessenregimentes. Sie erfuhr erst später durch Historiker, daß sie die Angebetete des jungen Adolf Hitler gewesen war.

In Wien soll dann eine Emilie die erste Geliebte des 23jährigen Hitlers gewesen sein. So erzählte es später Hitler seiner Sekretärin Christa Schroeder. Eine Emilie gab es tatsächlich: Sie war die 17jährige Schwester von Hitlers Freund Häusler, den er im Män-

Stefanie Rabatsch, Hitlers Angebetete

Hitler auf dem Münchner Odeonsplatz am 1. August 1914, dem Tag der deutschen Mobilmachung und Kriegserklärung an Rußland

nerheim in Wien kennengelernt hatte, ein überaus schüchternes Mädchen, das nie unkontrolliert das Haus verlassen durfte, und somit blieb diese Liebe zu ihr auf eine farbige Zeichnung von Hitler für »Millis« Poesiealbum beschränkt.

Die Linzer »Liebesgeschichte« erzählte Hitler noch 1910 in seiner Männerheimzeit in Wien. Es scheint, als habe sich in den dazwischen liegenden Jahren in Beziehungen zu Frauen nicht viel abgespielt. Der Hauptbeweggrund für Hitlers damalige sexuelle Enthaltsamkeit war nach Aussage seines Wiener Freundes August Kubizek die Angst vor einer »Infektion«, der Syphilis. In »Mein Kampf« widmete er dieser Krankheit dreizehn Seiten. Das hohe Ansteckungspotential, vor allem durch Prostituierte, ließ ihn auf deren Verführungskünste und eine geschlechtliche Befriedigung verzichten. Er plädierte für ein Verbot der Prostitution, diese »Schande jeder Nation«, die das »Volk« und die »Rasse« schädige.

Hitlers Wunsch, in Wien Malerei oder Architektur zu studieren, blieb unerfüllt. Die Akademie der Bildenden Künste in Wien lehnte seine Aufnahme wegen mangelndem Talent ab. Er ging 1913 nach München und versuchte sich als selbsternannter, wenig erfolgreicher Kunstmaler oder war als schlichter Kopist tätig: ein Einfaltspinsel, der versuchte, so realistisch wie möglich Pinselstrich um Pinselstrich abzumalen. Das in voller Blüte stehende Künstlerleben in Schwabing, wo sich neben vielen anderen in dieser Zeit die Künstler des »Blauen Reiter« um Wassily Kandinsky und Gabriele Münter aufhielten, erwähnte Hitler später nie. Kontakte mit Frauen in dieser Zeit sind nicht belegbar.

Bei Ausbruch des Ersten Weltkriegs zog Hitler als Gefreiter in den Krieg, in eine Welt, in der Frauen keinen Platz hatten. Er fühlte sich wohl in dieser Männerwelt. Im März 1920 wurde Hitler aus der Reichswehr entlassen. Der jetzt dreißigjährige berufslose Soldat war im September 1919 der Deutschen Arbeiterpartei beigetreten, die 1920 in Nationalsozialistische Deutsche Arbeiterpartei (NSDAP) umbenannt wurde – ihr Programm war antisemitisch, reaktionär und frauenfeindlich. Am 29. Juli 1921 wurde Hitler im Festsaal des Hofbräuhauses in München unter tumultuösen Applaus einstimmig zum Ersten Vorsitzenden gewählt. In der Folge entwickelte er sich zum Agitator und Motor dieser Partei, die bald andere Gruppen an Geschlossenheit und Radikalität übertraf.

Seinen Lebensunterhalt bestritt Hitler damals angeblich aus Honoraren für gelegentliche Vorträge außerhalb der Partei, von der er »keinen Pfennig« bekomme. Auf Fragen nach seinen Finanzen reagierte er äußerst heftig. Man sprach bald von finanziellen Unregelmäßigkeiten, denn der »König von München« pflegte einen aufwendigen Lebensstil und suchte in Gegenwart von – sogar zigarettenrauchenden – Frauen Zerstreuung. Der Bierkelleragitator, der sich zum Starredner seiner Partei entwickelt hatte, gab allerdings zu, daß er von einigen Parteigenossen mit kleineren Beträgen unterstützt wurde und sich auch Frauen um ihn kümmerten.

Adolf Hitler als bayerischer Infanterist 1915 (rechts sitzend)

»Von meinen mütterlichen Freundinnen war allein die alte Frau Direktor Hofmann von einer stets nur gütigen Sorglichkeit.« Diese Aussage machte Adolf Hitler am 10. März 1942 bei einem Tischgespräch in der »Wolfsschanze«. Er sprach von der Witwe Hoffmann, die ihn schon 1920 unter ihre Fittiche nahm. Es handelt sich um die 1857 geborene Hermine Jahn (nicht Carola, wie fälschlicherweise immer wieder geschrieben wird). Mit 18 Jahren war sie die Ehefrau des Oberstudiendirektors Dr. Karl Hoffmann geworden.

Hermine Hoffmann erlebte Hitler 1920 bei einer Versammlung in einer Gastwirtschaft »Im Tal« in München. Von da an wußte sie, daß »hier ein Mann stand, der die Berufung in sich hatte, ein neues Deutschland heraufzuführen. Und von da an hat sie alles miterlebt: die erste Saalschlacht im Hofbräuhaus, den Kampf der nächsten Jahre, den Verrat am 9. November.« Es gelang ihr auch tatsächlich, nach jenem fehlgeschlagenen Putsch der

Hitler-Anhänger vom 9. November 1923 beim Justizministerium eine Erlaubnis zu erhalten, Adolf Hitler einmal im Monat in der Festungshaft in Landsberg zu besuchen. Wie sie erzählte, spielte sich in Landsberg dabei die folgende Szene ab: Hitler habe sich beklagt, daß es in ihm so düster und trüb sei wie draußen in der Natur. Grund dieser Stimmung sei: Er habe keine Mutter. Daraufhin habe sie gesagt: »Dann will ich Ihre Mutter sein.« Hitler sei dann aufgestanden und habe sie geküßt. Fest steht: Sie nannte ihn fortan »meinen Adolf«, er sprach sie als »Mutterl« an. Nach seiner Entlassung aus Landsberg verehrte er Hermine Hoffmann zu Weihnachten 1925 ein Porträtfoto mit Widmung und später auch ein Exemplar jener Sonderausgabe von *Mein Kampf*, von der nur fünfhundert Stück gedruckt worden waren.

Hermine Hoffmann hatte die Parteinummer 584. Zusammen mit ihr sowie einigen anderen einsatzbereiten Frauen der Bewegung hatte Gauleiter Adolf Wagner die »Arbeitsgemeinschaft nationalsozialistischer Frauen« gegründet. 1923 rief die Parteigenossin die NS-Frauenschafts-Ortsgruppe Solln ins Leben.

Wenn Hitler als Gast zu seiner mütterlichen Freundin nach Solln kam, wurden tatsächlich »eifrig viele Kuchen für ihn gebacken«, und das Haus glich zeitweise einer »inoffiziellen Parteizentrale«. Was für Hitler allerdings wichtiger war als feiner Kuchen, war die Tatsache, daß Hermine Hoffmann Kontakte knüpfte zu Industriellen im vornehmen Münchner Vorort Solln, um Geld für ihn und seine politischen Ziele zu sammeln. Hitler ließ es sich nicht nehmen – auch nach der Machtergreifung 1933 –, jeweils am 11. Juli nach Solln zu kommen, um seinem »Mutterl« zum Geburtstag zu gratulieren. Er fuhr dann mit einigen Wagen vor, stieg aus und ging schnurstracks in ihr Haus. Hermine Hoffmann lief ihm entgegen und freute sich, nach der Aussage einer Hausangestellten, »wie ein Kind an Weihnachten«.

Hitler schenkte ihr gern gelbe Rosen, die er bei anderen Gelegenheiten durch seinen Adjutanten, SS-Obergruppenführer Julius Schaub, überbringen ließ. Sie sandte nach Hitlers Geburtstagsbesuchen seinen Rosenstrauß zum Schmuck in die Sollner Kirche.

Bemerkenswert an der Beziehung zwischen Adolf Hitler und Hermine Hoffmann ist vor allem die Tatsache, daß die alte Dame tiefreligiös war. Sie hatte als junges Mädchen das Erziehungsinstitut der Salesianerinnen in Dietramszell besucht. Am Herz-Jesu-Freitag, dem ersten Freitag in jedem Monat, bat sie einen Geistlichen zu sich, um bei ihm zu beichten. So blieb auch trotz der regelmäßigen Hitlerbesuche das Kruzifix in ihrer Wohnung. In Bayern hatte nämlich das sogenannte »Kruzifixverbot« von 1941 für große Aufregung gesorgt. Hauptsächlich Frauen protestierten gegen diese obrigkeitliche Anordnung. Der Erlaß mußte schließlich zurückgenommen werden, was dem »Nimbus der Unbesiegbarkeit der NS-Staatsallmacht schweren Schaden zufügte«.

Als Hermine Hoffmann einmal Hitler wegen seines Kampfes gegen die Kirche angriff, antwortete dieser barsch, wenn sie damit nicht aufhöre, werde er ihr Haus verlassen. Daraufhin bat sie ihn, er möge gehen. Letztlich legten sie den Streit wieder bei, doch Hermine Hoffmanns Vorwürfen Hitler gegenüber folgten auch Taten. Sie setzte sich für Leute ein, die wegen ihrer Kritik am Nationalsozialismus verhaftet worden waren: so unter anderem für den bekannten Münchener Männerseelsorger Pater Rupert Mayer SJ und dessen Nachfolger, Pater Anton Koerbling SJ, ihren Neffen. Am 8. November 1939 schrieb sie wegen Koerbling an Adolf Hitler:

»Mein Führer! Mein Neffe Pater Anton Koerbling, Sohn meiner Stiefschwester Regierungsratswitwe Maria Koerbling in Velbert, ist anläßlich beiliegender Predigt zu einer Gefängnisstrafe von 5 Monaten verurteilt worden. Er ist zur Zeit auf freiem Fuß und darf auch des weiteren predigen. Anton ist Jesuitenpater und hat sich sowohl im Frühjahr wie auch jetzt entweder als Priester oder als Sanitätssoldat zum Heere gemeldet. Es war und ist sein sehnlichster Wunsch, dem Vaterland mit seinem Leben zu dienen. Ich möchte Dich herzlich bitten, Anton gnadenweise Straf-

Adolf Hitler und sein »Mutterl« Hermine Hoffmann

erlaß zu gewähren. Du würdest mich und meine Schwester einer großen Sorge entheben und ich danke Dir von Herzen ... In treuen herzlichen Gedanken, Dein altes Mütterlein«. Die Bitte hatte nicht die gewünschte Wirkung, weil das Vergehen des Paters zu »gravierend« war.

Auch der Jesuitenpater Alfred Delp, der um das Engagement des »Hitler-Mutterls« wußte, erwog, bei ihr um Hilfe bitten zu lassen. Pater Alfred Delp, der Kontakte von einzelnen Münchener Widerstandskreisen zur Gruppe um Graf von Moltke hergestellt hatte, wurde am 28. Juli 1944 in München verhaftet und nach Berlin ins Gestapogefängnis Lehrterstraße 3 überstellt. Ab September war Delp dann in der großen Haftanstalt Berlin-Tegel inhaftiert. Pater Franz von Tattenbach erhielt Mitte Dezember einen in einem Kassiber aus dem Gefängnis geschmuggelten Brief: »Zu überlegen ist folgender Gedanke: Diese polizeilichen Leute vom Reichssicherheitshauptamt haben nicht den Sinn für

Hermine Hoffmann (4. von rechts) mit Frauenschaftsführerin Gertrud Scholtz-Klink (2. von rechts), NSF-Gauamtsleiterin Elsbeth Frick (3. von rechts) und Gauleiter Adolf Wagner (rechts) auf einer Kundgebung der NS-Frauenschaft im Münchner Ausstellungspark 1937

die politische Wertung dessen, was mit den Nachkriegsplänen des Grafen Moltke gemeint war. Bitte mit P. Dold besprechen, ob es ratsam erscheint, über die ›Hitlermutter‹ (Tante von Koerbling) eine Möglichkeit zu verschaffen, daß von Moltke seine Ideen einmal Himmler selbst oder einer von ihm beauftragten politischen Persönlichkeit vortragen könnte.« Für Delp gab es jedoch keine Hilfe mehr, er wurde im Februar 1945 hingerichtet.

Für den Fall des Ablebens von Hermine Hoffmann war in Parteikreisen von einem Staatsbegräbnis die Rede. Als das »Dritte Reich« sich seinem Ende näherte, stürzte die alte Dame in eine tiefe Traurigkeit. Sie starb im Oktober 1944 und wurde im alten Sollner Friedhof beigesetzt. Pfarrer Josef Hahner notierte im Pfarrbuch der Pfarrei Johannes Baptist in München-Solln unter der Überschrift »Sic transit gloria«: »Am 22. Oktober starb im Alter von 88 Jahren, wohl versehen mit allen hl. Sakramenten die ›Hitler-Mutter‹ Frau Hermine Hoffmann.« Auf Wunsch der nächsten Angehörigen erfolgte die Beerdigung im engsten Familienkreis. Die Generation, die die spektakulären Besuche Hitlers in Solln miterlebte, weiß noch etwas davon zu erzählen. Eine frühere Bedienstete im Hause Hoffmann schilderte ihre Herrin als »ein kleines, zierliches Frauchen, ein ganz lieber Mensch, ohne Stolz. Sie war eine Dame, sehr gebildet in jeder Art und Weise, hilfsbereit zu jedem Menschen und von großer Moral.« Roman Bleistein SJ fügte hinzu: »Sie war trotzdem der fragwürdigen Faszination eines Mannes erlegen, den sie wie einen Sohn annahm, dessen Aufstieg sie mit Bewunderung begleitete und dessen Sturz sie selbst mit in die verdiente Vergessenheit riß.«

Neben der treuen Parteigängerin Hermine Hoffmann gab es eine Reihe gleichfalls älterer Damen aus der gehobenen Gesellschaft in München und Berlin, mit deren Hilfe Hitler der gesellschaftliche Aufstieg gelang. Sie witterten in diesem »merkwürdigen Mann instinktsicher das unerlöste Männchen«. Hannah Arendt hat auf die »ständig wachsende Bewunderung der guten Gesellschaft für die Unterwelt« in der damaligen Zeit hingewiesen sowie auf »ihre wachsende Vorliebe für den anarchischen Zynismus«.

Den Weg ins gehobene Bürgertum in München und Berlin ebnete für Hitler Dietrich Eckart, der Chefredakteur des *Völkischen Beobachters*, der 1918 die Zeitschrift *Auf gut deutsch* gründete, die alsbald zum aggressivsten antisemitischen Hetzblatt Münchens avancierte. Eckart, ein gebildeter, stark alkoholabhängiger Schriftsteller, war ein gewandter Gesellschafter und beeindruckte den zwanzig Jahre jüngeren »Trommler, der die nationalsozialistischen Parolen unters Volk brachte«, sehr. Er führte Hitler in verschiedene private Kreise ein, deren Einfluß und Bedeutung für die ersten Jahre seiner Laufbahn nicht unterschätzt werden dürfen.

Klerikal-konservative Kreise um den Reichswehrbefehlshaber General von Möhl, die sich mit der Absicht trugen, die sozialdemokratische Regierung des bayerischen Ministerpräsidenten Johannes Hoffmann aus dem Sattel zu heben, suchten im Juni 1921 Verbindung mit Berlin aufzunehmen. Dietrich Eckart und Adolf Hitler reisten dorthin. Hitler sprach unter anderem im »Nationalen Klub« und traf dabei mit Personen aus den Gesellschaftskreisen zusammen, »die das Nationalgefühl damals in Pacht genommen hatten«. Er lernte neben anderen auch den radikalnationalistischen Schriftsteller Kapitänleutnant a. D. Graf Ernst zu Reventlow und dessen Frau Marie Gabrielle, geborene Gräfin d'Allemont, kennen. Diese französische Aristokratin war von dem etwas linkischen Österreicher höchst angetan. Sie nannte ihn einen »gottbegnadeten Mann«, in dem man den kommenden »Messias« erkennen könne. Die Reventlows führten Hitler und Eckart dann wiederum in den Salon der Witwe des Berliner Industriellen Carl Albrecht Heckmann ein. Dort wurde Hitler dem für ihn »legendären« General Erich Ludendorff vorgestellt. Eine wichtige Rolle spielte in Berlin auch Viktoria von Dirksen, die Ehefrau des verwitweten Botschafters a. D. und Geheimen Legationsrats Willibald von Dirksen, die Hitler tatkräftig unterstützte. Man nannte sie nicht nur hinter vorgehaltener Hand die »Mutter der Revolution« oder auch »Mutter der Bewegung«. Schließlich wurde Hitler mit dem Klavierfabrikanten Bechstein und dessen 1876 in Düsseldorf geborenen Frau Helene Capito bekannt gemacht. Die Bechsteins waren scharfe Judengegner mit engen Kontakten zum »Alldeutschen Verband«.

Die Bechsteins hatten ihre Fabrik in Berlin, das Ehepaar hielt sich jedoch häufig in München auf und lebte dort dann in einer Suite im vornehmen »Bayerischen Hof«. Das Ehepaar Bechstein lud Hitler oft zum Essen ein. Wenn er davon erzählte, kam der kleinbürgerliche Hitler regelrecht ins Schwärmen über Frau Bechsteins große Abendtoilette, Herrn Bechsteins Smoking und die Bedienung in Livree. Die Bechstein-Villa in Berlin firmierte

Helene Bechstein pflegte einen aufwendigen Lebensstil – mit Chauffeur und eigenem Wagen

mit der Zeit als »Hitler-Salon«, wie Joseph Goebbels schrieb. Doch nicht nur der Salon stand Hitler offen, sondern Helene Bechstein bot ihm auch ihre Gästezimmer an. So waren Hitler und Rudolf Heß anläßlich ihrer Reise nach Berlin im Februar 1925 – der erste Reichspräsident der Weimarer Republik Friedrich Ebert war gestorben und Neuwahlen standen an – zwar zunächst in dem bescheidenen Hotel Sanssouci abgestiegen. Am folgenden Tage aber wurden die beiden Herrn »angeklingelt«. Heß beschrieb seiner Freundin Ilse Pröll die Tage in Berlin: »Frau Bechstein hatte mit Bädern usw. am Abend vorher gewartet; wir sollten bei ihr wohnen. So zogen wir denn um in das wundervolle alte Haus in der Johannesstraße (Nebenstraße der Friedrichstraße), mitten im Zentrum, nur wenige Minuten von der Oper, Museen usw. und doch in der Straße so ruhig und die Mauern so stark, daß man keinen Ton hört u. meinen könnte, auf dem Lande zu sein. Äußerlich ist das Haus ganz unscheinbar. Innen dagegen riesige u. kleinere repräsentative Räume, kostbare Teppiche, alte Originale an den Wänden. Überall alter guter Geschmack.«

Bechsteins späterer Schwiegersohn Rudolf Pfeiffer-Bechstein bestätigte in einem mit ihm im Sommer 2000 geführten Interview, daß sein Schwiegervater von Hitler und dessen Ideen absolut begeistert gewesen sei: »Er sagte, das wäre der Mann, der Deutschland aus dem Sumpf oder dem verlorenen Weltkrieg retten könnte.«

Pfeiffer-Bechstein erinnerte sich auch daran, daß sein Schwiegervater Hitler »in die Welt schicken wollte. Er hat gesagt: ›Ich gebe Ihnen Geld, reisen Sie, lernen Sie fremde Länder kennen, lernen Sie fremde Menschen kennen, den Umgang mit diesen Menschen.‹ Doch Hitler wollte nicht ins Ausland.«

Über seine Schwiegermutter erzählte Pfeiffer-Bechstein:

> *Die hat ihn eingekleidet, sie hat ihm Sachen gegeben, und Hitler konnte sich ja nicht erkenntlich zeigen. Er kam nur oft mit kleinen Zeichnungen, vielleicht brachte er mal eine kleine Silberdose, weil – er hatte ja kein Geld, er hatte ja seinen »Kampf« noch nicht geschrieben. ...*
> *Wenn ein großes Krebs-Essen war, wie die Schwiegermutter mir gesagt hat, da hat er gesagt: ›Gnädige Frau, ich weiß nicht, wie man Krebse ißt.‹ Da hat sie gesagt: ›Sie sind mein Tischnachbar, und gucken Sie, wie ich's mache – und dann werden Sie's lernen.‹*

In der Nacht vom 28. Februar auf den 1. März 1942 erzählte Hitler in der »Wolfsschanze«, daß das Ehepaar Bechstein ihn 1925 zu den Wagner-Festspielen nach Bayreuth eingeladen hatte, wo es eine eigene Wohnung in der Lisztstraße besaß. Er wollte eigentlich nicht hinfahren, nahm dann aber doch die Einladung an. Obwohl er erst um 11 Uhr nachts in Bayreuth ankam, hatte die Tochter der Bechsteins, Lotte, auf ihn gewartet, während ihre Eltern schon schlafen gegangen waren. Am nächsten Morgen kam Winifred Wagner und brachte Hitler ein paar

Adolf Hitler Ende 1926/Anfang 1927. Die Idee des Fotografen Heinrich Hoffmann, mit Hitler in Lederhosen zu werben, wurde schnell verworfen, das Foto von der NS-Publizistik nicht veröffentlicht

Blumen. An den spielfreien Tagen der Festspiele fuhren Bechsteins mit ihrem Gast ins Fichtelgebirge und in die Fränkische Schweiz. Tagsüber ging Hitler in der »kurzen Wichs« (= Lederhose) durch die Stadt, zu den Aufführungen im Festspielhaus erschien er im Smoking, gestärktem Hemd und Lackschuhen. Hitler lernte schnell.

Das mütterliche Wohlwollen Helene Bechsteins hatte allerdings auch einen Zweck: eine eheliche Verbindung Hitlers mit ihrer Tochter Lotte. Rudolf Pfeiffer-Bechstein:

> *Sie wollte ihre Tochter dem Hitler, mit Hitler, gerne vermählen. Aber das wurde nichts. Ich hatte meine Frau später mal gefragt: Warum hast du Hitler nicht geheiratet. Da sagte sie: Der konnte nicht küssen. Das war ihre ganze Antwort gewesen. Sonst war ihr Verhältnis zu Hitler sehr freundschaftlich, wie die Mutter, die liebte ja Hitler.*

Zwölf Jahre später, am 8. November 1937, sorgte der einstige Wunsch von Frau Bechstein, ihre Tochter Lotte möge Hitlers Ehefrau werden, im Sicherheitsapparat für ziemliche Aufregung. So steht in einem Internen Fernschreiben des Reichssichterheitsdienstes, daß die »vorgaenge ueber schiffer bei der gestapo, ... bereits hinlaenglich bekannt« seien. Die neuerliche Festnahme eines gewissen Schiffer war erfolgt, »in erster linie wegen veraechtlichmachung des fuehrers, die darin bestand, daß bis jetzt 7 zeugen ermittelt sind, davon ein jude, dem er erklaert hat, der fuehrer habe dem frl. bechstein einen heiratsantrag gemacht, den diese aber abgewiesen habe. darueber hinaus hat schiffer gedroht, angeblich strafbare handlungen der frau bechstein aufzudecken, ausserdem hat durch schiffer die gefahr bestanden, daß das originalmanuskript des buches ›mein kampf‹, das der fuehrer der frau bechstein geschenkt habe, auf betreiben schiffers durch ihre tochter, die dem schiffer sexuell hoerig ist, entwendet wird...« Lotte

Lotte Bechstein hatte kein Interesse an einer Ehe mit Adolf Hitler

Bechstein hatte sich offensichtlich in einen dem Regime nicht genehmen jüdischen Mann verliebt.

In der Bechstein-Villa in Charlottenburg wurde mit Hitler eifrig politisiert, und man erörterte die Zukunft der NSDAP. Helene Bechstein mußte Hitler allerdings damals klar machen, daß der eigene Betrieb nicht mehr floriere und sie sich deshalb außerstande sehe, ihm eine größere Spende für die Parteikasse zu übergeben. Doch Helene Bechstein sprang bald darauf der Parteikasse durch Beleihung eines Teils ihrer Juwelen bei. Sie gab Hitler überdies wertvolle Kunstgegenstände, von denen sie nach dem gescheiterten Putsch von 1923 in München bei ihrer Vernehmung am 27. Mai 1924 berichtete. Hitler erhielt 1923 von den Bechsteins ein Darlehen in Höhe von 60000 Schweizer Franken. Als Sicherheit hinterlegte er all jene teuren Geschenke, die er von Frau Bechstein erhalten hatte. Als ein weiteres großzügiges Geschenk übergab Helene Bechstein Hitler eine Luxuslimousine: »Wolf, Sie müssen den schönsten Wagen haben, den es gibt. Sie verdienen ihn.« Frau Bechstein wollte ihm eigentlich einen Maybach schenken, doch Hitler wünschte sich einen 26000 Mark

Helene Bechstein und Adolf Hitler auf der Beerdigung von Edwin Bechstein im September 1934

teuren Mercedes, den er auch bekam. Für Frau Bechstein war Hitler ihr »Wölfchen« und sie bedauerte sehr, daß er nicht ihr Sohn war; ihr Schwiegersohn wollte *er* nicht werden.

Nach dem mißlungenen Putsch in München und der Verurteilung Hitlers zu fünf Jahren Festungshaft in Landsberg brach eine wahre Flut von Geschenken über ihn herein. Rudolf Heß, der mit Hitler in Landsberg einsaß, schrieb seiner späteren Frau, Ilse Pröll, am 14. Oktober 1924: »Und heut kam von Bechsteins ein Grammophon, ein weiches gedämpftes. Militärmärsche, daß es einen reißen! Walzer, die durch u. durch gehen. Eine herrliche Stimme singt Schubert: ›Du bist die Ruh‹ und Richard Wagners ›Schmerzen‹. Wenn man die Augen schließt, kann man für ein paar Minuten vergessen, wo man wirklich ist, und sich ganz ernstlich wo ganz anders hinversetzen.« Auch nach seiner Entlassung 1924 hielt das Ehepaar Bechstein Hitler die Treue. Edwin Bechstein verhalf Hitler zum Neubeginn seiner politischen Karriere, indem er ein Bankdarlehen über 45 000 Mark gegenzeichnete, von dem er den größten Teil schließlich selber tragen mußte, da Hitler nur einen Teil dieser Summe zurückzahlte.

Im Jahr 1927 besuchte Hitler die Bechsteins und erzählte ihnen, daß die »Villa Ternina«, das Haus der Wagner-Sängerin Milka Ternina, am Obersalzberg verkauft werde. Sie sollten es doch erwerben, was dann auch geschah. Aus der Villa Ternina wurde so das »Bechstein-Haus«.

Als Hitler beschloß, daß die Anlage auf dem Obersalzberg nur noch aus *einem* Haus bestehen sollte, dem »Haus für Adolf Hitler« – einige Villen prominenter Nazis duldete er allerdings –, mußten die oft seit Generationen dort wohnenden Bauern ihre Höfe verkaufen. Einige zogen Gewinn aus dem Verkauf, andere wehrten sich, ihre Häuser aufzugeben. Sie wurden unter Schikanen zum Verkauf gezwungen.

Im Juni 1943 erkundigte sich Martin Bormanns persönlicher Referent von Hummel beim Reichsfinanzministerium auch nach einem »Landhaus für Frau Bechstein« als Ersatz für den Besitz auf dem Obersalzberg. Hummel teilte am 19. Mai 1943 nach Berlin mit: »Frau Bechstein hat ihr in Berchtesgaden gelegenes Haus dem Führer für den Obersalzberg als Gästehaus zur Verfügung gestellt. Der Führer hat Frau Bechstein versprochen, ihr ein entsprechendes Haus in einer anderen Gegend zu verschaffen. Frau Bechstein wünscht ein Haus mit etwa fünf bis sechs Zimmern und Zentralheizung in der näheren Umgebung von Berlin, eventuell auch am Starnberger See oder am Tegernsee. Reichsleiter Bormann fragt an, ob ein solches Haus aus Judenvermögen zur Verfügung gestellt werden kann. Er würde – zur Vermeidung von Berufungen – die Führerweisung schriftlich mitteilen, sobald ein Haus gefunden sei.« Doch Helene Bechstein lehnte eine Entschädigung aus jüdischem Besitz ab. Wie ihr Schwiegersohn Pfeiffer-Bechstein im Sommer 2000 berichtete, hatte sich seine Schwiegermutter erheblich gegen die Aufgabe ihres Hauses am Obersalzberg gewehrt. In der bisherigen Literatur heißt es, daß die Bechsteins gerne bereit gewesen seien, Hitler ihr Haus zu verkaufen. Dies entspricht jedoch nicht den Tatsachen. Helene Bechstein fragte den »Führer: »Wolf, warum muß ich als Freundin von Ihnen den Obersalzberg verlassen?« Hitlers Antwort: »Gnädige Frau, es tut mir leid, aber es muß so sein, das soll alles mein Gebiet werden, und die Gestapo bewacht Sie und alle Leute, die zu Ihnen kommen.« Helenes Antwort, wie sie von ihrem Schwiegersohn überliefert ist: »Wolf, ich will Ihnen was sagen, die Leute, die zu mir kommen, für die bürge ich. Die tun Ihnen nichts.«

Rudolf Pfeiffer-Bechstein hatte vor seinem Tode im Dezember 2000 einen Berliner Rechtsanwalt eingeschaltet, um diesen »Verkauf« des Bechstein-Hauses am Obersalzberg noch einmal überprüfen zu lassen. Seine Schwiegermutter hatte damals 80 000 Mark erhalten und beim Auszug alles im Haus zurückgelassen. »Meine Schwiegermutter war böse mit Hitler und hat nichts herausgenommen. Kein Bild, keine Tasse, keinen Teppich, kein Garnichts. Sie hat auch kein Äquivalent angenommen. Sie hat keinen jüdischen Besitz genommen, weil sie das als besonders schäbig gefunden hätte.« Pfeiffer-Bechstein wollte zwar das Grundstück mit dreizehn Tagewerk Land nicht zurückfordern, allerdings erhoffte er sich eine bessere Entschädigung.

Lotte Bechstein reiste sehr oft nach England, denn dort befand sich die größte Niederlassung der Firma Bechstein. Als England nach dem Einmarsch der Deutschen in Polen 1939 Deutschland den Krieg erklärte, hielt sich Lotte Bechstein gerade in London auf. Die Rückreise nach Berlin war ihr plötzlich verwehrt. Der deutsche Botschafter hatte das Land bereits verlassen. So versuchte Lotte Bechstein, beim Schweizer Botschafter Hilfe für eine Ausreise nach Deutschland zu finden, doch auch er konnte ihr nicht helfen. Sie war gezwungen in London zu bleiben und wurde kurz darauf als angebliche Spionin Hitlers verhaftet. In dem folgenden Prozeß konnte ihr allerdings keine Spionagetätigkeit nachgewiesen werden, und sie wurde freigesprochen. Die Hoffnung jedoch, nun nach Deutschland zurückkehren zu dürfen, trog. Nach Aussagen ihres Mannes war sie »drei oder vier Jahre« auf der Isle of Man interniert. Er erinnerte sich: »Und, wie gesagt, die Engländer sperrten alle ein, ob sie Juden waren oder Deutsche oder österreichische Dienstmädchen ... Und sogar Deutsche, die mit Engländern verheiratet waren und Juden, die mit Engländern verheiratet waren, wurden auch eingesperrt.«

Helene Bechstein setzte alle Hebel in Bewegung, um ihre Tochter nach Deutschland zurückzuholen. Und es geschah laut Pfeiffer-Bechstein auf Befehl Hitlers, daß Lotte Bechstein Ende 1944 gegen englische Offiziere ausgetauscht wurde. Die Austauschaktion fand in Lissabon statt. Dort empfing sie der deutsche Botschafter, der ihr gerne einen ersten Wunsch erfüllen wollte. »Sie bat um eine Schachtel Zigaretten und eine Flasche Whisky.« Über Paris reiste sie dann nach Berlin, wo sie von ihrer Mutter am Anhalter Bahnhof abgeholt wurde, mitten in schwerem Bombenhagel. Lotte Bechstein fuhr zu Bekannten nach Berchtesgaden weiter. Als Hitlers Kanzleileiter Martin Bormann davon erfuhr, bat er sie, zu Hitler auf den »Berghof« zu kommen. Er wollte ihr einen Wagen vorbeischicken, um sie abholen zu lassen, was sie in diesen schrecklichen Kriegszeiten für ziemlich lächerlich hielt. Doch Bormann bestand darauf. Hitler empfing sie, sie dankte ihm für seine Intervention für ihre Freilassung. Er wollte wissen, wie es ihr in der Internierung ergangen sei. Es sei ihr nicht schlecht gegangen, doch sie interessiere viel mehr, ob Hitler wisse, wie die Stadt Berlin aussehe. Überall Trümmer, Schutt und Asche. Doch davon wollte Hitler nichts hören, solche Gespräche waren ihm, so Pfeiffer-Bechstein, »peinlich«.

Die Frage, ob Helene Bechstein am Ende des Krieges von Hitler und seiner Ideologie enttäuscht gewesen sei, beantwortete ihr Schwiegersohn: »Nein, das war sie nicht. Sie war nur enttäuscht davon, daß Deutschland verloren hat.« Helene Bechstein trug auch noch nach dem Zusammenbruch des »Dritten Reiches« das goldene Parteiabzeichen am Hals, allerdings so geschickt durch

Elsa Bruckmann (vorne rechts) mit Adolf Hitler (4. Reihe rechts) und Rudolf Heß (2. Reihe rechts) bei einer NSDAP-Veranstaltung im Zirkus Krone, 1929

eine Münze kaschiert, daß man es nicht erkennen konnte. Bei Kriegsende hatte sie ihr goldenes Parteiabzeichen zunächst samt ihrer Pistole in einem Park in Bad Brambach vergraben.

War in Berlin die Familie Bechstein wichtig für Hitler, so war es in München das Verlegerehepaar Bruckmann, bei dem er ebenfalls durch Dietrich Eckart eingeführt wurde. Die Bruckmanns residierten im zweiten Stock des ehemaligen Prinz-Georg-Palais am Karolinenplatz 5. Dort verkehrte die deutsch-nationale Gesellschaft Münchens.

Elsa Bruckmann (1865–1946), bei Beginn ihrer Bekanntschaft fünfundfünfzig Jahre alt, eine gebürtige rumänische Prinzessin, Tochter des Fürsten Theodor Cantacuzène, klein und graziös mit einem unbeschreiblichen Temperament, der man keine Bitte abgeschlagen konnte, war seit Mai 1898 verheiratet mit dem eher kühlen Intellektuellen Hugo Bruckmann (1863–1941), der in München Mitinhaber des renommierten gleichnamigen Verlags für Kunst- sowie Musikgeschichte und Politik war. Das Ehepaar trat am 1. April 1925 in die NSDAP ein und hatte die Parteimitgliedsnummern 91 und 92. Der Antisemit Bruckmann stand den alldeutschen Kreisen nahe. Der Verleger wurde 1932 Reichstagsabgeordneter der NSDAP und später Mitglied des Reichskultursenats. Wie die Gauleitung München-Oberbayern viele Jahre später bestätigte, kam Frau Bruckmann »hin und wieder auf die Ortsgruppe« und besuchte deren Veranstaltungen. Es war für die Parteimitglieder beeindruckend, wenn sich Elsa Bruckmann im offenen weißen Mercedes vorfahren ließ.

Dem Ehepaar waren eigene Kinder versagt geblieben. So wandte Elsa Bruckmann ihre mütterlichen Gefühle ihrem Neffen Norbert von Hellingrath zu. Dessen Tod an der Westfront 1915 war für sie ein schmerzlicher Verlust. Der Münchener Historiker Karl Alexander von Müller beschrieb in seinen Lebenserinnerungen die Begegnung Elsa Bruckmanns mit Hitler als eine Art Erweckungserlebnis. »Elsa Bruckmann traf dieser Schlag [der Tod des Neffen] ins Herz. In den letzten Jahren des Krieges war sie nur mehr ein Schatten ihrer selbst, wie über Nacht zur alten Frau geworden, gebeugt, mit zitternden Händen und zitterndem Kopf. In diese Verlorenheit hinein, hörte sie 1920 die Stimme Adolf Hitlers, die trotz allem zum Glauben an Deutschland aufrief ... Sie berauschte sich an diesem Aufruf, der auch dem Opfer der Gefallenen einen neuen tiefen Sinn zu geben schien, mit dem ganzen Feuer ihres Herzens, wie an einer neuen Verheißung.«

Der jahrelang im Hause Bruckmann verkehrende Houston Stewart Chamberlain, Richard Wagners Schwiegersohn und ein Verherrlicher des »arischen Geistes«, verkörperte gewissermaßen die Geistesverwandtschaft des Hauses Bruckmann in München mit dem Hause Wahnfried in Bayreuth. Hugo Bruckmann war ein alter Vertrauter von Cosima Wagner, die Chamberlain dazu überredete, sein antisemitisches Werk *Grundlagen des Neun-*

Das Verlegerehepaar Hugo und Elsa Bruckmann

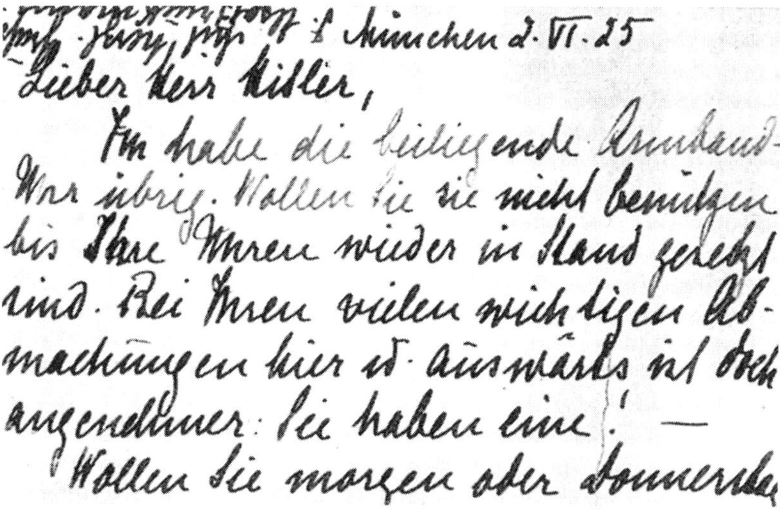
München 2. VI. 25
Lieber Herr Hitler,
Ich habe die beiliegende Armband-
Uhr übrig. Wollen Sie sie nicht benützen
bis Ihre Uhren wieder in Stand gesetzt
sind. Bei Ihren vielen wichtigen Ab-
machungen hier u. auswärts ist doch
angenehmer: Sie haben eine! —
Wollen Sie morgen oder Donnerstag

Briefkarte von Elsa Bruckmann an Adolf Hitler vom 2. Juni 1925
»Lieber Herr Hitler, Ich habe die beiliegende Armband-Uhr übrig. Wollen Sie sie nicht benützen bis Ihre Uhren wieder in Stand gesetzt sind. Bei Ihren vielen wichtigen Abmachungen hier u. auswärts ist doch angenehmer: Sie haben eine! – Wollen Sie morgen oder Donnerstag kommen um das eventuell für Sie Verwendbare anzuschauen an Möbeln etc.–?«

*zehnten Jahrhunderts* bei Bruckmann zu verlegen. Zu den vielen Gästen im Hause Bruckmann zählten außerdem der Architekt und spätere Reichsbaumeister Paul Ludwig Troost mit seiner Frau Gerdy sowie Albert Speer. Im Jahr 1922 legte Alfred Schuler, spöttisch »Mysterienforscher« genannt und einer der ältesten Freunde Bruckmanns, seine Theorien dar, verkündete seine »Blutlehre« und berichtete über die Swastika, die für ihn zum Symbol arischer Kraft geworden war. Damals war auch Hitler anwesend und »entzündete sich an seinen Ideen«, die Blut- und Bodenkulte aufleben ließen.

Es war ganz charakteristisch für die Geistesverfassung eines Teils des Münchener Großbürgertums, sich in den frühen zwanziger Jahren für den polternden Bierkelleragitator Hitler zu begeistern. Dem bis Anfang 1920 völlig unbekannten Mann, »der sich in

Der erschöpfte Redner nach einer Massenkundgebung

giftigen Ausfällen gegen den neuen Staat, die Staatsmänner und gegen die Juden überschlug«, öffneten sich rasch die Salons in München sowie in Berlin und Bayreuth. Für die traditionell liberale Schicht war die absonderliche Erscheinung des jungen Volksredners mit den hanebüchenen Auffassungen und den ungeschliffenen Manieren ein eher befremdlicher Gegenstand des Interesses, doch nicht zuletzt erregte er das »Entzücken« seiner Gastgeberinnen.

»Gesellschaftlich unbeholfen und unsicher und oft in Schweigen gehüllt oder zu Monologen neigend, war Hitler zugleich das Bewußtsein seines eigenen öffentlichen Erfolgs vom Gesicht abzulesen, was ihn unter den gebildeten und betuchten Säulen der Gesellschaft zu einer Attraktion werden ließ«, schreibt der Hitler-Biograph Ian Kershaw. Hitler erzählte viele Jahre später sei-

Adolf Hitler mit Peitsche und Franz Felix Pfeffer v. Salomon, seit Herbst 1926 Chef der SA

ner Sekretärin Christa Schroeder, daß er sich damals »wie ein Affe im Zoo vorgeführt fühlte«. Besonders Elsa Bruckmann fand Hitlers österreichischen Charme offensichtlich unwiderstehlich. Da ihre Mutter, eine Gräfin Deym-Stritecz, aus Böhmen stammte, waren die Beziehungen zum alten Österreich recht eng.

Hitlers frühe Gönnerin beschenkte ihn mit einer Pferdepeitsche. »Ob sie den Wunsch hegte, ihn vor seinen Feinden zu schützen, als sie ihm eine Pferdepeitsche schenkte?«, fragt Ian Kershaw. Elsa Bruckmann war damit jedoch kurioserweise nicht allein. Es ist in der Tat eigenartig, daß Hitler gleich mit drei Peitschen beschenkt wurde. Die erste Peitsche hatte ihm Helene Bechstein in Berlin zugeeignet, die zweite, mit silbernem Knauf und Initialen, Elsa Bruckmann, die dritte, eine aus teurem Nilpferdleder gefertigte, stammte von Frau Büchner, der Wirtin vom Platterhof auf dem Obersalzberg, wo er öfters Quartier nahm. Während er sich in den besseren Kreisen Münchens mit gezierter Bescheidenheit und devoter Höflichkeit zeigte, fiel sein Benehmen in anderer Umgebung unangenehm auf, wie dies Dietrich Eckart am Obersalzberg im Mai 1923 ziemlich verärgert notierte: »Ein Skandal, wie der Bursche sich zur Zeit wieder aufführt!« schimpfte er. »Ewig scharwenzelt er um diese Brunhilde mit dem Goldzahn herum« – so bezeichnete Eckart die Pensionswirtin, die Gattin eines ehemaligen Rennfahrers –, »fuchtelt mit der Nilpferdpeitsche umher, die sie ihm verehrt hat, und stampft unter großen Tönen über den Vorplatz wie über einen Kasernenhof. Und das alles, um als wilder Mann diesem Frauenzimmer zu imponieren! ... es wird immer schlimmer mit ihm.«

Das Ehepaar Bruckmann unterstützte die NSDAP auch finanziell, Hitler nahm das Geld meist persönlich an sich, ohne eine Quittung zu unterschreiben. Da die finanziellen Mittel von Bruckmanns im übrigen gar nicht so sehr reichlich flossen, benötigte Hitler dringend weitere Spendenwillige für die Partei. Er fand sie besonders unter den reichen Damen in München. Hitlers eifrigste Gönnerin Elsa Bruckmann erschloß ihm darüber hinaus eine weitere sehr wichtige Quelle, die deutschen Industriellen. Was bislang unbeachtet blieb, ist die Tatsache, daß sich Elsa Bruckmann ab 1939 in sehr freundschaftlichem Kontakt mit dem einstigen Botschafter in Italien, Ulrich von Hassell, und dessen Frau befand. Mit Kriegsanbruch begann Elsa Bruckmann an Hitler zu zweifeln und trug ihre Bedenken auch von Hassell vor, der Verbindung zum Widerstand hatte und nach dem Attentat vom 20. Juli 1944 hingerichtet wurde.

Neben den großen Salons der Bruckmanns, Bechsteins und Dirksens gab es in München das Ehepaar Hanfstaengl, das Hitler zu interessanten gesellschaftlichen Kontakten überdies ein schönes Familienleben bot. Das Ehepaar Hanfstaengl zählte ebenfalls zu den Personen, die durch Herkunft, Bildung und Weltgewandtheit sich sehr stark von den Leuten abhoben, mit denen Hitler sonst in billigen Cafés und Wirtshäusern zusammentraf. Dr. Ernst Franz Sedgwick (»Putzi«) Hanfstaengl (1887–1975), aus der international bekannten Münchener Kunstverleger-Familie stammend, und die bildschöne Deutsch-Amerikanerin Helene Niemeyer (1893–1973) hatten 1920 in New York geheiratet. Hanfstaengl leitete die dortige Filiale seiner Firma, entschloß sich aber dann im Jahre 1921, mit seiner Frau und dem neugeborenen Sohn Egon nach Deutschland zurückzukehren.

Auf Geheiß des amerikanischen Militärattachés nahm Hanfstaengl Kontakt mit Hitler auf. Noch am selben Abend wurde aus dem überzeugten deutschen Patrioten ein treuer Weggefährte Hitlers. Hanfstaengl trat in die Partei ein. Helene Hanfstaengl empfand Hitler als scheu – aber auch ihr war er sofort sympathisch. »Er kam fast täglich zu uns«, notierte Helene Hanfstaengl in ihren noch unveröffentlichten Memoiren. Der Sohn Egon Hanfstaengl erinnert sich: »Der Hitler fand meine Mutter, die als schöne, stattliche Frau galt – er fand sie also – sehr begehrenswert.«

Und noch an anderer Stelle war man auf den jungen Politiker aufmerksam geworden: im Zentrum der deutschnationalen Musikverehrung, in Bayreuth. Und auch hier spielte wieder eine Frau die entscheidende Rolle.

Am 30. September 1923 hielt Hitler zum »Deutschen Tag« in Bayreuth eine Rede. An dem anschließenden Treffen im Hotel Anker nahm Winifred Wagner teil, die Hitler bereits kannte, da sie ihm im Hause Bechstein begegnet war. Winifred, ein englisches Waisenkind, war von weitschichtig Verwandten, dem Ehepaar Klindworth in Berlin, adoptiert worden. Es müsse, so schrieb Bertha Geissmar, die Assistentin des Dirigenten Wilhelm Furtwängler, »für Hitler ein großes Erlebnis gewesen sein, als er die junge und schöne Schwiegertochter Richard Wagners im Hause von Frau Bechstein in München kennenlernte.«

Winifred Wagner selbst dazu in einem Interview, das Hans-Jürgen Syberberg 1975 mit ihr führte:

> *Ich habe ihn durch Herrn und Frau Bechstein, das Ehepaar Bechstein, kennen gelernt, und ich muß gestehen, daß ich sofort einen sehr großen und tiefen Eindruck von dem Mann hatte als Persönlichkeit. Das Auge war vor allen Dingen ungeheuer anziehend, ganz blau, und ein großes, ausdrucksvolles Auge. Und ich forderte ihn auf, nach Wahnfried zu kommen, weil er sich natürlich ungeheuer dafür interessierte, für Wagners Wohnhaus, für Wagners Ruhestätte, er wollte das sehen.*

Hitler nutzte seine Anwesenheit in Bayreuth, Houston Stewart Chamberlain, dem Ehemann der Wagner-Tochter Eva, seine Aufwartung zu machen. Der kranke alte Mann, kaum mehr des Sprechens mächtig, hörte sich Hitlers Vorstellungen über einen nationalsozialistischen Staat an. Nach dieser Begegnung schrieb der »abtrünnige Engländer« dem künftigen »Führer« einen Brief voll

Helene und Ernst (»Putzi«) Hanfstaengl

anerkennender Worte und leistete damit der Sache der Nationalsozialisten einen besonders wichtigen Dienst.

Hitler teilte Richard Wagners Antisemitismus, den dieser in seiner Schrift das »Judentum in der Musik« öffentlich zum Ausdruck gebracht hatte. Eigenartig ist, daß sich in allen uns bekannten Texten Hitlers – *Mein Kampf*, das sogenannte *Zweite Buch* und die *Tischgespräche* eingeschlossen – kein einziger Hinweis auf die antijüdische Einstellung Wagners findet.

Und Winifred Wagner? Sie war von dem Österreicher hingerissen:

> *Ich habe mich für seine Gedanken und Ideen – hab' ich mich schon begeistert. Und man darf auch nicht vergessen, daß innerhalb unserer Familie ein sehr starkes Deutsch-Bewußtsein vorhanden war.*

Winifred sah in Hitler den Retter Deutschlands – und ahnte noch nicht, daß er ein »Freund fürs Leben« werden würde. Hitler wohnte damals in einem ihm vom Wohnungsamt zugewiesenen

Zimmer bei der Familie Reichert in München in der Thierschstraße 14 im ersten Stock. Dort besuchten ihn viele seine Gönnerinnen, auch Winifred Wagner, des öfteren.

1923, im Krisenjahr der Weimarer Republik, schien die Zeit reif für einen Putsch gegen die Demokratie. Hitler, als politischer Kopf eines »Deutschen Kampfbundes«, dessen Stoßtrupp die NSDAP bildete, inszenierte am 8. November bei einer »Versammlung im Münchener Bürgerbräukeller« die nationale Erhebung. Der ziellose Demonstrationszug der Putschisten am folgenden Tag wurde von der Polizei vor der Feldherrnhalle gewaltsam zerstreut. Achtzehn Tote und mehrere Schwerverletzte waren die traurige Bilanz des Tages. Hitler war nur leicht verletzt.

Winifred und ihr Mann Siegfried Wagner hielten sich zum Zeitpunkt des Putsches in München auf. Nach Bayreuth zurückgekehrt, erstattete Winifred zum einen der NS-Ortsgruppe einen ausführlichen Bericht über den Putsch, zum anderen ließ sie sich in einem offenen Brief an die Presse hören: »Seit Jahren verfolgen wir mit größter innerer Teilnahme und Zustimmung die aufbauende Arbeit Adolf Hitlers, dieses deutschen Mannes, der, von heißer Liebe zu seinem Vaterlande erfüllt, sein Leben seiner Idee eines geläuterten, einigen, nationalen Großdeutschland zum Opfer bringt ... Ich gebe unumwunden zu, daß auch wir, die wir in den Tagen des Glücks zu ihm standen, nun auch in den Tagen der Not ihm die Treue halten.«

Gute Freunde hatte Hitler nach dem gescheiterten Putsch dringend nötig. Es gelang ihm, mit dem Chef der Münchner SA-Ambulanz zu Hanfstaengls nach Uffing am Staffelsee zu fliehen. Die von Hitlers Auftauchen völlig überraschte Helene Hanfstaengl richtete ihm in ihrem dortigen Landhaus im Dachgeschoß das kleine Schlaf- und Studierzimmer als vorübergehende Bleibe ein. Und dann erfuhr sie zum ersten Mal etwas von den Ereignissen in München. Hitler hatte zu diesem Zeitpunkt keine Ahnung, was mit seinem Freund Ernst Hanfstaengl, der an dem »Marsch zur Feldherrnhalle« selbst nicht teilgenommen hatte, geschehen war. Hanfstaengl war in Richtung Österreich geflohen. Seine Frau hatte ein Problem im Haus. Es war ihr völlig klar, daß die Polizei ihre Fahndungstätigkeit auch auf Uffing ausdehnen würde. »Aus diesem Grunde, Herr Hitler, müssen Sie hier – so gern ich Ihnen auch Unterkunft gewähren möchte – schleunigst verschwinden. Jeden Augenblick kann es zu einer Hausdurchsuchung kommen.« Davon war Hitler ebenfalls überzeugt, aber auch, daß jeden Moment ein Fluchtauto eintreffen müsse. Am Nachmittag des folgenden Tages erschien Hermann Görings unersetzlicher »Gärtner« Greinz. Er wollte dringend Herrn Hitler sprechen. Helene Hanfstaengl erklärte ihm, daß sie von der Anwesenheit Hitlers in Uffing nichts wisse. Nach mehr als 48 Stunden kam am Abend des 11. Novembers statt des erwarteten Fluchtautos dann das Verhaftungskommando der Landespolizei.

Der mit der Führung des Kommandos beauftragte Polizeioberleutnant Rudolf Belleville und einige Gendarmen wurden von Helene Hanfstaengl ins Haus geführt. Schweigend deutete

Familie Hanfstaengl. Sohn Egon (vorne rechts) war Patenkind von Adolf Hitler und nannte ihn »Onkel Dolf«

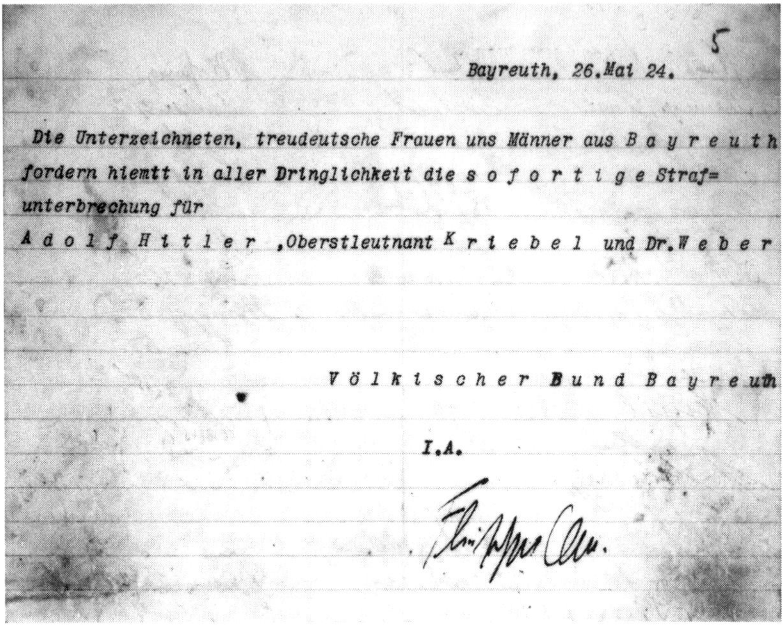

5

Bayreuth, 26.Mai 24.

Die Unterzeichneten, treudeutsche Frauen uns Männer aus B a y r e u t h fordern hiemtt in aller Dringlichkeit die s o f o r t i g e Straf=unterbrechung für

A d o l f H i t l e r ,Oberstleutnant K r i e b e l und Dr.W e b e r

V ö l k i s c h e r B u n d B a y r e u t h

I.A.

Unterschriftenliste des Völkischen Bundes Bayreuth mit der Forderung, Adolf Hitler sofort aus der Haft zu entlassen

sie auf Hitler, der in dem weißen Bademantel ihres Mannes auf der Treppe stand. Hitler brüllte den ihm seit 1920 gut bekannten Belleville, einst ein enger Freund und Mitarbeiter, zornerfüllt an. Doch dieser erklärte Hitler für verhaftet.

Egon Hanfstaengl, Helenes Sohn, dem die Mutter beigebracht hatte, niemandem davon zu erzählen, daß »Onkel Dolf« im Hause sei, erinnert sich an die Ereignisse in der Darstellung seiner Mutter:

> *Da stand er oben an einer Treppe vor seinem Gastzimmer und sagte so etwa, sie würden ihn lebend nicht bekommen, und machte Anstalten mit seiner Pistole. Und meine Mutter ist dann die Treppe hinauf und hat ihm zugeredet und hat gesagt: »Herr Hitler,*

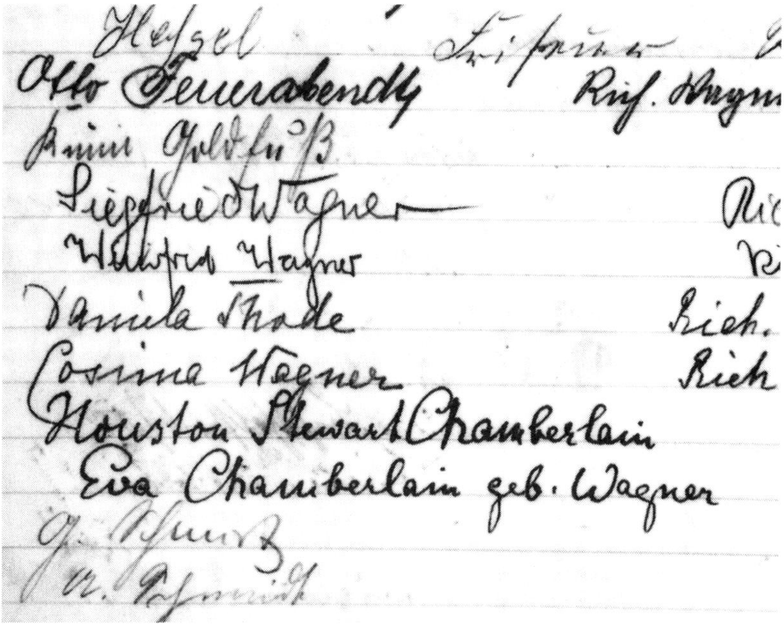
Otto Feuerabendt
Siegfried Wagner
Winifred Wagner
Daniela Thode
Cosima Wagner
Houston Stewart Chamberlain
Eva Chamberlain geb. Wagner

Unterzeichner waren unter anderen Cosima Wagner, ihre Tochter Daniela Thode, ihr Sohn Siegfried und dessen Frau Winifred

*das können Sie nicht machen, denken Sie doch an all die Leute, die an Sie geglaubt haben und noch glauben, die können Sie nicht im Stich lassen.« Und derweil war sie bei ihm und hat ihm ganz ruhig (...) die Pistole aus der Hand genommen und hat sie in eine Mehltruhe, wo wir Mehl gehortet haben, versenkt.*

Helene stellte Hitler noch ein kleines Notgepäck zusammen. Kurz nachdem das Verhaftungskommando mit dem Gefangenen weggefahren war, kam dann doch noch das Fluchtauto. Im Polizeibericht von Belleville steht allerdings, daß Hitler ihm die Hand entgegengestreckt habe mit der Erklärung, ihm zur Verfügung zu stehen. Er habe nur gebeten, ihn vor Anpöbelungen zu schützen.

Helene Hanfstaengl nahm seine Aufzeichnungen, eine Art politisches Testament, an sich und brachte sie zu Hitlers Anwalt nach München.

Der Prozeß gegen Hitler und seine Anhänger wurde ein Spektakel. Abgesperrte Straßen, höchste Sicherheitsstufe. Und im Gerichtssaal erwartete die Putschisten Milde. Hitler wurde zu fünf Jahren Festungshaft verurteilt – eine Farce.

In ganz Bayern wurden Unterschriftenaktionen für seine sofortige Freilassung gestartet – auch in Bayreuth. Über zehntausend Menschen unterschrieben. Vorneweg mit dabei: der gesamte Wagner-Clan – Richard Wagners Witwe Cosima, ihre Tochter Daniela, Witwe des Kunsthistorikers Henry Thode, ihr Sohn Siegfried und ihre Schwiegertochter Winifred, auch Houston Stewart Chamberlain. Siegfried Wagner bekräftige die Haltung seiner Frau Winifred: » ... die Zustände in Bayern sind ja unerhört ... Meineid und Verrat wird heilig gesprochen und Jude und Jesuit gehen Arm in Arm, um das Deutschtum auszurotten! – Aber vielleicht verrechnet sich der Satan diesmal. Sollte die deutsche Sache wirklich erliegen, dann glaube ich an Jehova, den Gott der Rache und des Hasses. Meine Frau kämpft wie eine Löwin für Hitler! Großartig ...«

Die weibliche Solidarität, die Hitler in der Festung Landsberg erfuhr, nahm bis zu seiner Entlassung fast skurrile Formen an. Hermine Hoffmann, Else Bruckmann und viele andere Damen der Gesellschaft reisten nach Landsberg oder sandten Geschenke, Helene Bechstein gab sich als Adoptivmutter aus, um in die Zelle vorgelassen zu werden, und auch Winifred Wagner stand weiter hilfreich von Bayreuth aus zur Verfügung:

> *Also, ich hatte gefragt, was er brauchte, und da hatte er mir zum Beispiel gesagt, ja, Schreibpapier wäre ihm so wichtig, und da habe ich ihm massenhaft Schreibpapier geschickt. Ja, lieber Gott, jetzt machen mir die Leute den Vorwurf, ich hätte das Papier für »Mein*

Eine Postkarte mit Hitler als Häftling in Landsberg, aufgenommen am 12. April 1924

Preis 15 Pfennig Preis 15 Pfennig

# Der Nationalsozialist

Herausgeber: Hermann Esser, München
Verantwortl. Schriftleitung: Ph. Bouhler. Verantwortl. für Anzeigen: Otto Mah. Sämtl. in München. Druck: Münchner Buchgewerbehaus M. Müller & Sohn, Schellingstr. 39/41.
Schriftleitung und Verlag: München, Thierschstr. 15.
Fernruf: Nr. 20647 (bei Nacht Nr. 74230). Postscheckkonto: München Nr. 46186 Hermann Esser. Sprechstunden der Schriftleitung: Täglich 11–12 Uhr mittags

„Der Nationalsozialist" erscheint zunächst wöchentlich einmal, ab Januar wöchentlich zweimal, Mittwoch und Samstag. Bezugspreis monatlich 1,20 G.-M. Bestellungen nehmen alle Postanstalten, der Verlag und die Geschäftsstelle, München, Thierschstraße 15, an.
Anzeigenpreise: Die 9gespaltene Zeile 20 G.-Pf., bei größeren Anzeigen nach aufliegendem Tarif, bei Wiederholung Nachlaß.

Folge 10/11 München, den 25. Dezember 1924 1. Jahrgang

# Hitler frei!

## Parteigenossen! Parteigenossinnen!

Der Führer ist frei. Wir haben getreu unserem Versprechen ihm am Tage seiner Freilassung die sofortige Übergabe bzw. Auflösung der Großdeutschen Volksgemeinschaft angeboten.

Es ist der Wunsch Adolf Hitlers, daß zunächst in organisatorischer Beziehung keine Änderung eintritt. **Die Großdeutsche Volksgemeinschaft besteht deshalb weiter.** Den weiteren Entscheidungen unseres Führers sehen wir mit freudiger Zuversicht entgegen.

**Für den Vollzugsausschuß der Großdeutschen Volksgemeinschaft:**
**Hermann Esser.**

### Hitler frei!

### Des deutschen Volkes Weihnachten

„Hitler frei!" So schwirrt die Nachricht heute über alle Funkenmaste der ganzen Welt. „Hitler frei!" So lautet die Nachricht, die alle in freudige Erregung versetzt und mit Genugtuung erfüllt, die wissen und begreifen, was dieser Führer der Bewegung und dem deutschen Volk bedeutet. „Hitler frei!" So dröhnt es wie die Posaunen des Gerichts in die Ohren all jener, die vermessen genug waren, während der politischen Windstille (Hitlers Kerkerhaft) die deutsche Freiheitsbewegung nach allen Richtungen der Kunst zu verkrüppeln, umzufälschen und ein System von Lug und Trug damit zu krönen, daß Adolf Hitlers älteste, in den schwersten Stunden erprobte Mitarbeiter und Mitkämpfer in der infamsten Weise wie räudige Hunde davongejagt werden sollten. „Hitler frei", das herrlichste Weihnachtsgeschenk für alle, die ihm und seiner unverfälschten Idee die Treue gehalten haben. — — —

### In der Festung

Die Nachricht von seiner Freilassung erhielt Adolf Hitler am Freitag nachts gegen 10 Uhr durch den Vorstand der Festungshaftanstalt Landsberg, Oberregierungsrat Leupold. Die große Freude, die sich der Gefangenen bemächtigte, wurde leider getrübt dadurch, daß Hitlers edler und getreuer Bundesgenosse und Freund, Dr. Weber, und weitere 15 Kameraden zunächst noch nicht in Freiheit gesetzt wurden.

Leider hat die Staatsregierung, die sich stark genug fühlt, allen eventuellen Gefahren erfolgreich zu begegnen, die dem Staat durch die Freilassung und Begnadigung der kommunistischen Räterepublikaner und der Landesverräter vom Schlage des Judenteufels Fechenbach sicher entstehen werden (siehe die Vorfälle bei der Ankunft Mühsams in Berlin), in der Liquidation des Trauerspiels vom 9. November 1923 auf halbem Wege haltgemacht. So bleiben denn die braven deutschen Männer, denen Staatsanwalt und Gericht die edlen Motive ihres Handelns bestätigte, deren heiße Vaterlandsliebe unbestritten ist, noch weiter über dem christlichen Feste der Liebe im Kerker gefangen.

### Der Tag der Freiheit

Am Samstag, den 20. Dezember 1924, verließ Adolf Hitler gegen Mittag den Bereich der Festung und begab sich im Auto eines Münchener Freundes nach München. Nebenstehende erste photographische Aufnahme zeigt Hitler, wie er Landsberg verläßt. Die

### Ankunft in München

in seiner bescheidenen Wohnung in der Thierschstraße erfolgte um 2.10 Uhr mittags. Dort erwarteten Hitler seine alten Begleiter Ulrich Graf und Christian Weber. Am Hauseingang wurden ihm durch eine Abordnung der Sektion Schwabing der G.V.G. unter Führung des Sektionsleiters Wolterek Blumengrüße überreicht, für die er in der herzlichsten Form und mit Händedruck dankte. Ergreifend war das Wiedersehen mit seinem treuen Hunde „Wolf". Das Tier, das seinen Herrn nach 13monatiger Trennung sofort wieder erkannte, war vor Freude gar nicht mehr zu beruhigen.

### Die ersten Besuche
### Esser und Streicher bei Hitler

Als ersten Besuch empfing Hitler seinen langjährigen Geschäftsführer der N.S.D.A.P., den Verleger seines neuen Buches, Stadtrat Max Amann. Um 4 Uhr nachmittags begaben sich Hermann Esser und Julius Streicher, nachdem sie vorher telephonisch angefragt hatten, ob ihr Besuch angenehm sei, zu Herrn Hitler. Hitler begrüßte seine alten Mitarbeiter und Freunde in einer Form, die wohltuend war.

„Ich bin," so führte Hitler aus, „glücklich, wieder in München zu sein. Zunächst kommt mir alles ganz fremd vor; es wird wohl einige Tage vergehen, bis ich mich wieder so recht an die Freiheit gewöhnt habe. Ich meine immer noch, wenn ich mit jemand spreche, hinter mir steht der Wachtmeister und beobachtet mich. Tief betrübt bin ich darüber, daß meine Kameraden immer noch in Landsberg sind." Hitler sieht frisch und gesund aus, seine Gesichtszüge sind dagegen viel, viel ernster und entschlossener geworden. Auf die Frage Essers, was Hitler nun in erster Linie zu tun gedenke, antwortete der Führer: Zunächst werde ich mein Werk „Viereinhalb Jahre Kampf" fertigstellen. Vor allem werde ich die Hinterbliebenen der Gefallenen des 9. November besuchen, mit denen ich bisher überhaupt zu meinem großen Bedauern noch nicht Fühlung nehmen konnte. Nebenbei werde ich mich über die politische Lage informieren und vor allem mir nun die Bewegung genau ansehen. Dann werde ich meine Entschlüsse treffen, und es wird sich zeigen, wer restlos hinter mir steht. Wie meine Entscheidungen fallen werden, das kann ich heute noch nicht sagen, eines jedoch steht fest: Ich war, bin und bleibe ein Nationalsozialist, sonst nichts!" Auf die Frage, ob er sich nicht auf einige Tage zur Erholung von München wegbegeben wolle, erklärte Hitler:

### „Ich habe weder Zeit noch Geld zur Erholung!"

Damit ist auch die voreilige Meldung des „Völk. Kurier" erledigt, der berichtete, Hitler werde sich auf das Gut einer befreundeten Familie in Ostpreußen begeben. Streicher und Esser erklärten nunmehr, daß sie mit dem Tage der Freilassung des Führers ihre Aufgabe als Leiter der Großdeutschen Volksgemeinschaft für erledigt ansehen, und stellten Herrn Hitler die Großdeutsche Volksgemeinschaft sowie ihr Amt zur Verfügung. Herr Hitler gab seinem Wunsch dahingehend Ausdruck, daß zunächst die **Großdeutsche Volksgemeinschaft unter ihrer derzeitigen Leitung ruhig weiterarbeiten möge.** Über den weiteren Inhalt der dreiviertelstündigen ersten Aussprache, die bei Hermann Esser und Julius Streicher das Gefühl hoher Befriedigung hinterließ, zu berichten, verbietet uns jener Takt, der dem „Völk. Kurier" abging, als er seiner Sonntagsnummer die Überschrift gab:

### „Hitlers erster Gang zu Ludendorff"

Diese aus sehr durchsichtigen Gründen gewählte Überschrift, die den Tatsachen in keiner Weise entspricht – Hitler hat General Ludendorff erst in den Spätnachmittagsstunden des Sonntags besucht —, war wohl als Wegweiser des Völkischen Blocks für Herrn Hitler gedacht, der ihm zeigen sollte, wie der Kurs nunmehr nach

Hitler verläßt Landsberg Originalaufn. des Photoberichters Heinrich Hoffmann.

Am 25. Dezember 1924 verkündet *Der Nationalsozialist* auf der Titelseite »Hitler frei!«. Das Foto zeigt Adolf Hitler vor dem Landsberger Stadttor

> *Kampf« geliefert, nicht. Also, so quasi, daß ich indirekt daran schuld bin, daß »Mein Kampf« geschrieben worden ist. Also… Man konnte an sich tun, was man wollte, nicht, aber man wurde immer wieder angegriffen.*

Helene Hanfstaengl nahm Hitler in Empfang, als er aus »unerfindlichen« Gründen vorzeitig aus dem Gefängnis entlassen und wider Erwarten als straffällig gewordener Ausländer nicht aus Deutschland ausgewiesen wurde. Die Hanfstaengls wurden wieder sein Ruhepol. Sehr unangenehm waren allerdings Hitlers aufdringliche und lästige Liebesbeteuerungen, mit denen er immer wieder Helene Hanfstaengl und auch andere Damen überfiel. So machte sich Hitler ziemlich lächerlich, als er erneut einen solchen Anfall bei Helene inszenierte, sich vor ihr niederkniete, »sich als ihren Sklaven bezeichnete und sein jammervolles Geschick beklagte, das ihm zu spät das bittersüße Erlebnis ihrer Bekanntschaft bescherte«. Pathetisch ging es weiter:

> *»Gnädige Frau, Sie sind verheiratet und nicht nur das, sondern verheiratet mit einem alten Kampfgenossen, außerdem habe ich eine historische Mission, eine Aufgabe zu erledigen und kann mir ein normales Eheleben und Familienleben gar nicht leisten. Ich möchte nur, daß Sie wissen: Unter andern Umständen wären Sie mein Ideal.«*

Nur mit Not gelang es Helene, den sich demütig Windenden rechtzeitig wieder auf die Füße zu bringen, bevor ihr Mann, der kurz aus dem Zimmer gegangen war, zurückkam. Nachdem Hitler das Haus verlassen hatte, erzählte Helene ihm sofort von dem Vorfall. Viele Jahr später wurde Helene von ihrem Sohn Egon gefragt, was sie sich dabei gedacht habe, als Hitler ihr diese Liebeserklärung gemacht hatte. Sie antwortete: »I felt sorry for him.« – »Er tat mir leid.«

Ernst »Putzi« Hanfstaengl sah in Adolf Hitler trotz dieses Vorfalls nur seinen politischen Chef, nicht aber einen ernstzunehmenden Nebenbuhler, auf den er eifersüchtig sein müßte. Sohn Egon Hanfstaengl:

> *Mein Vater zitiert meine Mutter – die angeblich gesagt hat: »That man is a neuter«, also ein Zwitter, und sexuell eben kein Mann. Und mein Vater hat in seinen Memoiren behauptet, der Hitler sei also des normalen Beischlafs nie fähig gewesen. Sein weiterer Kommentar dazu: Aus der Kopulation mit der Masse ›Weib‹ beziehe er seine Ersatzbefriedigung.*

Bis zu ihrer Scheidung von »Putzi« Hanfstaengl im Jahr 1937 sandte Hitler weiterhin Blumengebinde an Helene Hanfstaengl. Sie aber kehrte Deutschland den Rücken und ging in die USA zurück. Sohn Egon kämpfte im Zweiten Weltkrieg auf Seiten der Alliierten.

Hitler und die Frauen – er nahm ihre Hilfe gerne an, aber ein intimes Verhältnis ist aus dieser frühen Zeit in München nicht bekannt. Was auch immer die Gründe gewesen sein mögen – war er zu diskret, zu sehr mit der Politik beschäftigt, zu sehr von einer reinen Männergesellschaft umgeben –, es sollte bis zu seinem siebenunddreißigsten Lebensjahr dauern, bis er eine Liebesbeziehung einging.

In München kannte er zwar schon um 1923 einige junge Mädchen, so Ada Klein, die für den *Völkischen Beobachter* arbeitete. Sie verabredeten sich des öfteren. Da seine Wohnverhältnisse in München damals noch äußerst bescheiden waren, lud er sie zu seinem Chauffeur Emil Maurice ein, der immerhin zwei Zimmer bewohnte. Maurice verließ dann jedesmal seine Wohnung. Ada Klein erzählte später Hitlers Sekretärin, daß es nicht zu Intimitäten gekommen sei. Hitler erinnerte sich, daß sie ihm das Küssen

Adolf Hitler, aufgenommen Anfang 1925. Dieses Bild wurde von der NS-Presse nie veröffentlicht

gelehrt habe. Außerdem habe er sich »rauschiger« gefühlt, als wenn er den stärksten Rum in seinen Tee geschüttet hätte. Über Ada Klein machte Hitler auch die Bekanntschaft mit Inge und Lola Epp, Solotänzerinnen von internationalem Rang, die er Jahre später in seine elegante Wohnung am Prinzregentenplatz einlud.

In Berchtesgaden lernte er 1926 die damals sechzehnjährige Maria Reiter und deren Schwester Anni kennen. Beide lud er zu einer »geschlossenen Veranstaltung« – er hatte damals öffentliches Redeverbot – ins Hotel »Deutsches Haus« ein, auf der er sprach.

Es folgten Spazierfahrten mit Maria Reiter im offenen Mercedes-Cabriolet zum Starnberger See, wobei er sie bat, ihn von nun an zu duzen und »Wolf« zu nennen. Ein anderes Mal ließ sich Hitler von seinem Chauffeur mit Maria zu einer Waldlichtung in der Nähe von Berchtesgaden fahren. Sie spazierten durch den Wald, er bewunderte sie, freute sich an ihr und nannte sie seine »Waldfee«. Sie fand das alles sehr lustig und kicherte immer mehr. Doch dann stand Hitler ganz nahe vor ihr, packte sie und küßte sie. »Er küßte mich zum ersten Mal wild, stürmisch, ungebändigt.« Stürmisch umarmte er sie und sagte: »Mimilein, liebes, holdes Mädel, jetzt kann ich einfach nicht mehr anders.« Er versicherte sie seiner großen Liebe, küßte sie immer wieder auf Mund und Hals. Maria Reiter erzählte in einem Interview in der Zeitschrift *Stern* im Jahr 1959: »Ich wollte aufhören zu leben. So glücklich war ich. Hitler schaute mich immer wieder erschrocken an. Er hielt inne und küßte mich dann wieder... Ich spürte, wie er seine Fäuste ballte. Ich sah, wie er mit sich rang. ›Kind‹ sagte er, ›ich könnte dich jetzt zerdrücken, jetzt in diesem Augenblick.‹« Als Sechzehnjährige allein in einer einsamen Waldschlucht mit einem Mann, den »Macht und Ruhm umgab« und der sie begehrte, da schmolz auch die »Waldfee« dahin. Hitler brachte sie mit dem Auto nach Berchtesgaden zurück und ließ sich anschließend zu einer Versammlung nach München fahren. Dann ging es weiter nach Berlin. Er plante, zu Mimis Geburtstag am 23. Dezember nach Berchtesgaden zu kommen, doch es schneite tagelang heftig. Er fand sich damit ab, seiner »Waldfee« nur brieflich gratulieren zu können:

»München, den 22. Dez. 1926
Mein liebes Kind!
Zuerst nimm mein liebstes Kind meinen Dank für Deine letzten zwei Briefe entgegen und verzeih mir daß dieses erst so spät geschieht. Wie Du weißt war ich wochenlang fort und da häuft sich hier in München die Arbeit so, daß wenn ich nachhause komme sehr viel getan werden muss. Sei mir nicht bös und denke nicht schlimm von mir. Außerdem hoffte ich noch immer persönlich kommen zu können. Daß es nicht geht hängt zum Teil auch mit dem Schnee zusammen. Allein um so mehr bin ich mit den Gedanken bei Dir. Du weißt nicht was Du mir geworden bist! Ich hätte so gerne Dein holdes Gesichtchen vor mir gehabt, um Dir mündlich das zu sagen was Dir Dein treuerster Freund nun nur schreiben kann. Am 23. Dezember hast Du Deinen Geburtstag. Ich bitte Dich nun, nimm unter all den Glückwünschen die Du dabei erhältst auch meinen aus dem Herzen kommenden Gruß entgegen. Nimm meinen innigsten Wunsch für deine Gesundheit, Kind, und für Dein sonstiges Glück!

Und nimm die beiden Bücher die ich Dir als ein kleines Geschenk gebe, und wenn Du Zeit und Lust hast, dann lese sie durch und Du wirst mich, glaube ich dann besser verstehen können als vielleicht heute und jetzt.

Ich will diesen Wünschen zu Deinem Geburtstag auch gleich die Weihnachtsgrüße anfügen. Aus dem kleinen Weihnachtsgeschenk sollst Du auch ersehen wie sehr ich mich freue wenn mein holdes Lieb mir schreibt. Du ahnst nicht wie glücklich mich ein Briefchen macht aus dem Deine liebe Stimme zu mir spricht. Denn die höre ich dann immer im Stillen. Und dann fasst mich auch die Sehnsucht nach Dir stets von neuem. Denkst auch Du

Maria Reiter, genannt »Mizzi« oder »Mimi«

noch öfter an mich? Weißt Du Mizerl wenn ich oft Ärger und Sorgen habe dann wollte ich so gerne bei Dir sein und in Deine lieben Augen schauen können und das andere vergessen. Ja Kind Du weißt wirklich nicht was Du mir bist und wie lieb ich Dich habe. Aber lies die Bücher und Du wirst mich dann verstehen können.

Nun nochmals meine innigsten Glückwünsche zu Deinem Geburtstag und ebensolche zum Weihnachtsfest von

Deinem Wolf«

Doch zur großen Überraschung der nun siebzehnjährigen Maria Reiter erschien an ihrem Geburtstag trotz der schlimmen Schneeverwehungen gegen Abend Hitler selbst mit seinem Fahrer Maurice. Als ein weiteres Geburtstagsgeschenk überreichte er ihr eine goldene Armbanduhr, die sie zeitlebens trug.

Besonders gefreut hat sich Mimi Reiter darüber, daß Hitler über die Feiertage in Berchtesgaden bleiben und mit ihr Weihnachten feiern konnte. Sein Weihnachtsgeschenk an sie waren die damals gerade erschienen beiden Bände von *Mein Kampf*, das numerierte Exemplar 111 in rotes Saffianleder gebunden und mit einer Widmung versehen. Die beiden Bände wurden nach dem Krieg von Andenken sammelnden alliierten Soldaten beschlagnahmt, die beiden Hüllen ließen sie bei ihr zurück. Maria hatte für Wolf auch eine Überraschung: zwei selbstgenähte Sofakissen bestickt mit dem Parteiabzeichen. Da Hitler ihr öfter sagte, daß er sich in Berchtesgaden häuslich niederlassen wolle, fand sie Sofakissen für sein zukünftiges Heim ein passendes Geschenk.

Marias Vater war mit der Bekanntschaft seiner Tochter überhaupt nicht einverstanden und verbot ihr den Umgang mit Hitler, was sie ihm mitteilte. Darauf schrieb er ihr:

»Mein liebes, braves Kind!
Aus Deinen schmerzlich lieben Zeilen erfuhr ich erst, wie unrecht es war, daß ich Dir nicht gleich nach meiner Rückkunft schrieb ... Ehe ich nun zu dem Inhalt Deiner letzten Briefe über-

gehe, will ich Dir erst danken für das liebe Geschenk, mit dem Du mich überrascht hast. Ich war wirklich glücklich, dieses Zeichen Deiner zärtlichsten Freundschaft zu mir zu erhalten. Ich habe nichts in meiner Wohnung, dessen Besitz mich mehr freuen würde! Ich muß dabei immer an Dein freches Köpfchen und Deine Augen denken ... Was nun Deine persönlichen Schmerzen betrifft, so darfst Du mir ruhig glauben, daß ich ihn Dir nachfühle. Aber Du sollst Dein Köpflein deshalb nicht traurig hängen lassen und musst nur sehen und glauben: wenn auch die Väter ihre Kinder selbst manches Mal nicht mehr verstehen, da sie älter geworden sind, nicht nur an Jahren, sondern auch im Empfinden, so meinen sie es doch nur so recht herzlich gut mit ihnen. So glücklich mich Deine Liebe macht, so innig bitte ich Dich für uns, nur noch auf Deinen Vater zu hören.

Und nun, mein liebes Goldstück, nimm die herzlichsten Grüße von Deinen immer an Dich denkenden Wolf«

Die Verliebten tauschten weiterhin fleißig Briefe aus. Als Maria allerdings im März 1927 mit dem Eiskunstlaufverein Berchtesgaden nach München fuhr, teilte sie ihm dies nicht mit, da sie keine Ahnung hatte, wo er sich gerade aufhielt. Groß war darum ihr Erstaunen, als sie ihre Kür probte und plötzlich Hitler auf einer Bank der Kunsteisbahn in der Galeriestraße saß. Er war von Mimis Schwester Anni verständigt worden. Nun lud er sie zum Mittagessen in sein Stammcafé Heck in der Schellingstraße ein. Das junge Mädchen ließ sich vom Vorstand ihres Vereins beurlauben und fuhr mit. Nach dem Essen fuhr die ganze Gesellschaft mit dem Fahrer Maurice in Hitlers Wohnung in der Thierschstraße.

Dort sprach er immer wieder von einer neuen, größeren Wohnung, denn er war fest entschlossen, mit Maria zusammenzuleben. Er war zärtlich zu ihr und machte mit ihr schon Pläne für die Einrichtung. Für den Abend hatte er eine Überraschung bereit: Karten für die Operette »Zirkusprinzessin« im Münchner Gärtnerplatztheater.

Der Chauffeur holte das »Liebespaar« ab. Eine Frau Dr. Arnold schloss sich ihnen an. Alle vier besuchten das Theater. Anschließend brachte Hitler Maria in einem Taxi zu ihrem Bruder Richard, der in der Schleißheimer Straße wohnte.

Am nächsten Tag lud Frau Dr. Arnold das junge Mädchen zum Kaffee ein. Hitler war an diesem Tag zu einer Wahlversammlung weggefahren. Das ahnungslose Mädchen merkte lange nicht, daß sie von Frau Arnold geschickt ausgefragt wurde über ihre Bekanntschaft mit Hitler. Maria bestätigte ihr, daß sie überzeugt sei, einmal Hitlers Ehefrau zu werden.

Nach Berchtesgaden zurückgekehrt, mußte Mimi lange warten, bis Hitler wieder einmal kam. Dann allerdings spazierten sie Arm in Arm durch das Städtchen, was damals schon fast einer Verlobung gleichkam. Dann hieß es wieder auf ihn warten. Bald darauf kam Hitler zwar erneut nach Berchtesgaden, doch nicht zu Mimi. Sie war fassungslos und steigerte sich so in ihren Kummer hinein, daß sie sich zu einer Kurzschlußhandlung hinreißen ließ. Sie suchte eine Wäscheleine, band sich diese um den Hals und versuchte sich zu erhängen. Wenig später fand sie ihr Schwager Gottfried Hehl. In letzter Minute konnte er sie vor dem Tod bewahren. Er rief den Arzt Dr. Hugo Beck, der ihr Beruhigungsspritzen gab. Maria sagte ihm auch den Grund ihres Selbstmordversuches, denn sie konnte sich auf seine Verschwiegenheit verlassen. Schwager Hehl war von Hitler benachrichtigt worden, warum er nicht zu seiner »lieben Mimi« kommen konnte. In der Parteikanzlei seien anonyme Briefe eingegangen, in denen der Briefschreiber angab, daß Hitler sich mit »minderjährigen Mädchen« herumtreibe und junge, unschuldige Mädchen verführe. Hitler habe in Berchtesgaden eine Sechzehnjährige gefunden, die sein nächstes Opfer sein dürfte. Hitler schrieb ihr, er sei untröstlich, aber er könne nun für längere Zeit nicht mehr zu ihr kommen oder mit ihr ausgehen. Später konnte er ihr erklären, daß sein Adjutant Schaub den Schreiber der anonymen Briefe herausgefunden habe; es war Frau Dr. Arnold. Richard Reiter, Mimis

Neffe erinnert sich: »Julius Schaub hat öfters bei uns gewohnt in der Nonntal-Straße 2 und war mit meiner Mutter gut befreundet. Durch seine Hilfe wurde mein Vater, ein lautstarker Sozi – immer wieder aus der Haft entlassen. Mein Bruder und ich nannten Hitler ›Onkel Wolf‹ als wir drei- oder viermal bei ihm am Obersalzberg eingeladen waren. Wir beide gingen unter Marias Einfluss zur Waffen-SS.« Günter, damals siebzehn Jahre alt, kam zur Division »Frundsberg« und fiel ein Jahr später, 1945, Richard Reiter ging mit sechzehn Jahren zur Leibstandarte »Adolf Hitler«. Auch Hitlers Fahrer Maurice verkehrte bei der Familie von Karl Reiter, Marias Bruder. Er brachte öfters vom Obersalzberg Delikatessen mit, darunter auch »Hitlers Lieblingsspeise Gänseleberpastete«.

Zu ihrem achtzehnten Geburtstag erhielt Maria Reiter von Wolf einen Aquamarin-Anhänger, zu Weihnachten lila Briefpapier mit ihren Initialen »M. R.« in Golddruck. Doch sie fühlte sich in Berchtesgaden nicht mehr wohl. Sie wollte weg von zuhause. Von Juli bis Dezember 1928 besuchte sie die Hotelfachschule in Linz. Sehr erstaunt war sie, als sie von ihrem Schwager im Auftrag Hitlers einen Brief bekam. Sie sollte die beiliegende eidesstattliche Versicherung unterzeichnen. Enttäuscht und voller Resignation unterschrieb sie, »... weil das Schicksal Deutschlands auf dem Spiel stünde ...«, daß sie Hitler nie näher kennen gelernt habe, daß er ihr nur als Kunde des Textilgeschäfts ihrer Schwester bekannt sei und daß keinerlei Bindungen zwischen ihnen bestünden oder je bestanden hätten. Hitler fürchtete eine Anzeige wegen Verführung einer Minderjährigen.

Im Winter 1928/29 absolvierte Maria ein Hotelpraktikum in Zürs. Am 10. Mai 1930 heiratete die noch nicht Einundzwanzigjährige in der Wiltener Stiftskirche in Innsbruck den Hotelier Alfred Wuldrich, dem das Hotel »Seefeld« gehörte. Dort erhielt sie Besuch von Himmler, der sich im Auftrag Hitlers erkundigen sollte, ob sie glücklich geworden sei. Als sie eines Tages einen schlimmen Ehekrach mit ihrem Mann hatte, fuhr sie kurz entschlossen nach München zu Hitlers Adjutant Schaub, der sie nach Rücksprache mit Hitler zu ihm brachte. Es kam zu einem herzlichen Wiedersehen. Nach einer Autofahrt zum Tegernsee mit Hitlers Fahrer Schrenk verbrachten sie den Abend und die Nacht zusammen. Da Maria nicht mehr zu ihrem Mann zurückwollte, bat sie Hitler, ihr bei der Beschaffung einer Arbeitsstelle behilflich zu sein. Doch Hitler meinte: »Ab jetzt werde ich dein Leben in meine Hand nehmen... Mimilein, heute bin ich reich. Ich kann dir alles bieten. Ich kann dir alles aus dem Weg räumen. Bleib bloß bei mir. Mein holdes Lieb, liebe Mimi.« Doch sie machte ihm bei aller Zuneigung klar, daß sie nicht seine versteckte Geliebte spielen wolle. Sie wollte ihn heiraten. Darauf erlebte sie einen herumbrüllenden Wolf: »Was soll ich denn für eine Figur abgeben? Ich hab dich gern. Ich will dich haben. Hier will ich dich haben. Begreife doch endlich: So ein Verhältnis wie zu dir hatte ich noch nie zu einer Frau.« Hitler behauptete auch ihr gegenüber, daß eine Ehe, eine Familie und ein Kind für ihn wegen seiner »historischen Mission« untragbar seien. Sie zwängen ihn zu einer Verzettelung seiner geistigen, seelischen und körperlichen Kräfte. Und sie hinderten ihn daran, sein Leben physisch und psychisch ganz für seine weltpolitischen Ziele »aufzuopfern«.

Dieses Wiedersehen zwischen Hitler und Maria soll im September 1931 stattgefunden haben. Möglicherweise war es ein paar Wochen vor oder vielleicht aber auch erst nach dem 18. September 1931, an dem sich Hitlers Nichte Geli Raubal das Leben nahm, die Frau, die er angeblich unendlich geliebt hatte.

Auf Marias Wunsch beauftragte Hitler den Münchener Rechtsanwalt der Partei, Dr. Hans Frank II, ihre Scheidung einzuleiten. Erst 1934 reiste Maria wieder zu Hitler, der inzwischen Reichskanzler geworden war. Sie hoffte nach wie vor auf eine Heirat mit ihm, doch er hatte längst eine andere Frau an seiner Seite: Eva Braun. Maria Reiter heiratete 1935 den SS-Hauptsturmführer Georg Kubisch, der einst in Berlin zur Leibwache von Joseph Goebbels gehört hatte. Am 9. November 1936 fand vor der Feldherrnhalle in München die »Einschwörung« neuer SS-Führer statt. Als alle angetreten waren, wurde Kubisch zum Rapport beim Führer befohlen. Vor den Versammelten sprach Hitler ihn an: »Sie sind also der Glückliche! Ich gratuliere. Passen Sie auf diese Frau gut auf. Weggetreten.« Nachdem Heinrich Himmler erfahren hatte, was diese Worte bedeuteten, wollte er dem Ehepaar Kubisch ein Haus samt Einrichtung schenken. Hitler aber verbot ihm das. Nur noch einmal sprachen sich Hitler und Maria flüchtig – 1938 nach der Besetzung Österreichs. Wieder stand sie ihm in der Wohnung am Prinzregentenplatz gegenüber. Hitler wollte wissen, ob sie glücklich sei. Das konnte sie diesmal bejahen, allerdings mit der Einschränkung, daß ihr Mann viel zu oft versetzt werde. Hitler versprach, Himmler die Anweisung zu geben, Georg Kubisch in Wien zu stationieren. Nun wollte Maria ihrerseits wissen, ob Wolf glücklich sei. Er antwortete ihr: »Nein. Wenn du die Eva meinst. Ich sage ihr jeden Tag, sie soll sich einen jungen Burschen nehmen. Ich bin jetzt schon zu alt.« Ihre Frage nach einem bevorstehenden Krieg, beantwortete er nur mit einem Schulterzucken und wandte sich ab. Schon 1940 fiel Georg Kubisch in Frankreich. Als Hitler davon erfuhr, sandte er ihr hundert rote Rosen und schrieb ihr, sie solle zu ihm kommen, er wolle ihr ein Haus bauen. Maria Kubisch ließ Hitler durch Frau Winter, seine Haushälterin, danken und ihm sagen, er hätte besser daran getan, die Rosen an das Grab ihres Mannes zu schicken.

Eugen Kogon nennt die Geschichte der Maria Reiter, die Geschichte ihrer Beziehung zu Adolf Hitler, »eine lächerliche, traurige, miserable Ganghofer-Episode von Bedeutung«, weil sie diesen Diktator unmißverständlich charakterisiere. Maria Reiter starb am 28. Juni 1992. Die einstige Nähe zu Adolf Hitler hat ihr bis zu ihrem Tod in einem Münchener Altersheim das Leben nicht leicht gemacht. Sie war zwar mit Hitlers Schwester Paula befreundet, die beiden Damen haben aber nie zusammen gewohnt, wie dies öfter zu lesen steht. Hitlers Liebesbriefe hatte sie schön gebündelt aufgehoben, die in diesem Text zitierten Briefe durfte ein *Stern*-Redakteur ablichten. Die übrigen Briefe hatte sie für kurze Zeit ihrem Hausarzt zur Aufbewahrung übergeben. Als es ihr gesundheitlich nicht mehr gut ging, wollte sie diese zurückhaben. Der Arzt brachte sie ihr wieder. Wer die Briefe heute besitzt, ist nicht bekannt.

Mimi Reiter war »vielleicht die einzige Frau, die mein Bruder je geliebt hat. Wer weiß, wenn er die geheiratet hätte, vielleicht wäre alles anders gekommen.« Diese Aussage stammt von der damals dreiundsechzigjährigen Paula Hitler, der einzigen leiblichen Schwester Hitlers, die sich Paula Wolf nannte, aus einem Gespräch mit Günter Peis, einem Mitarbeiter der Illustrierten *Stern* im März 1959.

Wie Hitlers private Testamente vom 2. Mai 1938 und vom 29. April 1945 bestätigen, hinterließ Hitler tatsächlich keine Nachkommen, weder eheliche noch uneheliche. Wenn gegenteilige Gerüchte aufkamen, ließ Hitler, wie im Falle von Maria Reiter-Kubisch am 4. Juli 1942, sofort durch eidesstattliche Erklärungen beziehungsweise notarielle Urkunden die Unwahrheit dieser Gerüchte aktenkundig machen. Seine beiden Sendboten für diese Zwecke waren sein alter Feldwebel aus dem Ersten Weltkrieg und späterer Partei-Verlagsleiter Max Amann und sein Münchener Rechtsanwalt und nachmaliger Reichsjuristenführer Dr. Hans Frank II.

Das Gerücht von der Existenz eines Sohnes von Adolf Hitler in Frankreich taucht zwar immer wieder in der Presse auf, ist aber nicht zu belegen.

Hitlers offensichtliches Faible für junge Frauen ist belegbar. Geli Raubal war 1908 geboren, Maria Reiter 1909, Eva Braun 1912 und Unity Mitfort 1914, somit waren alle mehr als zwanzig Jahre jünger als er selbst. Wie sein Vater Alois bevorzugte er junge Mädchen, die er beherrschen konnte, die gehorsame Gespielinnen zu sein hatten, ihm aber nicht in die Quere kommen würden.

Geli Raubal (links) mit ihrer Mutter Angela, der Halbschwester Adolf Hitlers

Tragisch verlief die Beziehung zwischen Adolf Hitler und seiner Nichte Angela Raubal, Geli genannt, der Tochter von Hitlers Halbschwester Angela, der einzigen Verwandten, zu der er eine engere Beziehung aufbauen konnte. Geli war jenes Kind, mit dem Angela beim Tod der Mutter hochschwanger war und die am 4. Januar 1908 in Linz geboren wurde, kurz bevor der achtzehnjährige Adolf diese Stadt verließ. »So spielte auch bei dieser mit Sicherheit gefühlsträchtigen Beziehung die Mutter eine große, natürlich nicht rational auslotbare Rolle in Hitlers Leben.«

Geli, ein niedliches, gut gewachsenes und etwas zur Fülle neigendes Mädchen, das ihrer Mutter sehr ähnlich sah, gefiel Hitler. Im September 1927 nach dem Ende des Nürnberger Parteitags bat Hitler Rudolf Heß, die kommenden Tage mit ihm zu verbringen, damit er sich nicht allein mit dem »Weibervolk« zeigen

Geli Raubal fand schnell Gefallen an der mondänen Welt, die ihr Onkel ihr bot

müsse. Das »Weibervolk« bestand aus Hitlers Halbschwester Angela, seinem »Nichtchen« und deren Freundin; ihnen wollte er Deutschland zeigen. In einem Brief an seine Eltern gab Heß eine detaillierte Beschreibung zu Geli Raubal: »Das Nichtchen des Tribunen« – Heß nannte Hitler immer Tribun – »ist ein hochgeschossener, hübscher 19jähriger Backfisch, immer lustig und so wenig auf den Mund gefallen wie der Onkel, im Gegenteil: Kaum daß dieser gegen das schlagfertige Mundwerk aufkommt. Nachdem das Nichtchen das Abitur gemacht hat, will der Onkel es in Deutschland studieren lassen. Er ist freilich überzeugt, daß es kaum über das zweite Semester hinauskommt, sondern vorher heiratet. Andere, einschließlich des Nichtchens, sind der gleichen Meinung.« In Dresden, im schönsten Opernhaus Deutschlands, wie Hitler es bezeichnete, stand der Besuch der Opern »Cavalleria rusticana« und »Carmen« auf dem Programm. Von Dresden ging es weiter nach Berlin. Hitler, die Damen und Rudolf Heß gingen in Schinkels Schauspielhaus und sahen dort Shakespeares »Maß für Maß«. Heß meinte, das Stück sei »teils zum Brüllen, teils zum Heulen, fast immer mit sprühendem Geist untermischt, freilich auch von einer Derbheit der damaligen Zeit zeugend, daß den armen Tribunen in Gedanken an das Nichterl u. deren Freundin manchmal die Haare sichtbar zu Berge stiegen. Die haben's aber nicht so tragisch genommen …«

Im Jahr 1929 verhalf das Ehepaar Bruckmann Hitler zu einer Neunzimmer-Wohnung in der Prinzregentenstraße im vornehmen Münchener Stadtteil Bogenhausen. Seine fast zwanzig Jahre jüngere Nichte Geli, die nach dem Abitur in Wien ein Zimmer in München am Englischen Garten bezogen hatte, durfte nun zu ihm umziehen. Sie fühlte sich schon bald wie in einem goldenen Käfig. Er nahm sie mit zu Veranstaltungen, wann immer sich eine Gelegenheit bot, er führte sie aus, sie gingen in die Oper, besuchten Freunde. Eigene Aktivitäten von Geli schätzte er weniger. Sie wollte in München Medizin studieren, brach aber bereits im ersten Semester ihr Studium ab und träumte von einer anderen

Hitlers und Gelis Wohnung am Münchener Prinzregentenplatz 16, 2. Stock

Laufbahn: Sie wollte Sängerin werden. Eine berühmte Wagner-Sängerin, das hätte dem Onkel gefallen. Er kümmerte sich rührend um sie, übernahm bald die Rolle des Ersatzvaters, und schließlich wurde daraus mehr als eine platonische Liebe.

Viele Männer machten Geli den Hof, darunter auch Hitlers langjähriger Chauffeur Emil Maurice. Hitler war wütend, als er erfuhr, daß Maurice es gewagt hatte, Geli in ihrem Pensionszimmer am Englischen Garten zu besuchen. Hitler reagierte offensichtlich nicht als Onkel, sondern als verletzter Liebhaber. Aus Maurice, dem ehemaligen Freund, der zusammen mit ihm in Landsberg eingesperrt gewesen war, wurde ein Rivale. Er verlobte sich heimlich mit Geli. Hitler bestand auf der sofortigen Auflösung der Verlobung und entließ seinen Fahrer.

Die verliebte Geli schrieb Emil Maurice Weihnachten 1927 einen entzückenden Brief. Sie erklärte ihm, daß Onkel Adolf verlange, daß sie frühestens in zwei Jahren heiraten dürften, und wenn sie sich sähen, dann nur unter seiner Aufsicht. Wenn er nicht in München anwesend sei, würde Frau Heß auf sie aufpassen müssen. Onkel Adolf verlange, daß sie in München weiter

Geli Raubal mit Helene Bechstein bei den Wagner-Festspielen in Bayreuth 1930

Hitler auf einer Promenade an der Nordsee mit Geli (2. von rechts) und seiner Schwester Paula (rechts)

studiere. »Onkel Adolf ist jetzt furchtbar nett. Ich möchte ihm gerne eine große Freude machen, weiß aber nicht womit.«

Vier Jahre nach diesem Brief kam es zu einer Katastrophe: Geli beging Selbstmord. Am 18. September 1931 entbrannte in Hitlers Wohnung ein heftiger Streit zwischen Onkel und Nichte, den die Haushälterin Anni, die spätererе Ehefrau von Herbert Döhring, Hitlers Hausverwalter auf dem Berghof, mithörte. Sie war die letzte, die Geli Raubal lebend sah:

> *Meine Frau war der Überzeugung, er hat ihr zuviel reingeredet. Sie wollte Gesang studieren, und das ausgerechnet noch in Wien. Der Gesangslehrer war ein Jude, und mit denen hat's ja Hitler nun nicht zum besten gehalten, wie man allgemein weiß, und da war Hitler dagegen. Aber auch ihre Mutter war dagegen aus allen möglichen Gründen. Und das hat das Mädel unheimlich bedrückt.*

*Dies Mädel hat er geliebt. Die hat er geliebt, die hat er verehrt, von allem fern gehalten, und das hat dies Mädel bedrückt. Sie konnte nicht aus sich heraus. Sie war sehr lustig, sehr fidel, und er war eifersüchtig.*

Nach diesem Streit verließ Hitler kurz vor fünfzehn Uhr die Wohnung, um in seinem Wagen zusammen mit seinem Chauffeur zu einer Wahlkampfreise nach Hamburg aufzubrechen. Nachdem er fort war, schrieb Geli noch einen Brief an eine Freundin, in dem sie ihre Reise nach Wien ankündigte, nicht aber ihren Selbstmord. Dann erschoß sie sich mit der Pistole Adolf Hitlers. Die Leiche wurde erst am nächsten Tag gegen halb zehn Uhr morgens von der Haushälterin Anni gefunden. Das Selbstmörderbuch der Stadt München belegt nüchtern Gelis Ende. »Onkel Alf«, den man umgehend verständigte, erhielt in Nürn-

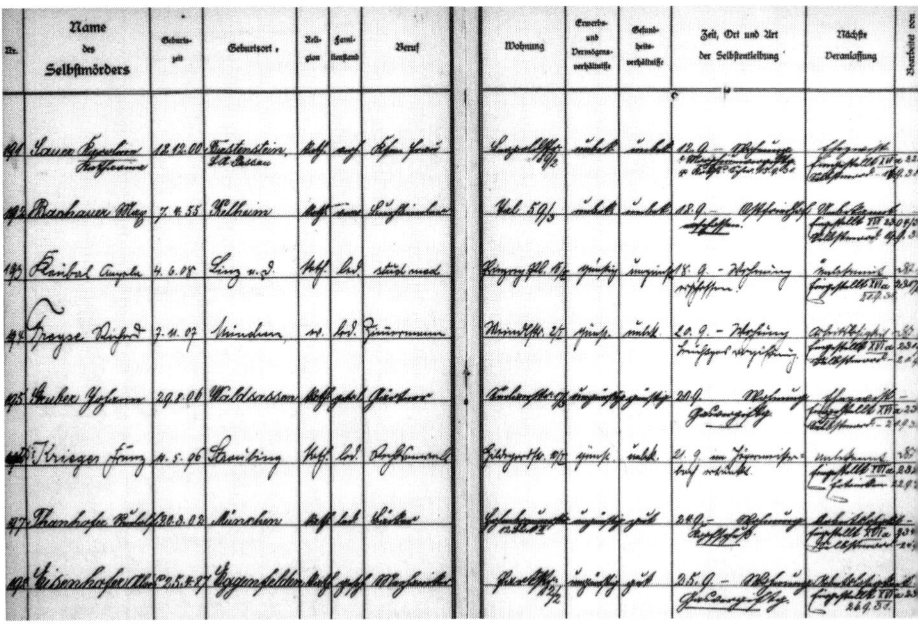

| Nr. | Name des Selbstmörders | Geburtszeit | Geburtsort | Religion | Familienstand | Beruf | Wohnung | Erwerbs- und Vermögensverhältnisse | Gesundheitsverhältnisse | Zeit, Ort und Art der Selbstentleibung | Nächste Veranlassung | Bearbeitet von |
|---|---|---|---|---|---|---|---|---|---|---|---|---|

Auszug aus dem Selbstmörderbuch der Stadt München September 1931

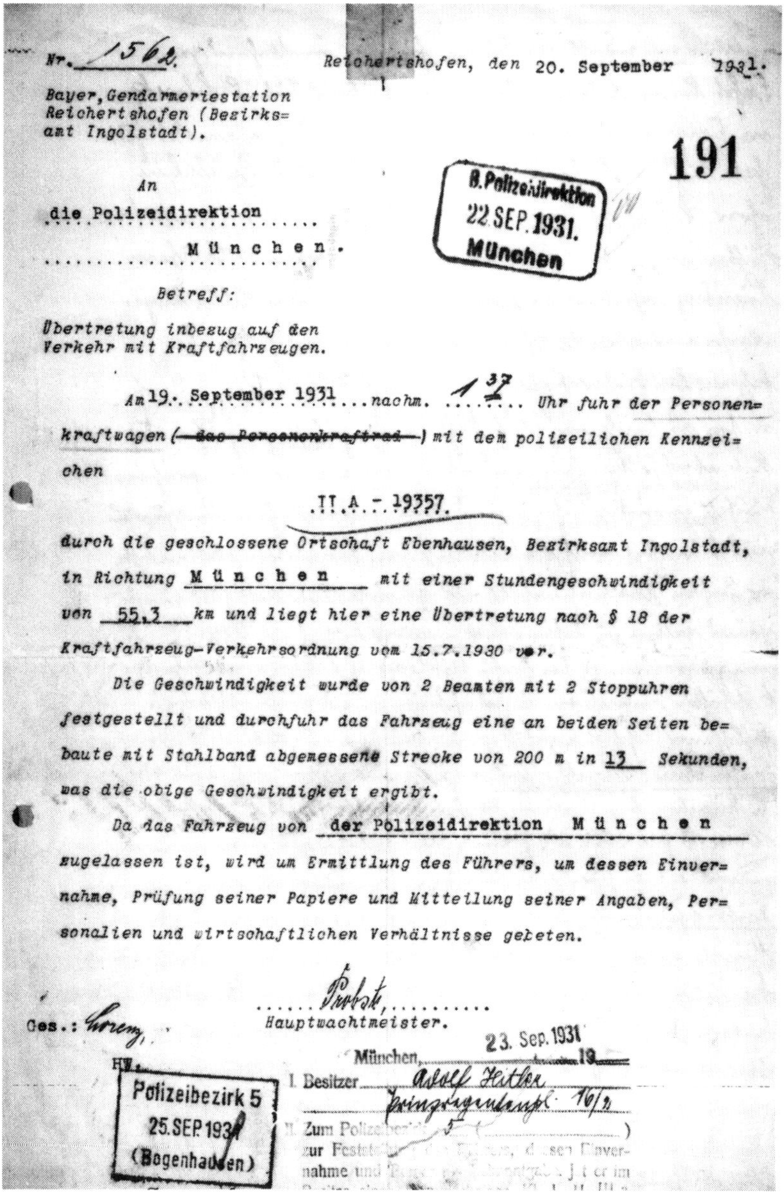

Nr. 1562.

Reichertshofen, den 20. September 1931.

Bayer, Gendarmeriestation Reichertshofen (Bezirksamt Ingolstadt).

191

B. Polizeidirektion 22. SEP. 1931. München

An die Polizeidirektion München.

Betreff: Übertretung inbezug auf den Verkehr mit Kraftfahrzeugen.

Am 19. September 1931 nachm. 1 37 Uhr fuhr der Personenkraftwagen (~~das Personenkraftrad~~) mit dem polizeilichen Kennzeichen

II A - 19357.

durch die geschlossene Ortschaft Ebenhausen, Bezirksamt Ingolstadt, in Richtung München mit einer Stundengeschwindigkeit von 55,3 km und liegt hier eine Übertretung nach § 18 der Kraftfahrzeug-Verkehrsordnung vom 15.7.1930 vor.

Die Geschwindigkeit wurde von 2 Beamten mit 2 Stoppuhren festgestellt und durchfuhr das Fahrzeug eine an beiden Seiten bebaute mit Stahlband abgemessene Strecke von 200 m in 13 Sekunden, was die obige Geschwindigkeit ergibt.

Da das Fahrzeug von der Polizeidirektion München zugelassen ist, wird um Ermittlung des Führers, um dessen Einvernahme, Prüfung seiner Papiere und Mitteilung seiner Angaben, Personalien und wirtschaftlichen Verhältnisse gebeten.

Probst, Hauptwachtmeister.

Ges.: Lorenz.

München, 23. Sep. 1931

I. Besitzer Adolf Hitler Prinzregentenpl. 16/2

II. Zum Polizeibezirk 5

Polizeibezirk 5 25. SEP. 1931 (Bogenhausen)

Hitlers Alibi für die Todeszeit seiner Nichte: um 1.37 Uhr wird er in der Nähe von Ingolstadt »geblitzt«

berg die Nachricht vom Tod seiner Nichte. Sie traf ihn tief – möglicherweise auch deshalb, weil der Selbstmord große Gefahren für seine politische Karriere in sich bergen konnte. Er ließ sich sofort nach München zurückfahren. Die Leiche seiner geliebten Geli war schon fortgebracht, als er wieder in der Prinzregentenstraße eintraf.

Als Hitler seine Halbschwester Angela sah, waren ihre ersten Worte: »Mein Gott, warum hat sie mir *das* angetan!« Hitler entgegnete: »Du darfst ihr keinen Vorwurf machen. Wir *alle* sind schuld!«

Hitler spielte mit dem Gedanken an Selbstmord. Noch einmal Herbert Döhring:

> *Und da hat er gesagt: »Das nützt alles nix mehr, Anni, ich bring mich um. Schau, da liegt die Pistole schon durchgeladen.« Da hat die gesagt: »Herr Hitler, Sie brauchen sich nicht umbringen, das Leben geht weiter. Bitte tun Sie das nicht.« Und er war aber stur, total seelisch am Ende. Und die hat sich vorgenommen: »Bei der nächsten besten Gelegenheit, wenn ich reingehe, nehm' ich ihm die Pistole weg.« Und so geschah es, die Pistole hat sie weggenommen, und wie er das gemerkt hat am nächsten Tag – er hat sie nicht wieder verlangt, nicht wahr.*

Geli Raubal starb an einem Lungenschuß. Die sozialdemokratische Zeitung *Münchner Post* berichtete am 23. September recht ausführlich und sachlich von einer »rätselhaften Affäre: Selbstmord von Hitlers Nichte«. Doch Hitler verlangte eine »Richtigstellung« gemäß Artikel 11 des Pressegesetzes, die von der Zeitung sofort veröffentlicht wurde. Hitler bestritt, am Tag seiner Abreise Streit mit der Nichte gehabt zu haben und daß er gegen Gelis Reise nach Wien gewesen sei. Er bezeichnete es als unwahr, daß sich seine Nichte in Wien hatte verloben wollen und er gegen eine Verlobung gewesen sei. »Wahr ist, daß meine Nichte, von der Sorge ge-

Die Geli Raubal-Büste von Ferdinand Liebermann

quält, die zu einem öffentlichen Auftreten nötigen Anlagen doch nicht zu besitzen, nach Wien fahren wollte, um dort bei einem ersten Stimmpädagogen ihre Stimme neuerlich prüfen zu lassen.«

In den Wochen und Monaten nach dem Selbstmord begann Hitler, Geli Raubal wie eine Heilige zu verklären. Der Bildhauer Ferdinand Liebermann mußte eine Büste von ihr anfertigen, die später in der neuen Reichskanzlei aufgestellt wurde. Als Professor Adolf Ziegler, ein von Hitler bevorzugter Maler, 1933 nach einer Fotografie ein lebensgroßes Ölbild von Geli für den Berghof angefertigte hatte, brach Hitler in Tränen aus, als er es zum erstenmal sah. Herbert Döhring:

> *Und auf seinen Wunsch, auf seine Anordnung durfte da niemand rein, und das Zimmer mußte so bleiben und es gab nur einen Schlüssel, einen alten Schlüssel für dieses Zimmer. Und dann hat er abgeschlossen, und den Schlüssel hat die ganzen Jahre, wo wir oben tätig waren, meine Frau aufbewahrt auf seinen ausdrücklichen Wunsch in unserer Wohnung droben.*

In Hitlers privatem Testament vom 2. Mai 1938 steht: »Die Einrichtung des Zimmers in meiner Münchner Wohnung, in dem meine Nichte Geli Raubal wohnte, ist meiner Schwester Angela zu übergeben.«

Eigenartig ist, daß Hitler nicht zu Gelis Beerdigung fuhr. Zum ersten Jahrestag reiste er dann heimlich nach Wien. Es kümmerte ihn aber nicht, daß seine Nichte im Wiener Zentralfriedhof in einer Notgruft beigesetzt worden war.

Nach außen hin zumindest kam Hitler sehr schnell über den Tod seiner Nichte hinweg. Er kannte schon seit 1929 die damals siebzehnjährige, unerfahrene, blonde einstige Klosterschülerin Eva Braun, die bei seinem Leibfotografen Heinrich Hoffmann in München in dessen Atelier in der Schellingstraße 50 als Laborantin angestellt war. Hitler kam 1930 mit der dreiundzwanzig Jahre jüngeren Eva häufiger zum Essen in die »Osteria Bavaria«, ging auch mit ihr ins Kino. Gleichzeitig scherzte er mit Hoffmanns Tochter Henriette, der späteren Ehefrau des Reichsjugendführers Baldur von Schirach, die ebenfalls an Hitler interessiert war. Sie nahm zusammen mit ihrem Vater auch an einigen Reisen Hitlers teil, und er fand sie äußerst amüsant. An Sonntagen besuchte er mit dem Schulmädchen die Kulturfilm-Matineen und Museen, von ihm bekam Henriette ihre ersten Ski, dann einen Tennisschläger. Mit zwölf Jahren durfte sie mit Adolf Hitler zu den Richard-Wagner-Festspielen nach Bayreuth fahren. Als er jedoch begann, Henriette Avancen zu machen und sie gerne küssen wollte, lehnte sie dies entschieden ab. So hat sie es in ihren Memoiren festgehalten.

Hitler achtete tunlichst darauf, daß sich die lebenslustigen jungen Frauen Eva Braun und Geli Raubal nie in die Quere kamen. Jede der beiden wußte von der Existenz der anderen – getroffen haben sie sich aber nie. Nur: Hitlers Beteuerung über seine große Liebe zu seiner Nichte Geli klingt vor diesem Hintergrund wenig glaubhaft.

Nach Geli Raubals Tod rückte Eva Braun in den Vordergrund. Sie konnte noch nicht ahnen, daß Hitler von der Politik völlig in Beschlag genommen sein würde. Selbst auf eine kurze Nachricht wartete Eva oft vergeblich.

Ihr Leben sollte ein Ringen um Erfolg und Anerkennung werden. Sie entwickelte sich immer mehr zu einer Schauspielerin, um nur nicht als unglückliche und enttäuschte Frau zu gelten. Die Geschichte ihres Lebens wollte sie selbst – »sobald der Chef den Krieg gewonnen hat« – in einem Hollywood-Film spielen. Herbert Döhrings Meinung zu Eva Braun:

> *Das war kein richtiges … das war nicht mal ein richtiges Freundschaftsverhältnis – so dahin plätschernde gute Bekanntschaft, mit Höhepunkten und Tiefen. Hitler hat sehr darunter gelitten, Eva Braun noch mehr.*

Eva Braun mit ihren Scotchterriern auf dem Berghof. Die Hunde sollten ihr über einsame Stunden hinweghelfen

Eva und ihre Kamera – sie besaß eine wertvolle Fotoausrüstung und drehte bereits Farbfilme

Eva Braun mußte lernen, damit umzugehen, daß Hitler zeitweise ununterbrochen beruflich unterwegs war. Selbst bei einem Abendessen im Hotel »Vier Jahreszeiten« in München, zu dem auch sie eingeladen war, konnte sie kein persönliches Wort mit ihm wechseln. Als sehr taktlos empfand sie es, daß er ihr zum Abschied – wie schon des öfteren vorher – einen Umschlag mit Geld überreichte, ohne jeden Gruß.

Eva Braun war derart verzweifelt, daß sie in der Folgezeit zwei Selbstmordversuche unternahm: Beim ersten Mal, 1932, schoß sie sich mit der Pistole in den Hals. Beim nächsten Versuch, im Mai 1935, schluckte sie Tabletten. Sie hatte sich ausgerechnet, daß fünfundzwanzig Veronal-Tabletten ausreichen würden, sie umzubringen. Ihre Schwester fand sie noch rechtzeitig. Hitler reagierte zwar höchst beunruhigt, ließ sich aber dennoch vom be-

Adolf Hitler mit Schauspielerinnen im Münchener Haus der Kunst – als »Entschädigung« ließ er Eva nach den Veranstaltungen einen Teil des Blumenschmucks schicken

handelnden Arzt versichern, daß es nicht nur ein vorgetäuschter Selbstmordversuch gewesen war. Eva tat ihm leid.

Zu ihrem dreiundzwanzigsten Geburtstag am 6. Februar 1935 kam als Abgesandte Hitlers Frau Schaub, Ehefrau des persönlichen Hitler-Adjutanten Julius Schaub, mit einem Telegramm und Blumen. »Mein Büro sieht aus wie ein Blumenladen und es riecht wie in einer Aussegnungshalle«, schrieb Eva Braun in ihr Tagebuch. Später erfüllte Hitler Evas Wunsch nach einem Hund, einem Scotchterrier, damit sie in Zukunft nicht mehr so allein sei. Ihr größter Wunsch, nicht mehr im Fotolabor arbeiten zu müssen, ging ebenfalls in Erfüllung, und sie erhielt ein Haus in München-Bogenhausen zum Geschenk. Spätestens zu diesem Zeitpunkt verschrieb Eva Braun ihr Leben ganz Adolf Hitler. Sie hielt sich »weisungsgemäß« im Hintergrund, durfte weder in der Reichskanzlei in Berlin noch auf dem Obersalzberg bei offiziellen Anlässen erscheinen, machte Schlankheitskuren, trieb Gymnastik und wurde zur Modespezialistin. Aus München wurden Kleider, Hüte, Pelze, Badeanzüge zur Auswahl auf den Berghof gebracht. Schuhe und Taschen kaufte sich Eva Braun am liebsten in Italien. Reisen, Fotografieren und Filmen wurden ein weiterer Zeitvertreib, Modezeitschriften und Filmvorführungen hielten sie auf dem Berghof beschäftigt.

Anfänglich war ihre Beziehung geheim, aber für den inneren Zirkel war Eva Braun doch bald als Hitlers Lebensgefährtin zu erkennen. Im Berghof auf dem Obersalzberg, der bald hermetisch abgeriegelt wurde, konnte der Mythos des »zölibatären Führers« auch dann noch aufrecht erhalten werden, als Eva Braun längst ihr Schlafzimmer mit einem direkten Zugang zu seinem Schlafzimmer hatte. Der »Führer« wollte keiner Frau aus Fleisch und Blut angehören, sondern nur für seine Braut Deutschland leben.

Offiziell existierte Eva auf dem Obersalzberg denn auch nie. Sie wurde anonym als Wirtschafterin oder Sekretärin geführt, selbst im internen Telefonregister tauchte ihr Name nicht auf. Dazu Wilhelm Schneider, Hitlers Diener:

> *Es wurde mir dann gleich gesagt, daß ich nichts über Fräulein Braun in der Öffentlichkeit verlautbaren lassen soll. Fräulein Braun wäre mit »Gnädiges Fräulein« anzureden. Und unter uns, mit der Zeit nannten wir sie die »Landesmutter«. Na ja … ich weiß nicht …*

Eva wollte die Beziehung legalisieren, aber Adolf Hitler reagierte nur unwirsch darauf. Er trennte konsequent privates und berufliches Leben. Herbert Döhring, der Verwalter des Berghofs:

> *Und ganz schwer hat die Eva Braun drunter gelitten, wenn Hitler damals in der Reichskanzlei große Empfänge für Künstler, Schauspieler, Musikleute, alles,*

*was da mit Theater zu tun hatte... bis zu tausend Leute waren da eingeladen. Er ließ sich fotografieren. Da war Hitler der Kavalier... muß man sagen... umgab sich mit schicken Damen. Da war er in seinem Element, da fühlte er sich wohl. Bei der Eva Braun ist er nie so gelöst gewesen, niemals, niemals. Und wenn sie dann diese Bilder sah, die war todunglücklich. Daß die sich nicht umgebracht hat, war das letzte. Da war sie eifersüchtig, verzweifelt, launisch, mürrisch, kritisch. Konnt' die Frau vollkommen verstehen. Ich hab' ihr das nie übel genommen.*

Es war Eva Brauns großer Wunsch, einmal zu den Wagner-Festspielen nach Bayreuth mitgenommen zu werden. Doch Hitler wollte das nicht. Seit er Reichskanzler geworden war, gerieten

War der Handkuß zu intim oder devot? Dieses Foto von Winifred Wagner und Adolf Hitler wurde zensiert

seine Auftritte in Bayreuth immer mehr zum Spektakel. Und die Hausherrin Winifred Wagner war fester Bestandteil der Inszenierung. Winifred Wagner:

> *Ha, ha … ja das ist ja eben die Geschichte, die erzählen wir eben nicht, nicht? Wir haben uns ja geduzt, nicht? Und das geht eben nicht, das kann ich in der Öffentlichkeit nicht bringen, wissen Sie, das ist unmöglich. Ich meine, ich habe ihn Wolf genannt, er hat mich Winie genannt, wir haben uns geduzt. Wenn wir vor dem Festspielhaus uns begrüßt haben, da hat er mir die Hand geküßt, hat ›gnädige Frau‹ gesagt, nicht? Und wir haben uns an und für sich, also, amüsiert drüber, nicht? Und heut' das Theater. Also …*

Mit dreiunddreißig Jahren wurde Winifred Wagner durch den frühen Tod ihres Mannes Siegfried, mit dem sie vier Kinder hatte, Witwe. Sie übernahm selbstverständlich die Leitung des Festspielhauses, einer »nationalen Weihestätte von Weltgeltung«.

Schon 1926 war sie auf Hitlers ausdrückliche und persönliche Bitte der NSDAP beigetreten. Sie erhielt mit der Mitgliedsnummer 29349 auch das goldene Parteiabzeichen. Mitglied der Reichstheaterkammer war sie nie. Hitler würdigte die Leistungen der Herrin von Bayreuth: »Aber die Frau Wagner hat immerhin Bayreuth – das ist ein großes Verdienst von ihr – mit dem Nationalsozialismus zusammengebracht«. Winifred Wagner genoß die Wertschätzung Hitlers, ihr gefiel sein österreichischer »Herzens Takt und die Wärme … ich kannte ihn 22 Jahre. Ich habe nie eine menschliche Enttäuschung an ihm erlebt.« Sich selbst charakterisierte sie als eine »wahnsinnig treue Person«, die einer von ihr geschätzten Person nie die Zuneigung versagen würde. Diese »Nibelungentreue« galt ganz besonders für den »Führer«: »Und alles, was ins Dunkle geht bei ihm, ich weiß, das existiert, aber für mich existiert es nicht, weil ich diesen Teil nicht kenne.« Nike

Winifred Wagner – über Hitlers Tod hinaus blieb sie seine treue Freundin

Wagner, Winifreds Enkelin, schrieb zu diesem Aspekt: »Winifred hat eine Ausblendungstechnik entwickelt, die phantastische Züge hat.«

So blendete sie, wenn auch weit weniger spektakulär, beispielsweise auch Eva Braun aus, die sehr eifersüchtig auf Winifred Wagner reagierte. Hitler habe sich nie mit Eva öffentlich fotografieren lassen, von ihr dagegen gebe es zahlreiche Bilder mit dem »Führer« allein oder mit seiner Entourage. Aber ein Führer der Deutschen hätte sie als Engländerin nicht heiraten können. Immer habe er ihr eingeschärft, sie müsse unverheiratet und »Königin« bleiben, ja »Königin, Königin ...«

Hitler zeigte sich während der Festspiele durchaus auch mit anderen Frauen, wie beispielsweise mit der englischen Faschistin Unity Valkyrie Mitford. Eva Braun schrieb dazu in ihr Tagebuch: »Wie mir Frau Hoffmann liebevoll und ebenso taktlos mitteilte, hat er jetzt einen Ersatz für mich. Sie heißt Walküre und sieht so aus, die Beine mit eingeschlossen. Aber diese Dimensionen hat er ja gerne.«

Unity Mitford, die ihren zweiten Vornamen Valkyrie ihrem Wagner-begeisterten Großvater verdankte, stammte aus einer exzentrischen aristokratischen englischen Familie und wurde auf einem Tudorschloss in Batsford in Gloucestershire geboren. Sie hatte fünf äußerst interessante Schwestern, darunter die Schriftstellerin Nancy Mitford, und einen Bruder. Als Sir Oswald Mosley, der Geliebte und spätere Mann ihrer Schwester Diana, eine neue Partei gründete, die »British Union of Fascists« (BUF), trat Unity sofort bei. Der britische Faschismus begeisterte sie zwar, doch ging ihr Blick nach Deutschland, und sie wollte mehr über die NSDAP erfahren.

Mit einem Empfehlungsschreiben des deutschen Botschaftsrats in London, Fürst Otto von Bismarck, im Gepäck reiste die neunzehnjährige Unity zusammen mit ihrer Schwester Diana nach Berlin. Sie meldeten sich bei Ernst Hanfstaengl, dem Auslandspressechef der NSDAP, den sie zuvor schon bei einer Londoner

Das einzige veröffentlichte Foto von Adolf Hitler und Eva Braun (2. Reihe, 2. von links, daneben ihre Schwester Gretl), aufgenommen im Februar 1936 während der Olympischen Spiele in Garmisch-Partenkirchen

Gesellschaft kennengelernt hatte. Unity wollte unbedingt Adolf Hitler bei einem Auftritt erleben, was aber erst im September 1933 gelang, als sie als Mitglied der offiziellen BUF-Delegation am Ersten Parteitag der NSDAP teilnahm. »Als ich Adolf Hitler zum ersten Mal sah, wußte ich sofort, daß ich niemanden anderen lieber treffen würde!«

Unity Mitford kannte Hitlers Lieblingslokal in München, die »Osteria Bavaria«, ein Restaurant unweit von Eva Brauns Arbeitsplatz. Über Wochen hinweg wartete sie dort darauf, daß er sie ansprach. Der britische Journalist Michael Burn war beim ersten Treffen Unity Mitfords mit Hitler anwesend. Er berichtet:

> *Und sie sah unglaublich arisch aus. Nach einer Weile öffnete sich dann die Tür und Hitlers Adjutant Brückner, Hitler und Ernst Hanfstaengl kamen herein. Und ein deutsches Mädchen am gegenüberliegenden Tisch wurde ganz ekstatisch und war entsetzt, als Hitler an unserem Tisch stehen blieb und mit Unity sprach. Dann ging er in den Innenhof des Restaurants. Und das Mädchen brach in Tränen aus, weil Hitler mit einem Mädchen sprach, das geschminkt war, und sie ihre Zeit damit verbracht hatte, häßlich zu sein.*

Egon Hanfstaengl hält wenig von der englischen Faschistin:

> *Ich empfand sie als eine schöne, blonde Kuh mit einem deutlichen Quantum Bösartigkeit, also eine Kuh, der man ein Brett zwischen die Hörner hängt, um sie daran zu hindern, andere Kühe zu stoßen. Das war eigentlich mein Eindruck von der Unity Mitford.*

Hitler war von der britischen Aristokratin fasziniert und er nahm Unity in den inneren Kreis seiner Verehrerinnen auf. Sie wurde zur bedingungslosen Anhängerin. Michael Burn meint bewundernd:

»Putzi« Hanfstaengl mit Unity Mitford auf einem Parteitag

*Es war eine große Leistung für ein Mädchen von gerade mal neunzehn Jahren, die Vertraute des mächtigsten Mannes Europas zu werden. Und sie wollte Macht. Ich zittere heute noch beim Gedanken, was sie getan hätte, wenn sie diese Macht wirklich einmal gehabt hätte.*

Unity Mitford unternahm alles, um von den Nationalsozialisten akzeptiert zu werden. Für das Kampf- und Hetzblatt *Der Stürmer*, das in einer Auflage von zwei Millionen erschien, schrieb sie einen Leserbrief, der nicht nur in Deutschland Aufsehen erregte. »Lieber Stürmer! Ich spreche Ihnen als englische Faschistin meine Bewunderung aus. Seit einem Jahr lebe ich in München und lese den Stürmer jede Woche. Wenn wir doch solche Zeitungen auch in England hätten. Dort haben die meisten Leute keine Ahnung von der jüdischen Gefahr. Da sie [die Juden] sich nicht herauswagen, können wir sie dem englischen Volk nicht in ihrer ganzen Entsetzlichkeit zeigen. Wir sehen dem Tag entgegen, an dem wir mächtig genug sind, um zu erklären: England den Engländern! Weg mit den Juden! Mit deutschem Gruß, Unity Mitford.« Auch im britischen *Daily Express* erschien am 15. Juli 1936 Unitys Erklärung. In einem Zusatz wies sie ausdrücklich an: »Please publish my whole name. I want every one to know that I am a Jew-hater.« – »Bitte drucken Sie meinen Namen vollständig, ich möchte, daß jeder weiß, daß ich eine Judenhasserin bin.« Damals traf sich Unity mit dem britischen Kriegsminister Duff Cooper in London zum Essen im teuersten französischen Restaurant und verwickelte ihn in ernste politische Konversation. In einem Brief an ihre Freundin Erna Hanfstaengl, Putzis Schwester in München, teilte sie mit, daß sie in England die Ausbildung in einer Kampfgruppe begonnen habe, um persönlich Hitler eines Tages in Deutschland schützen zu können.

Unity entdeckte auch ihre Zuneigung zu Julius Streicher, dem Sadisten unter den Antisemiten, der sie gelegentlich ausführte und der sie 1935 zu der jährlich von ihm veranstalteten Sonn-

Unity Mitford spricht vor 25 000 Menschen auf der Sonnwendfeier auf dem Hesselberg, rechts Julius Streicher

wendfeier auf dem Hesselberg, dem »heiligen Berg der Franken«, mitnahm. Dort geschah das Unglaubliche. Unity Mitford eilte zum Mikrophon und hielt eine Rede zur englisch-deutschen Solidarität vor 25 000 Personen.

Unity Mitford, die von der eifersüchtigen Umgebung Adolf Hitlers bald Unity »Mitfahrt« genannt wurde, weil sie überall mitfuhr, nur um in die Nähe des »Führer« zu gelangen, erhielt von »Putzi« Hanfstaengl Einladungen zu den Parteitagen in Nürnberg.

Subtile Parteitagsregie: Unity Mitford saß gemeinsam mit Eva Braun auf der Ehrentribüne. Eine hochexplosive Konstellation. Michael Burn beobachtete Eva Brauns Reaktion:

> *Sie sah sie wütend an und sprach über sie absolut eifersüchtig. Sie konnte den Gedanken nicht ertragen, daß jemand näher bei Hitler war als sie selbst.*

Hitler merkte schnell, daß Unity dahingehend politisch mit ihm übereinstimmte, daß sich die beiden »Herrenvölker«, nämlich die Deutschen und die Engländer, verbünden sollten. Daß Unity ein Mitglied der oberen, aristokratischen Schicht dieser »wunderbaren Menschenauslese« war, begeisterte den »Führer«.

Unity vergötterte kritiklos ihr Idol Adolf Hitler. Ihre Verehrung nahm geradezu religiöse Züge an. Im April 1935 erhielt Unity mit zwei weiteren Damen »mit englischem Hintergrund«, der Herzogin von Braunschweig, Tochter Kaiser Wilhelms II., und Winifred Wagner, Herrin von Bayreuth, eine Einladung zum Essen in Hitlers eleganter Wohnung in der Prinzregentenstraße in München. Und Unity schaffte es tatsächlich, an Hitlers Seite auch an der mit unglaublichem Nazipomp gefeierten Hochzeit des verwitweten Hermann Göring mit der geschiedenen Schauspielerin Emmy Sonnemann in Berlin teilzunehmen.

Hitlers Taktlosigkeit Eva Braun gegenüber war kaum mehr zu überbieten, als er die hochgewachsene, wohlgerundete Unity für

Die Rivalinnen auf einem Bild: Eva Braun (1. Reihe, 2. von links) und Unity Mitford (2. Reihe links) auf dem letzten Reichsparteitag 1939

ein Wochenende auf den Obersalzberg einlud. Beim Abendessen saß Eva Braun wie immer an seiner linken Seite, der Ehrengast Unity zu seiner Rechten. Immer wieder gelang es ihr, als Hitlers offizielle Begleitung aufzutreten, ob in München, Bayreuth oder in Berlin. Am 3. September 1939 geschah für Unity dann etwas Unfaßbares: Der Botschafter Großbritanniens, Sir Neville Henderson, überbrachte dem deutschen Reichsaußenminister Joachim von Ribbentrop die britische Kriegserklärung. Unity zog die Konsequenz. In einem verschlossenen Umschlag übergab sie Adolf Wagner, dem Gauleiter von München-Oberbayern, ein signiertes Hitlerporträt, ihr Parteiabzeichen und einen Abschiedsbrief. Auf einer Parkbank im Englischen Garten schoß sie sich in die rechte Schläfe. Sie überlebte zwar den Selbstmordversuch, blieb aber geistig und körperlich behindert und starb am 28. Mai 1948 in England. Hitlers Kommentar: »Wenn ich einmal nur etwas persönlich werde – schon wird es mir falsch ausgelegt. Ich bringe den Frauen kein Glück. Das war in meinem ganzen Leben so!«

Unity Mitford wurde oft ein Verhältnis mit Adolf Hitler unterstellt. Das kann durchaus so gewesen sein, wenngleich Michael Burn heftig widerspricht:

> *Nein, keine Frage, da bin ich mir absolut sicher. Ich weiß nicht einmal, ob Unity jemals mit irgend jemandem je eine Affäre hatte.*

Nicht nur Eva Braun war eifersüchtig auf Unity Mitford, laut Michael Burn auch die »Filmemacherin der Bewegung«, Leni Riefenstahl. Im Jahr 1923 erlebte die 1902 geborene Leni Riefenstahl ihre ersten Erfolge als Tänzerin. Theatergenie Max Reinhardt holte sie an sein Deutsches Theater in Berlin, Engagements in anderen Städten folgten. Eine Verletzung beendete den Traum von der Tänzerin. Leni Riefenstahl war eine ausgesprochen selbstbewußte Schönheit, die die Menschen schnell in den Bann schlug. So erhielt sie auch ihre erste Rolle als Schauspielerin in einem Bergfilm. Während der Drehzeit ließ sie sich in die Geheimnisse des Filmemachens einweihen und begann bald eine Karriere auch als Regisseurin.

Ende Februar 1932 besuchte Leni Riefenstahl nach eigener Auskunft aus Neugier eine Versammlung der NSDAP im Berliner Sportpalast. Der Redner, der sie interessierte, hieß Adolf Hitler. Die junge Künstlerin war schnell gefangen von der Atmosphäre und fasziniert von der Rede Hitlers. Sie wollte ihn wiedersehen und schrieb ihm einen Brief:

»Sehr geehrter Herr Hitler,
vor kurzer Zeit habe ich zum ersten Mal in meinem Leben eine politische Versammlung besucht. Sie hielten eine Rede im Sportpalast. Ich muß gestehen, daß Sie und der Enthusiasmus der Zuhörer mich beeindruckt haben. Mein Wunsch wäre, Sie persönlich kennenzulernen. Leider muß ich in den nächsten Tagen Deutschland für einige Monate verlassen, um in Grönland zu filmen. Deshalb wird ein Zusammentreffen mit Ihnen vor meiner Abreise wohl kaum noch möglich sein. Auch weiß ich nicht, ob dieser Brief jemals in Ihre Hände gelangen wird. Eine Antwort von Ihnen würde mich sehr freuen. Es grüßt Sie vielmals

Ihre Leni Riefenstahl«

Der Film, der in Grönland gedreht werden sollte, hieß *SOS Eisberg*. Einen Tag vor ihrer Abreise erhielt sie eine Antwort auf ihr Schreiben: Wilhelm Brückner, der Adjutant Hitlers, lud sie zu einem Zusammentreffen mit diesem nach Wilhelmshaven ein. Hitler kannte die Schauspielerin aus ihrem ersten Film *Heiliger Berg*, in dem sie einen Tanz am Meer zeigte. In der Nähe des Strandes wartete Hitler in Zivil auf sie. Sie machten einen langen Spaziergang am Strand, allerdings dann jäh beendet durch Wilhelm Brückners Hinweis, daß Hitler zu seiner Wahlversammlung müsse. Als sich Leni verabschieden wollte, bat er sie über Nacht zu bleiben, denn es gefiel ihm, sich mit einer Künstlerin zu unterhalten. So bekam Adjutant Schaub den Auftrag, in einem Gasthof in dem kleinen Fischerort Horumersiel ein Zimmer zu besorgen. Nach der Veranstaltung, von der Hitler mit Blumen überladen zurückkam, folgte ein fröhliches Abendessen.

Später traf man sich erneut zu einem langen Spaziergang am Meer. Riefenstahl und Hitler unterhielten sich über private Dinge, zwischendurch sprach er mit leidenschaftlicher Stimme von seiner Berufung, Deutschland zu retten. »Dann blieb er plötzlich stehen, legte langsam seine Arme um mich und zog mich an sich. Ich war bestürzt, denn diese Wendung der Dinge hatte ich mir

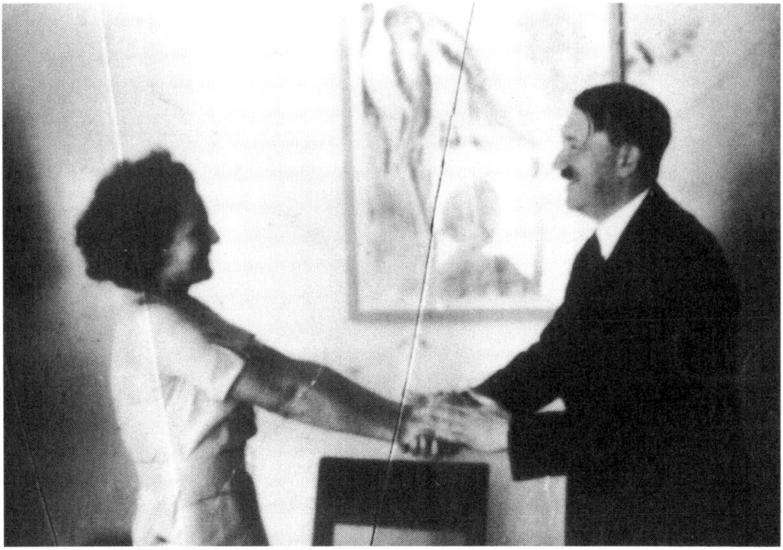

Ausschließlich ein Arbeitsverhältnis? Leni Riefenstahl und Adolf Hitler

nicht gewünscht. Er schaute mich erregt an. Als er merkte, wie abwehrend ich war, ließ er mich sofort los. Er wandte sich etwas von mir ab, dann sah ich, wie er die Hände hob und beschwörend sagte: ›Ich darf keine Frau lieben, bis ich nicht mein Werk vollendet habe‹.« Dieser von Leni Riefenstahl wiedergegebene Ausspruch Hitlers variiert seinen sonst stereotypen Satz, daß Deutschland seine Braut sei.

So hatte Leni Riefenstahl bei dem von ihr ersehnten Treffen mit dem »Führer« die Angst vor der eigenen Courage gepackt. Am nächsten Morgen frühstückten alle zusammen im Gastzimmer. Damit die Künstlerin rechtzeitig zu den Expeditionsmitgliedern auf das englische Schiff nach Hamburg kam, hatte Hitler ein Flugzeug organisieren lassen. Er begleitete sie zum Auto. Als sie sich, ehe der Wagen in eine Kurve einbog, noch einmal umwandte, stand Hitler immer noch an derselben Stelle und schaute ihr nach. Nach dieser »schicksalhaften Begegnung« gehörte die Künstlerin zum inneren Kreis um Hitler.

Aus Grönland von den Filmarbeiten zu *SOS Eisberg* zurückgekehrt, meldete sie sich, wie versprochen, bei Hitler im Hotel Kaiserhof in Berlin und wurde sofort zum Fünfuhrtee von Hitler herzlich empfangen. Sie unterhielten sich sehr angeregt, bis Brückner zum Aufbruch zu einer Veranstaltung im Sportpalast drängte. Leni Riefenstahl begleitete sie. Und wieder begeisterte Massen, die Hitlers beschwörenden Worten lauschten.

Kurz darauf erhielt die Künstlerin, für sie überraschend, eine Einladung von Magda Goebbels. Sie folgte dieser vor allem in der Hoffnung, dort erneut mit Hitler zusammenzutreffen, was denn auch geschah. Sie begegnete auch Hermann Göring, der von ihr mehr über ihre Zusammenarbeit mit Ernst Udet, der ja sein Fliegerkamerad war, in Grönland wissen wollte. Goebbels als Gastgeber stellte Leni einigen Künstlern vor. Ihn mochte sie von Anfang an nicht und wunderte sich, wie dieser Mann eine so distanzierte und selbstsichere schöne Frau zur Ehefrau haben konnte. Hitler saß fast den ganzen Abend auf einem kleinen Sofa und unterhielt sich mit der neunundzwanzigjährigen Gretl Slezak, der Tochter des stimmgewaltigen und äußerst beliebten Leo Slezak. Sie galt damals als eine der Damen, die das Ehepaar Goebbels in Hitlers Nähe brachten, um ihm über den Selbstmord seiner Nichte Geli Raubal hinwegzuhelfen. Wie weit die Beziehungen Hitlers mit der »jüdisch versippten« blonden Künstlerin gediehen, darüber kann nur spekuliert werden. Er zeichnete die Künstlerin, und sie sandte ihm ein signiertes Foto zu Weihnachten zusammen mit einem »Weihnachtsbusserl«. Goebbels konnten es so geschickt arrangieren, daß die beiden hin und wieder Abende gemeinsam verbringen konnten.

Nach einem Abend im Hause Goebbels kündigte Hitler beim Abschied Leni Riefenstahl seinen baldigen Besuch zusammen mit seinem Fotografen Hoffmann an. Sie sollte diesem ihre Aufnahmen von *Das blaue Licht* zeigen. Tatsächlich erschienen am folgenden Tag nicht nur Hitler und Hoffmann, sondern auch Goebbels und Hanfstaengl. Nach einer kurzen Unterhaltung wünschte Hitler die Aufnahmen zu sehen, die er Hoffmann als leuchtendes Beispiel für erfolgreiche Fotografie vorlegte.

An einem für die NSDAP denkwürdigen Tag zählte die Künstlerin zu den wenigen Gästen von Magda Goebbels: Es war der 6. November 1932 – Tag der Reichstagswahlen, die für die NSDAP allerdings große Einbußen brachten. Leni Riefenstahl, die am folgenden Tag einen Vortrag in München zu halten hatte, traf dort dann auch mit Goebbels und Hitler zusammen, der sich in der Gaststätte Sternecker nicht als Wahlverlierer, sondern eher als Wahlsieger »seinen Männern« präsentierte.

In der letzten Augustwoche 1933 wurde die Künstlerin telefonisch zu einem Mittagessen in die Reichskanzlei eingeladen. Es kam dabei zu ersten Gesprächen über einen von ihr zu drehenden Film über den Reichsparteitag in Nürnberg.

Die Tatsache, daß Hitler Leni Riefenstahl bewunderte, erregte großen Neid und Mißgunst, besonders bei den Frauen der Parteifunktionäre. Man versuchte alles, um sie bei Hitler unbeliebt zu machen. Goebbels erwähnt diese Vorfälle in seinen Tagebüchern nicht. Jedoch schildert er die Vorgänge um die erste Auftragsarbeit der Künstlerin so, als habe *er* ihr das Filmprojekt vorgeschlagen. Der Parteitagsfilm, der noch weit entfernt war von der Perfektion ihres nächsten Projekts, erhielt den Titel *Sieg des Glaubens*. Am 1. Dezember 1933 fand die glanzvolle Premiere im UFA-Palast in Berlin statt. Hitler und die Parteigrößen nahmen den Film mit Begeisterung auf.

Es dauerte nicht lange, da wurde Leni Riefenstahl erneut in die Reichskanzlei gerufen. Es war ein Abend, an dem ein von Goebbels und Viktoria von Dirksen veranstalteter Ball stattfand, zu dem Hitler zwar geladen war, an dem er aber nicht teilnahm, da er ahnte, daß man wieder einmal eine passende »Ehefrau« für ihn finden wollte. Er ließ daher die Künstlerin bitten, ihm Gesellschaft zu leisten. Sie fuhr mit ihrem Mercedes zur Reichskanzlei und verbrachte nach eigenen Aussagen mit Hitler einige schöne Stunden, in denen dieser allerdings nur geredet haben soll.

Leni Riefenstahl weiht ihr neues Haus ein. Unter den Gästen: Adolf Hitler und Joseph Goebbels

Der Nürnberger Reichsparteitag von 1934 war eine Massenversammlung von einer »unverschämten und betrügerischen Übertreibung«, schrieb die Berliner Gesellschaftsreporterin Bella Fromm. Die psychologische Wirkung auf die Massen war geradezu erschütternd. Die wenigen, die von der Hypnose nicht ergriffen wurden, fanden die »Ausbrüche hysterischen Entzückens bei den Frauen geradezu abstoßend«. Leni Riefenstahl hatte den Auftrag übernommen, einen Dokumentarfilm über den Parteitag zu drehen. Das Resultat war eine »Leistungsschau der NSDAP, die dem Dritten Reich als Visitenkarte und Propaganda diente und nicht nur in Deutschland Begeisterung auslöste«: Der *Triumph des Willens* – Hitler hatte den Titel selbst ausgesucht – ist ein einzigartiges Zeitdokument, der den Wahn der Massen spürbar macht, und gilt als perfekter Propagandafilm.

Auf ihre nächste große Aufgabe mußte Leni Riefenstahl nicht lange warten. Im August 1936 fanden die XI. Olympischen Spiele in Berlin statt. Sie bedeuteten für Hitler einen großen Prestigegewinn. »Die Schmeicheleien seiner Umgebung taten ein übriges. 1936 scheint das Jahr gewesen zu sein, in welchem Hitler dem Größenwahn zu verfallen begann«, kommentiert Marlis Steinert, die einzige Hitlerbiographin, das Geschehen. Leni Riefenstahl wurde auch hier mit der Verfilmung dieses Ereignisses betraut. Bella Fromm fand, daß die Filmregisseurin »überall unangenehm« aufgefallen sei. »Sie sucht sich den Anschein unermüdlicher Wirksamkeit zu geben und unterstreicht auf diese Weise ihre Wichtigkeit. Inzwischen führen ihre Gehilfen mit Ruhe und Sachkenntnis die Arbeit aus, die Leni nur abzusegnen braucht. Ab und zu nimmt sie neben ihrem Führer Platz, ein geronnenes Lächeln wie auf dem Umschlagbild einer Illustrierten auf dem Gesicht, ihr Haupt von einem Heiligenschein von Wichtigkeit umstrahlt.« Riefenstahl hatte tatsächlich sehr gute Kameramänner an ihrer Seite, doch die insgesamt vierhundert Kilometer Filmmaterial bearbeitete sie selbst mittels raffinierter Schnittechnik in völliger Abgeschiedenheit zu einem Meisterwerk. Die Premiere war für Mitte März 1938 vorgesehen, doch es kam nicht dazu. Deutsche Truppen marschierten am 12. März in Österreich ein, und Hitler verkündete in Wien Österreichs Anschluß an das Deutsche Reich. Den neuen Termin vereinbarte die Künstlerin mit Hitler daraufhin auf den 20. April – seinen Geburtstag. Wie nicht anders zu erwarten war, gestaltete sich das zweiteilige Opus *Fest der Völker* und *Fest der Schönheit* bei der Präsentation im UFA-Palast zu einem wahren Siegesfest für Leni Riefenstahl. Der Premiere folgte die Verleihung des Deutschen Filmpreises an die Künstlerin. Der Film wurde zu einem Welterfolg. Leni Riefenstahl bedankte sich mit einem Telegramm bei Hitler: »reichskanzler adolf hitler berlin tief bewegt und begluedkt hoerte ich eben am radio die verkuendung des filmpreises, diese grosse auszeichnung wird mir die kraft geben fuer sie, mein fuehrer, und fuer ihr grosses werk, neue zu schaffen ihre leni riefenstahl«.

Bevor sie zur Filmpremiere nach Wien aufbrechen konnte, erhielt sie in ihrer Dahlemer Villa den Besuch des »Führers«, der zusammen mit Martin Bormann erschien, den allerdings Lenis Dienstmädchen in die im Souterrain liegende rustikale Bar führte. Bei Tee und selbstgebackenem Apfelstrudel entspannen sich sehr private Gespräche zwischen Leni und Adolf. Er drückte ihr gegenüber unumwunden seine Bewunderung aus: »Ich kenne keine Frau, die so zielbewußt arbeitet und von ihrer Aufgabe so besessen ist – genauso bin ich meiner Aufgabe verfallen.« Wie Leni Riefenstahl in ihren Memoiren berichtet, erzählte der »Führer« von sich aus über seine Nichte Geli und über Frauen, die er vor ihr geliebt habe. Seine Liebesaffären nannte er »meist glücklos«. Den Namen seiner Geliebten, Eva Braun, erwähnte er nicht. Auf Leni Riefenstahls Frage, wie ihm die hübsche Engländerin Unity Mitford gefalle, stellte er seine nationalen Gefühle vorne an; er könne nie eine Ausländerin heiraten. Er versicherte der Künstlerin erneut, daß er für eine Ehe nicht geeignet sei. Als Wink mit dem Zaunpfahl darf seine Äußerung verstanden werden: »Ich verstehe große Männer, die eine Geliebte haben«. In diese, wie Leni Riefenstahl es schildert, vor Erotik knisternde Stimmung platzte das Dienstmädchen hinein.

Nach dem gemeinsamen Abendessen wünschte sich Hitler noch die Vorführung von einem ihrer Spielfilme. Er wählte den *Großen Sprung* aus. In diesem Stummfilm spielte Leni eine italienische Ziegenhirtin, die mit nackten Füßen in den Dolomiten herumklettert. Hitler amüsierte sich köstlich und verließ gegen elf Uhr das Haus. Leni grübelte lange, warum Hitler sie besucht und weshalb er ihr einen so intimen Einblick in sein Privatleben gegeben hatte. Die Antwort darauf fand sie selbst: »An diesem Abend habe ich gefühlt, daß Hitler mich als Frau begehrte«. Ob sie jemals seinem Begehren nachgegeben hat, darüber schweigt sie bis heute. Leni Riefenstahls Instinkt hatte das Wesen Hitlers, seinen magisch-zerstörerischen Eros, erfaßt; als Künstlerin verdichtete sie das erotische Verhältnis zwischen »Führer und Volk« zu aufwühlenden, fast hypnotischen Abbildern der historischen Realität.

Häufig traf Leni Riefenstahl mit den Damen Goebbels, Göring und Dirksen zusammen. Sie hatte sich auch mit der schon erwähnten jüdischen Journalistin Bella Fromm angefreundet, die sie oft auf ihre Zuneigung zu Hitler ansprach. Doch da errötete Leni jedesmal recht wirkungsvoll, gab aber zu, daß er sie meist ein paar Mal in der Woche zum Abendessen zu sich bitte: »Aber er schickt mich stets kurz vor elf Uhr weg, weil er dann müde ist.« Was in der Zeit bis elf Uhr geschah, darüber schwieg sie sich aus. Bella Fromm hat ihre Freundin Leni karikiert: »Leni hat ihren verzückten, träumerischen Blick sorgfältig bewahrt. Sie hat sich in eine kluge Rolle hineingelebt, sie spielt mit großem Geschick das schüchterne, überarbeitete, bescheiden abseits stehende Wesen, das vor der rauhen Berührung mit der Wirklichkeit zurückschreckt. Eine Menge Leute fallen darauf herein.«

Augenzeugen berichten über ihre Besuche beim »Führer«. Wilhelm Schneider machte dabei folgende Beobachtung:

> *Ihre Augen haben derartig gefunkelt und ihr Ausdruck war so strahlend, wie ich das noch nie bei einer Frau erlebt hab'. Ich hab' dann ... nach zweimaligem Nachschenken hab' ich dann den Raum verlassen, und ich kann mich noch erinnern, daß damals der Obergruppenführer Brückner ziemlich unruhig vor der Wohnhalle auf und ab gegangen ist. Aber die Wohnhalle war verschlossen.*

Schneider fügte hinzu, daß der Führer »in diesen Dingen« äußerst vorsichtig gewesen sei und auch keine Affären habe anfangen wollen. Das »abzudecken«, dafür sei ja auch Eva Braun zuständig gewesen.

Wegen der Brille wurde dieses Foto von der Zensur verboten:
Hitler in Prag 1939

Auch der Verwalter des Berghofs, Herbert Döhring, äußerte sich skeptisch über eine Liaison Hitlers mit Leni Riefenstahl:

> *Nein, da ging ja dann das Gerücht an, sie habe mit Hitler ein Verhältnis. Aber das glaube ich nicht, das war alles nur dienstlich.*

Nach dem Einmarsch der Deutschen in Polen 1939 versuchte sie sich kurz als Kriegsberichterstatterin, zog es dann aber vor, einen Spielfilm zu drehen, *Tiefland*, an dem sie trotz großer Hindernisse bis zum Kriegsende arbeitete. Hitler verlor sie nicht aus den

Augen. Mit einem Telegramm vom 14. Juni 1940 gratulierte sie dem »Führer«:

»Mit unbeschreiblicher Freude, tief bewegt und erfüllt mit heißem Dank, erleben wir mit Ihnen, mein Führer, Ihren und Deutschlands größten Sieg, den Einzug Deutscher Truppen in Paris. Mehr als jede Vorstellungskraft menschlicher Phantasie vollbringen Sie Taten, die ohnegleichen in der Geschichte der Menschheit sind, wie sollen wir Ihnen nur danken? Glückwünsche auszusprechen, das ist viel zu wenig, um Ihnen die Gefühle auszusprechen, die mich bewegen. Ihre Leni Riefenstahl.«

Leni Riefenstahl hat immer eine große Nähe zu Hitler oder gar ein Verhältnis mit ihm abgestritten, ebenso wie sie immer abstritt, von den Verbrechen des Regimes gewußt zu haben. Konsequent trennte sie in ihrer Erinnerung die private Person Hitlers von dem zerstörerischen Machtmenschen, den sie ausblendete. Ihren Anteil am Erfolg nationalsozialistischer Propaganda leugnete sie ebenfalls. Zu ihrer Verteidigung behauptete sie nach dem Krieg, als man ihr die Verstrickungen mit dem Regime zum Vorwurf machte, ihre Filme seien unpolitisch gewesen – nur der Kunst verpflichtet, nie den Nationalsozialisten. Von den Spruchkammern wurde sie nach dem Krieg freigesprochen oder allenfalls als Mitläuferin eingestuft. Filmarbeiten wollten ihr im Deutschland der fünfziger Jahre nicht mehr gelingen.

Am 8. Juni 1976 sandte der inhaftierte ehemalige Reichsminister für Rüstung und Kriegsproduktion Albert Speer sein »Spandauer Tagebuch« an Leni Riefenstahl. Nach der Lektüre dieses Werkes teilte sie ihm ihre Meinung dazu mit: »Niemand, der bisher aus der Umgebung von Hitler geschrieben hat, ist so nahe an die Wahrheit gelangt.« Doch letztlich sei es auch ihm nicht gelungen, aufzuzeigen, warum Hitler eine so starke Wirkung auf sein Volk hatte. »Trotzdem – und Du wirst mir verzeihen, wenn ich es Dir gegenüber ausspreche, gibst Du auf die millionenfachen Fragen, die nie aufhören werden: ›Was war es an Hitler, daß nicht nur das deutsche Volk, sondern auch viele Ausländer von ihm so beeindruckt, ja geradezu verhext waren‹, keine befriedigende Antwort. Das liegt wohl vor allem daran, daß Du die negativen Seiten seiner Person stärker betont hast als seine positiven. Ein Hitler, wie Du ihn beschreibst, könnte wohl Ungewöhnliches im Guten wie im Schlechten vollbringen, nicht aber eine ganze Welt aus den Angeln heben, wie es ihm beinahe gelungen wäre. Hier gehen unsere Betrachtungen auseinander – aber warum nicht? Ich bin alles andere als Winifred Wagner, die heute noch sagt: ›Wenn Hitler plötzlich vor mir stehen würde, ich würde ihn als Freund empfangen.‹ Auch ich kann nie die entsetzlichen Dinge, die im Namen Hitlers geschehen sind, vergessen oder verzeihen, und ich will es auch nicht. Aber ich will auch nicht vergessen, wie ungeheuer die Wirkung war, die von ihm ausging. Damit würde ich es mir zu leicht machen. Aber diese beiden, scheinbar unvereinbaren Gegensätze in seiner Person – diese Schizophrenie – waren wohl das, was die ungeheuren Energien in seiner Gestalt erzeugte. Aber kann dies jemand noch nachempfinden, der wie Du mehr als 20 Jahre Gefängnis erlebt und durchgestanden hast?«

Nach der Machtergreifung 1933 trennte sich Hitler von seinen Förderern und Förderinnen aus der Kampfzeit. Auf dem Obersalzberg empfing er von nun an nur noch Mitglieder aus dem direkten politischen Umfeld der NSDAP, wie Herbert Döhring berichtet:

> *Die ursprünglichen Bekannten, die kamen nicht mehr, oder gab es kaum ... die hat er höchstens mal in München getroffen. Am Obersalzberg waren die nie. Bechstein war einmal da, soweit ich mich entsinnen kann, die ersten Jahre oder wie. Aber sonst ... das waren alles ganz andere Freundschaftsverhältnisse im Lauf der Jahre geworden.*

»Nickerchen im Teehaus« untertitelte Eva Braun diese Aufnahme in ihrem privaten Fotoalbum

Je geringer der Kontakt zu den ehemaligen Gefährten und Förderern wurde, um so stärker wurde die Position Eva Brauns. Und der Obersalzberg entwickelte sich zum privaten Staat im Staate. Eva Braun spielte im internen Kreis die Rolle einer Gastgeberin, besonders, wenn Hitler nach dem späten Essen zu einem gefürchteten, langatmigen Tischgespräch anhob. Hitlers Diener Wilhelm Schneider:

> *Und es entspannen sich dann mit der Zeit stundenlange Unterhaltungen, Monologe. Wenn es gar zu lang dauerte, dann legte das Fräulein Braun ihre Hand sanft auf den Arm von dem Führer, um ihn leise in die Gegenwart zurückzurufen.*

Der Telefonist und Funker Rochus Misch schildert seine Eindrücke über Eva Braun:

*Sie war zweierlei. War der Chef da, da war sie sehr zurückhaltend und, ja... aber ich habe sie auch anders erlebt. Hitler fuhr nach Spanien zu Franco, und er war kaum weg, da war gleich – heute sagt man Party gemacht – fürs Hauspersonal, nicht wahr, da war es eine ganz andere Eva Braun. Die war fröhlich und lustig und hat aufgefordert... die Mädchen sollen tanzen und... Also nett, also ganz was anderes.*

Eva allerdings hat ihren Traum, die erste Frau im Staat zu werden, nie ausgeträumt. Und dabei wurde sie nach wie vor bei Staatsbesuchen in ihr Zimmer verbannt, durfte nicht die Rolle übernehmen, von der sie glaubte, daß sie ihr zustehe. Heimlich filmte sie die ankommenden Gäste.

Wilhelm Schneiders Meinung über Eva Braun:

*Es war halt sein kleines »Patscherl«, nicht wahr ... Es waren auch keine Größenverhältnisse gegeben, nicht wahr. Sie war ... Er war der große Adolf Hitler, von dem die Welt redete. Und wer war sie? Nicht wahr? Das kleine Mädchen aus dem Fotoladen.*

Eva war bestenfalls Beiwerk für den Führer, mit einem nicht zu definierenden sozialen Status. Entsprach eine junge deutsche Frau den rassischen und politischen Vorstellungen der Nationalsozialisten, war aber unverheiratet, so war sie nach Hitlers Worten zunächst nur Staatsangehörige. Bürgerin wurde sie erst durch eine Heirat – »vollwertiger« Mensch aber erst durch die Mutterschaft. Nur wenn sie »ebenbürtig an der Seite ihres deutsch-arischen Mannes stand«, konnte sie Herrin werden: »Sie sei Herrin, wo er Herr ist.«

Im Laufe der Jahre sei es nach Aussagen von Herbert Döhring auf dem Obersalzberg auch zu Streitigkeiten zwischen Eva Braun und Hitler gekommen. Döhring wurde eines Nachts in

Staatsempfang auf dem Berghof. Für Eva Braun heißt das, nicht in Erscheinung treten zu dürfen. Durch das Fenster fotografiert sie und schreibt: »...durch die Scheibe kann man allerhand sehen!«

Hitlers Arbeitszimmer Zeuge einer solchen Auseinandersetzung:

> *Und er saß am Tisch, ganz in Ekstase, und hat da gezeichnet und gemessen und eingeschrieben, und schmiß das Zeug immer runter. Also, ich fing da an aufzuräumen, es war schon halb ein Uhr mindestens. Nebenan stand auch noch so ein Marmortisch, da hab ich die Pläne geordnet. Und von dem Marmortisch ging eine Doppeltür in sein Schlafzimmer. Auf einmal, nach einer Weile, klopft es. Er hörte natürlich nichts in seiner intensiven Betätigung. Er hat nie was gehört, war er nicht ansprechbar. Ich sag: »Mein Führer, es hat geklopft.« Hört er nicht. Klopft*

Sie wird entdeckt. In ihrem Fotoalbum bemerkt sie: »Oder: Fenster zu! Und was man daraus machen kann!«

*es noch mal: »Mein Führer, es hat geklopft.« Hört nicht. Mit einmal geht die Tür auf, kommt die Eva Braun rein: »Was, Sie auch noch da?«, zu mir, voller Wut, weil er so lange oben war. Geht hin und sprach ihn an von der Seite, gab er keine Antwort, sprach noch mal was. »Ja, bist du schon wieder da? Du siehst doch hier, wenn ich was zu tun hab, bist du ewig da, ewig kommst du mich stören. Ich kann dich nicht gebrauchen.« Und sie wütend, roten Kopf, Kopf hoch geschmissen, sah mich an, raus, knallt die Tür zu, weg war sie. Und ihm entkam ein genüßliches Lächeln, ein sinnvolles, genüßliches Lächeln. Da hab ich genau gesehen, das tat ihm jetzt gut, daß die bös' war.*

Hitlers Verhältnis zu Eva Braun war nicht nur von Mißachtung geprägt, auch Mißtrauen habe eine Rolle gespielt, wie der Verwalter Döhring zu Protokoll gibt:

> *»Döhring, so lange ich jetzt heut weg bin, da kommt mir kein Mensch rein. Niemand. Da kann kommen wer will, wimmelt alle ab. Da kommt kein Mensch rein.« Und gemeint hat er Eva Braun. Der traute er nicht, weil... die wär' dann wieder reingegangen. Die Gäste blieben ja alle da während seiner Abwesenheit, und die hätt' da herumgeschnüffelt in seinen Akten, Unterlagen. Das wußte er genau. Und da sagte er ganz scharf: »Da kommt mir keiner rein.«*

Hitlers Demütigungen von Eva Braun geschahen durchaus in aller Öffentlichkeit. Dies belegt eine Äußerung zu seinem Vertrauten Albert Speer, die in ihrer Gegenwart gefallen sein soll: »Sehr intelligente Menschen sollen sich eine primitive und dumme Frau nehmen. Sehen Sie, wenn ich nun noch eine Frau hätte, die mir in meine Arbeit hineinredet! In meiner Freizeit will ich meine Ruh' haben.«

Herbert Döhring berichtet, daß er eines Tages zufällig Zeuge wurde, wie Hitler seine Frau Anni bat, ihr ein Foto seiner ehemaligen Geliebten, Geli Raubal, zu bringen:

> *Er hat gelächelt, zieht dieses Bild raus. Mit einem Genuß hat er dies Mädel da angestiert, noch und noch. »Anni, bist so gut, leihst mir das Bild mal aus, solange dieser Schlamassel da in Frankreich ist, dann geb' ich's dir wieder zurück.« Zu diesem Zeitpunkt saß Eva Braun, vielleicht Luftlinie fünfzig Meter entfernt vom Arbeitszimmer, in ihrem Appartement.*

Auf die Frage nach dem intimen Verhältnis zwischen Adolf Hitler und Eva Braun gibt es widersprechende Aussagen aus dem bis heute von Loyalität geprägten engeren Umfeld der beiden. Wilhelm Schneider bekräftigt die sexuelle Bindung:

> *Sowieso, na, was denn? Ja… natürlich, das ist doch vollkommen normal.*

Herbert Döhring, der aus Neugier in den Zimmern des Paares herumspionierte, ist anderer Ansicht:

> *Nein, das hat's nie gegeben. So weit ist dieses Verhältnis nie gegangen, niemals – niemals.*

Döhrings Aussagen stehen wiederum die des Ehepaares Mitlstrasser entgegen. Wilhelm Mitlstrasser war Eva Brauns Fahrer, seine Frau Margarete von 1935 bis 1945 die Hauswirtschaftsleiterin auf dem Berghof und »Zofe« Eva Brauns. Margarete Mitlstrasser: »Was haben wir nicht alles versucht, daß die Eva nicht gerade ihre Tage bekam, wenn der Chef kam.« Und ihr Mann sagt: »Für uns waren sie ein Ehepaar. Wer näher mit der Sache zu tun gehabt hat, für den war das eine Selbstverständlichkeit, daß das Mann und Frau waren. Sie wollte von Politik nichts wissen, sondern sie wollte geliebt werden, sonst nichts. Und sie haben sich geliebt und damit basta.«

Eine große Zuneigung zwischen Hitler und Eva Braun zeigen die unmittelbar nach dem mißlungenen Attentat vom 20. Juli 1944 verfaßten Briefe. Hitler, nur leicht verletzt, schrieb sofort an seine Geliebte: »Mein liebes Tschapperl, Es geht mir gut, mach Dir keine Sorgen, vielleicht ein bißchen müde. Ich hoffe, bald heimzukommen und mich dann in Deinen Armen ausruhen zu können… Von ganzem Herzen Dein A. H.« Eva beantwortete diesen Brief: »Geliebter, ich bin außer mir. Ich sterbe vor Angst, ich fühle mich dem Wahnsinn nahe… Du weißt, ich habe es Dir

Eva Braun mit ihrem frischangeheirateten Schwager Otto Hermann Fegelein
bei der Hochzeit mit ihrer Schwester Gretl im Juni 1944

immer gesagt, daß ich sterbe, wenn Dir etwas zustößt. Von unserer ersten Begegnung an habe ich mir geschworen, Dir überall hin zu folgen, auch in den Tod. Du weißt, daß ich nur lebe für Deine Liebe, Deine Eva.«

Gegen den Willen Adolf Hitlers kam Eva Braun Mitte April 1945 während des Endkampfs um Berlin in die Reichshauptstadt. Ein fanatischer Liebesbeweis, der einem kalkulierten Selbstmord gleichkam. In Berlin traf sie aber auch mit dem Mann zusammen, der sie »überaus gern« hatte und der seit Juni 1944 mit ihrer Schwester Gretl verheiratet war: Otto Hermann Fegelein, Offizier der Waffen-SS im Generalsrang mit Frontbewährung, ein korrupter Karrieremensch und Frauenheld. Eva Braun hatte nun auch einen Status: die Schwägerin des Verbindungsführers der Waffen-SS beim Führer. Das Ende vor Augen, wollte sie endlich einmal leben und lieben, wie Hitlers Sekretärin Christa Schroeder es beschrieb. Daß Hermann Eva als Mann gefiel, »konnte einem aufmerksamen Beobachter, der bei den kleinen intimen Festen dabei war, die Eva Braun in den letzten Wochen ihres Lebens in ihrem Berliner Zimmer in der Reichskanzlei auch bei einem Luftangriff abhielt, nicht entgehen.« Evas Leidensfähigkeit war überschritten.

»Eva, du mußt den Führer verlassen... Sei nicht so dumm, jetzt geht es um Leben und Tod.« Diese telefonische Aufforderung erhielt Eva Braun am 26. April 1945 von ihrem Schwager Hermann. Das Gespräch wurde abgehört. Doch Eva Braun blieb im Führerbunker. Einer derjenigen, die nach der Meldung vom Kapitulationsangebot Himmlers unter schweren Verdacht gerieten, war Evas Schwager. Der Reichssicherheitsdienst hatte ihn in seiner Wohnung in Zivilkleidung mit beträchtlichen Beständen an Juwelen und ausländischem Geld aufgestöbert. Er wurde volltrunken festgenommen und in den Bunker gebracht, wo er vor einer sofortigen Liquidierung nur deshalb bewahrt blieb, weil seine Schwägerin Eva um Gnade für ihn bat. Ihre Schwester Gretl stand kurz vor der Geburt des ersten Kindes. Doch die

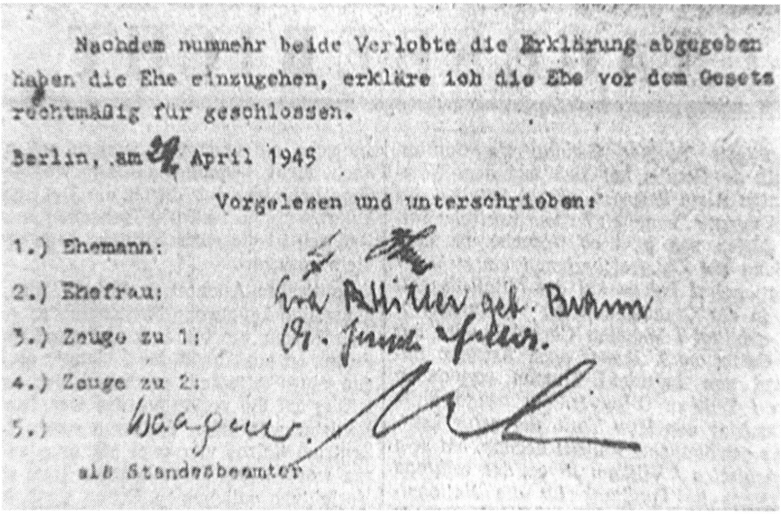
Nachdem nunmehr beide Verlobte die Erklärung abgegeben haben die Ehe einzugehen, erkläre ich die Ehe vor dem Gesetz rechtmäßig für geschlossen.

Berlin, am 29 April 1945

Vorgelesen und unterschrieben:

1.) Ehemann:

2.) Ehefrau:

3.) Zeuge zu 1:

4.) Zeuge zu 2:

5.)

als Standesbeamter

Eva Braun am Ziel: Endlich darf sie sich Hitler nennen – und verschreibt sich prompt auf der Heiratsurkunde

Meldung vom Abfall Himmlers brachte dem »Führer« die Gewißheit, daß dieser Evas Schwager zu Friedensverhandlungen in die Schweiz senden wollte. Innerhalb einer Stunde wurde Fegelein vor ein Kriegsgericht gestellt, des Verrats für schuldig befunden und in der Nacht des 28. April 1945 im Garten der Reichskanzlei im Alter von achtunddreißig Jahren erschossen. Eva war nicht mehr bereit, sich erneut vor ihn zu stellen. Sie hatte inzwischen erfahren, daß ein Teil der in Fegeleins Besitz befindlichen Juwelen ihr gehörten und daß Fegelein, was sie furchtbar traf, ihre schwangere Schwester betrogen hatte.

Seit seinem Einzug in den Bunker unter der Reichskanzlei hatte Hitler diesen nicht ein einziges Mal verlassen, um die Wirklichkeit über ihm in der zerstörten Stadt einmal in Augenschein zu nehmen. Sein letzter Auftritt geriet zu einem makabren Vorgang: Im Garten der Reichskanzlei heftete er einigen gerade einmal vierzehnjährigen Knaben, die im Volkssturm gekämpft hatten, das Eiserne Kreuz an. Hitlerjungen, unmündige Kinder,

Selten ließ Hitler sich so intim mit Eva Braun fotografieren

wurden in den sicheren Tod geschickt, um die Rote Armee aufzuhalten, bis die Amerikaner kämen.

Wenig später heiratete Hitler Eva Braun im Führerbunker. Damit diese Eheschließung auch rechtmäßig war, ließ Hitler einen Standesbeamten in Berlin suchen und mit einem Panzerspähwagen holen.

Rochus Misch erinnert sich:

> *Dann kam plötzlich ein Mann, ein ganz fremder, in den Bunker unten. Da sagte ich zu meinem Techniker Henschel: Wer war das denn, den kenn' ich doch gar nicht? Da sagte er: Das war der Standesbeamte, der Führer wird heiraten. So? Ja, sagt er, der Führer wird heiraten. Und da hat sich das dann in aller Ruhe abgespielt. Hinter der Tür waren die Trauzeugen da, Bormann, Goebbels.*

Eva Braun erlebte in einer grotesken Atmosphäre die Erfüllung ihres größten Wunsches. Einige Minuten vor Mitternacht am 28. April 1945 war die Trauung vollzogen. In der Aufregung irrte sich Eva beim Unterschreiben der Heiratsurkunde. Sie wollte zunächst mit ihrem Mädchennamen Braun unterschreiben. Dann strich sie das B durch und schrieb zum ersten und letzten Mal in ihrem Leben: Eva Hitler. »Er sah sie an und küßte sie dann, ohne auf uns zu achten, mitten auf den Mund. Es war das erste und einzige Mal, daß wir ihn Eva so berühren sahen.« Hitler sah schrecklich aus: weiß, dünn und alt. Zu ihrem Hausmädchen Liesl Ostertag, das bei ihr im Bunker war, sagte sie anschließend stolz: »Du kannst mich ruhig ›Frau Hitler‹ nennen!«

Herbert Döhring erkannte das Aberwitzige der Situation: »Diese Hochzeit! Da war ja Hitler überhaupt nicht mehr zurechnungsfähig. Der war ja schon seit Oktober '44 ganz in Ekstase, ganz weg, ganz weg.«

Auch Henriette von Schirach erinnerte sich: »Wir sitzen um den kleinen Radioapparat, und niemand sagt ein Wort.... Auch Evas Name kommt zum erstenmal über den Sender, als die gespenstische Hochzeit bekannt wird.« Die Öffentlichkeit nahm das Vorhandensein einer Frau Hitler erstaunt zur Kenntnis.

In seinem »privaten« Testament vom 29. April 1945 kommt noch einmal die Selbstverklärung und Selbstherrlichkeit Hitlers zum Ausdruck: »Da ich in den Jahren des Kampfes glaubte, es nicht verantworten zu können, eine Ehe zu gründen, habe ich mich nunmehr vor Beendigung dieser irdischen Laufbahn entschlossen, jenes Mädchen zur Frau zu nehmen, das nach langen Jahren treuer Freundschaft aus freiem Willen in die schon fast belagerte Stadt hereinkam, um ihr Schicksal mit dem meinen zu teilen. Sie geht auf ihren Wunsch als meine Gattin mit mir in den Tod. Es wird uns das ersetzen, was meine Arbeit im Dienst meines Volkes uns beiden raubte.

Ich selbst und meine Gattin wählen, um der Schande der Absetzung und Kapitulation zu entgehen, den Tod. Es ist unser Wille, sofort an der Stelle verbrannt zu werden, an der ich den größten Teil meiner täglichen Arbeit im Laufe eines zwölfjährigen Dienstes an meinem Volke geleistet habe.«

Am frühen Abend des 30. April verbreitete sich im Bunker die Nachricht, daß Mussolini und seine Geliebte von italienischen Partisanen umgebracht worden waren. Ihre vom aufgebrachten Volk, das dem »Duce« einmal begeistert gefolgt war, geschändeten Leichen waren an einem Baugerüst auf der Mailänder Piazzale Loreto aufgehängt worden. Hitler war völlig deprimiert. »Ich will dem Feind weder tot noch lebendig in die Hand fallen! Nach meinem Ende soll mein Körper verbrannt werden und so für immer unentdeckt bleiben... Ich wünsche nicht, nach meinem Tode in einem russischen Panoptikum ausgestellt zu werden.«

Adolf und Eva Hitler nahmen sich am 30. April 1945 im Führerbunker der Reichskanzlei das Leben. Das »Bankett des Todes unter der freundlichen Maske von Resignation und Gelassenheit« hatte endlich ein Ende, schrieb Hitlers Sekretärin Traudl Junge. Rochus Misch erinnert sich:

> *Da hab' ich gesehen – die Türen gingen mal auf, mal zu – wie Hitler eingeknickt ist an dem Tisch, und Eva lag da an der Couch mit angezogenen Knien. Ich kann mich erinnern – sie hat ein dunkelblaues Kleid gehabt mit so einem kleinen Rüschenkragen, weißen Rüschen.*

Die Leichen des Ehepaares wurden in Decken gewickelt und aus acht Meter Tiefe die Treppen hinauf in den Garten der Reichskanzlei getragen.

Evas Leichnam trug Martin Bormann, der Mann, den sie abgrundtief gehaßt hatte, auf den Korridor hinaus. Bormann hatte nie freundlich über Eva Braun gesprochen, hatte sie eine »Nichtstuerin, Tagediebin, Schmarotzerin« genannt, die nicht für Hitler tauge. Hitlers Chauffeur nahm ihm die Leiche ab, und sein persönlicher Adjutant, Otto Günsche, legte Eva schließlich im Garten neben Hitler auf den Boden. Die Leichen wurden mit reichlich Benzin getränkt und dann von den Getreuen auf dem im Granatenhagel liegenden Gelände, auf dem bereits zahlreiche andere Leichen lagen, angezündet. Die zwei Tage später eintreffenden sowjetischen Sieger konnten in dem völlig zerstörten Garten kaum noch ihre sterblichen Überreste ausmachen.

Im Oktober 1949 wurde Eva Braun von der Berufungskammer in München in einem postumen Verfahren in die Gruppe der Belasteten eingestuft. Ihr Nachlaß wurde eingezogen. Die Beweisaufnahme hatte ergeben, daß Eva Braun ihr Vermögen Hitler verdankte.

Der Reichsjugendführer und spätere Gauleiter von Wien, Baldur von Schirach, stellte sich in seinem 1967 erschienenen Buch »Ich glaubte an Hitler« die Frage: »Wäre Hitlers Weg und unser aller Schicksal anders geworden, wenn er eine glückliche Ehe geführt hätte? Ich weiß heute, daß er keine Frau mehr geliebt hat als Geli Raubal. Aber ich glaube nicht, daß eine Ehe mit diesem Mädchen oder überhaupt eine Ehe Hitler verwandelt hätte.

Wer Hitler gekannt hat, muß den Gedanken absurd finden, daß eine Frau bestimmend auf ihn hätte einwirken können – ob sie nun Geli Raubal oder später Eva Braun hieß. Es scheint mir, daß Hitler in seinem Verhältnis zu Frauen erotisch hoch gespannt und zugleich sexuell gehemmt war. Und vielleicht sind sein Machttrieb, sein Fanatismus, seine dämonische Zerstörungswut auch darauf zurückzuführen, daß er nicht imstande war, eine Frau, die er wirklich liebte, glücklich zu machen.«

Martha Schad

# »Die Frauen gehören heim in die Küche und Kammer«

## Frauenleben unterm Hakenkreuz

Im Jahr 1921 faßte die Nationalsozialistische Deutsche Arbeiterpartei (NSDAP) auf ihrer ersten Generalmitgliederversammlung einstimmig den Beschluß: »Eine Frau kann in der Führung der Partei und in den leitenden Ausschuß nicht aufgenommen werden.« Diese Ablehnung der Frauen bedeutete, daß zu keiner Zeit Frauen in die Gemeinde- oder Landesparlamente oder gar in den Reichstag entsandt werden würden. Hermann Esser, Parteimitglied Nr. 2, vertrat die Meinung: »Die Frauen gehören heim in die Küche und Kammer, sie gehören heim und sollen ihre Kinder erziehen.« Die Steigerung dieser Forderung: »Das Programm unserer nationalsozialistischen Frauenbewegung enthält eigentlich nur einen einzigen Punkt, und dieser Punkt heißt: das Kind.«

Aus Hitlers Haftzeit im Gefängnis in Landsberg am Lech existiert ein aufschlußreicher Hinweis auf seine Einstellung zu Frauen und Politik. Der damals ebenfalls inhaftierte Rudolf Heß schrieb am 10. Juli 1924 an seine gute Bekannte und spätere Ehefrau Ilse Pröll: »Auf die Frauenfrage wird der Tribun [Hitler] in seinem Buch [*Mein Kampf*, d. V.] auch zu sprechen kommen. Er ist nach wie vor der Ansicht, daß die Frau in der *politischen* Volksvertretung nichts zu suchen habe. Politik sei Männersache, besonders die Politik, die bis zu den letzten Folgerungen gehe, d. h. die unter Umständen dazu führe, daß die Männerwelt ihr Blut hingebe. Es verbiete sich, daß Frauen, die selbst nicht die Folgen ihrer Politik am eigenen Leibe, mit dem eigenen Blut zu

»Wenn auch unsere Waffe auf diesem Gebiet nur der Kochlöffel ist, soll seine Durchschlagkraft nicht geringer sein als die anderer Waffen.«
Gertrud Scholtz-Klink 1937

tragen hätten, bestimmten, wann *er* sich einzusetzen habe! Man kann da freilich erwidern, daß die Frauen vielleicht auch ›Ihr Blut‹ – ihre Söhne – hinzugeben hätten. Doch *diese* Frauen haben vielfach keine Söhne. Auf jeden Fall ist der Tribun für eine Vertretung der Frau in der Ständekammer und in dauernden oder vorübergehenden sozialpolitischen Körperschaften, desgleichen dort, wo über Erziehungsfragen, sanitäre Fragen usw. entschieden werde.«

Herbert Döhring, der Hausverwalter Hitlers im Berghof auf dem Obersalzberg, beschreibt aus seinem Erleben Hitlers Verhältnis zur Frau in der Politik:

> *Mit Frauen hat er nie gern über Politik gesprochen. Ganz selten, in nebensächlicher Form, wenn mal wichtige Sachen anstanden – Vorhaben, die er wieder plante, ohne was zu wissen. Da hat er bei den Tischgesprächen seine ganze Gesellschaft absichtlich abgelenkt mit ganz anderen Themen und hat die Frauen immer von der Politik ferngehalten: »... verstehen da nix ...« Das war seine Ansicht.*

Wenn auch eine aktive Teilhabe der Frauen an der Politik unerwünscht war, so legten die Parteistrategen es doch von Anfang an auf weibliche Wählerstimmen an, da die weibliche Wählerschaft eine nicht zu vernachlässigende Größe darstellte. Hierin liegt, aus heutiger Sicht, ein Grundwiderspruch der Haltung der NS-Ideologen zur Frau und zu ihrer Stellung in der Gesellschaft: Man umwarb die weibliche Wählerschaft, vertrat aber ein Programm, das im Kern frauenfeindlich war. Eine der Strategien der Partei: Hitler sollte unverheiratet bleiben und somit für alle Frauen begehrenswert. Schon in der Frühzeit der Partei in den zwanziger Jahren erklärte der Pressechef der NSDAP: »Es muß ein Junggeselle sein, dann kriegen wir die Weiber.« Adolf Hitlers Absicht war es überdies, bei seinen Veranstaltungen das »weibliche Gemüt anzusprechen, den Geschmack der Frauen« zu treffen. Daß

Hitler auf Wahlkampfreise

er damit Erfolg hatte, bemerkt der Historiker Joachim C. Fest: »Die Frauen haben Hitler, vereinfacht ausgedrückt, entdeckt, gewählt, vergöttert.«

Die zunehmende Industrialisierung in Deutschland und die Einführung des vollen aktiven und passiven Frauenwahlrechts mit Gründung der Weimarer Republik 1918 hatten den Frauen in den zwanziger Jahren neue Möglichkeiten im gesellschaftlichen Leben eröffnet. Zögernd faßten Frauen auch in typischen Männerdomänen Fuß, begannen zum Beispiel naturwissenschaftliche Fächer zu studieren, ergriffen bisher ausschließlich männliche Berufe und besetzten, wenn auch in bescheidenem Maße, leitende Positionen. In den Fabriken griff man schon seit dem Ersten Weltkrieg, als die Männer an der Front kämpften und Arbeiter folglich rar waren, auf die Arbeitskraft der Frauen zurück. Zwar wurden Frauen im Lohngefüge und in ihren Arbeitnehmerrechten gegenüber den Männern benachteiligt, sie konnten aber dennoch durch die Arbeit eine gewisse Unabhängigkeit erringen und hatten so vielleicht die Möglichkeit, sich den Zwängen der Familie zu entziehen. Hitler und die Nationalsozialisten wollten diesem Aufbruch ein Ende setzen und die erwerbstätigen Frauen wieder zurückführen an ihren »angestammten« Platz in der Gesellschaft, zurück an Heim und Herd. Die Frauen waren von der aufkeimenden Frauenbefreiung zu befreien. »Emanzipation« wurde als »jüdisch« geschmäht.

Trotzdem stießen die Nationalsozialisten mit ihren politischen Ideen bei vielen Frauen auf Zustimmung. Winifred Wagner, die mit Hitler befreundet war und zu seinen eifrigen Förderinnen gehörte, sah das Positive in der von den Nationalsozialisten als Ziel formulierten Aufhebung sozialer Gegensätze in einer idealen »Volksgemeinschaft«:

> *Dann hat mich natürlich bei Hitler sehr begeistert die Idee der Volksgemeinschaft. Ich meine, diese Idee ist nie so lebendig gewesen wie zu Anfang des Nationalsozialismus. Also, diese absolute Gemeinschaft der Arbeiter der Faust und der Arbeiter der Stirn. Das war doch bis 1918 – war doch ein krasser Unterschied zwischen den Hand arbeitenden Menschen und den geistig arbeitenden Menschen.*
>
> *Und dieser Versuch Hitlers, diese beiden Gruppen zu vereinigen und zu einer Gemeinsamkeit zu bringen, hat mich auch begeistert.*

Massenveranstaltungen der Nationalsozialisten, etwa im Berliner Sportpalast, mobilisierten Anfang der dreißiger Jahre nicht nur die männlichen Wähler. An den Wahlergebnissen der Spätzeit der Weimarer Republik läßt sich deutlich ablesen, daß Frauen eher der politischen Mitte und rechten Gruppierungen als linken Parteien zuneigten. Doch Hitler schaffte es nicht, alle in seinen Bann zu ziehen. Die Sekretärin Brunhilde Pomsel, die für sich nicht in Anspruch nimmt, ein politischer Mensch gewesen zu sein, konnte sich für die Auftritte der Partei nicht begeistern. Sie erinnert sich an eine Veranstaltung im Berliner Sportpalast:

> *Das Geschehen im Sportpalast – fand ich furchtbar. So doof diese Männer, und dann redeten die so Zeug, das mich überhaupt nicht interessierte, stanken alle und schrien dauernd. Es war nicht meine Welt. Damit hatte ich nichts im Sinn. Politik hat mich überhaupt nicht interessiert. Da war ich viel zu dumm dazu.*

Die Zustimmung zu Hitler nahm allerdings vielfach Züge einer Massenpsychose an. Gerade Frauen ließen sich elektrisieren von Hitlers sorgfältig einstudierten Posen. Die Zeitzeugin Erna Proskauer:

> *Was ich nicht begreifen kann, ist die Begeisterung der Frauen, speziell für Hitler. Die waren doch hysterisch. Was sie an dem gefunden haben? Schon allein die Stimme war so schrecklich von dem Mann. Und sein Aussehen! Also, ich kann nicht... ich weiß nicht. Aber er hat ungeheuer auf diese Massen gewirkt.*

Nach Hitlers Machtergreifung 1933 begannen die Nationalsozialisten unverzüglich mit dem Umsetzen ihrer politischen und gesellschaftlichen Vorstellungen. Ein Vordenker des Nationalsozialismus, Gottfried Feder, sah das Verhältnis der »deutschen Männer« zu »den Juden« von einem bemerkenswerten Kampf geprägt: »Der Jude hat uns die Frau gestohlen durch die Form der Geschlechtsdemokratie. Wir Jungen müssen ausziehen und den Lindwurm töten, damit wir wieder zum Heiligsten kommen, das es auf dieser Welt gibt: zur Frau, die Magd und Dienerin ist.« Aus einem verworrenen Frauen- und Rassenbild wurde die offizielle Staatsdoktrin – mit tiefgreifenden Auswirkungen im All-

Erna Proskauer. In Palästina arbeitete sie als schlechtbezahlte Hilfskraft, um ihrem Mann dort ein zweites Studium zu ermöglichen

tag. Die Entlassungen erwerbstätiger Frauen, die in den ersten Monaten der NS-Regierung begannen, trafen neben Jüdinnen und politischen Opponentinnen vor allem Akademikerinnen. Das »Gesetz zur Wiederherstellung des Berufsbeamtentums« vom 7. April 1933 ermöglichte die Entlassung von Beamtinnen, die durch Ehemann oder Vater »versorgt« werden konnten. Frauen durften danach erst ab dem fünfunddreißigsten Lebensjahr verbeamtet werden und sie wurden außerdem niedriger be-

In Abwesenheit von Adolf Hitler feierte Eva Braun häufig auf dem Berghof – mit Alkohol und Zigaretten

soldet als ihre männlichen Kollegen. In kurzer Zeit kam es zur Entlassung fast sämtlicher Schuldirektorinnen, deren Stellen Männer einnehmen sollten. Medizinerinnen wurde die Kassenzulassung erschwert und Juristinnen die Richterlaufbahn versperrt. Der Anteil der weiblichen Studierenden in den juristischen Fächern fiel von 1933 bis 1934 um 47,9 Prozent zurück. Die Juristen gehörten im nationalsozialistischen Deutschland zu den akademischen Berufsgruppen, aus denen Frauen besonders nachdrücklich ausgeschlossen wurden.

In Berlin traf es die jüdische Assessorin Erna Proskauer, die als eine der ersten Frauen Deutschlands 1932 die Funktionen des Richteramts übernommen hatte:

> *Hitler hat doch das Gesetz erlassen zur Reinigung des Berufsbeamtentums. Und da durften nur noch Arier ihr Amt behalten. Und zunächst wurde ich pensioniert. Und da man nicht wußte, was mit den Rechtsanwälten ... da habe ich mich nun natürlich doch beworben zur Anwaltschaft. Und da kriegte ich einen Fragebogen, wo drauf steht »jüdischer Abstammung«, und dann habe ich ihn gar nicht mehr beantwortet.*

Erna Proskauer verließ Deutschland noch 1933 und emigrierte mit ihrem Mann in das britisch verwaltete Palästina. Dieser Entschluß rettete ihr das Leben.

Auswirkungen hatte die ideologische »Neuorientierung« auch auf zahlreiche zunächst vielleicht eher unscheinbar wirkende Dinge des Alltags, bei denen man versuchte, das Volk auf eine neue Linie einzuschwören. Manches davon war allerdings schlicht nicht durchsetzbar und wurde auch in Hitlers nächster Umgebung ignoriert. Hitler, der selbst Nichtraucher war, sah es nicht gerne, wenn Frauen rauchten. Der Berghof-Verwalter Herbert Döhring erinnert sich:

> *Und da hatte er eine ganz eigenartige Ansicht, auch mit dem Rauchen: »Eine deutsche Frau raucht nicht«. Und hinter seinem Rücken haben sie alle geraucht.*

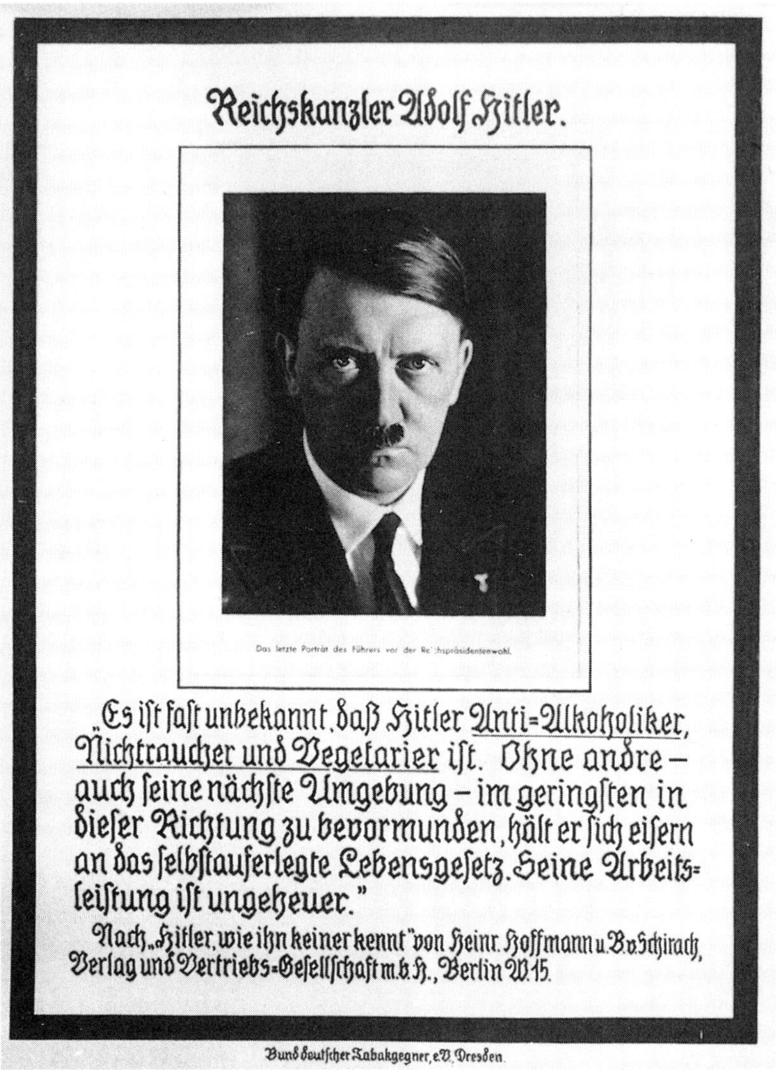


Plakat des »Bundes deutscher Tabakgegner, e.V.«

Ebensowenig entsprach es dem neuen Bild der deutschen Frau, daß sie sich schminkte. Herbert Döhring:

> *Die Eva Braun und seine engere Umgebung, die haben sich schon geschminkt. Und darüber hat Hitler immer gespottet während dem Essen: »Diese Schminken kommen von Frankreich, die werden von verendeten Schweinen hergestellt«, und das war seine Ansicht, da sollte man sich nicht schminken.*

Arisch, blond, gesund und natürlich sollte die Frau in den Augen der Nationalsozialisten sein und vor allem viele Kinder haben. Frauen, die keine Kinder zur Welt bringen konnten, sollten eine Ausbildung in den sogenannten Frauenberufen ergreifen, dem der Lehrerin, der Kinder- und Krankenschwester. »Denn alles, was der Fürsorge bedarf, bedarf der Pflege – wo aber Pflege notwendig ist, dahin gehört die Frau.« Auch eine Frau ohne leibliche Mutterschaft konnte also ein nützliches Mitglied der Volksgemeinschaft werden, vorausgesetzt sie widmete ihre ganze Kraft dem Wohle des Volkes.

In den Propagandafilmen der Wochenschau zeigten sich die Machthaber selbst betont familienfreundlich. Man zeigte gerne eine rührselige Weihnachtsfeier im Hause Hermann Görings, und Hitler als angeblicher Kinderfreund gehörte fest zum Programm. In den Spielen der Kinder spiegelten sich die Erwartungen an die zukünftige Rollenverteilung: Der Junge wird Flieger, das Mädchen wird Mutter. Und für den Fall, daß die Haarpracht der Mädchen nicht dem Schönheitsideal blond entsprach, bot die Firma Schwarzkopf ein Haarshampoo an, das ein Nachdunkeln der Haare verhindern sollte. Ein Volk begann im kollektiven Ariërwahn zu leben.

Die Ideologisierung hielt Einzug in die Kinderstube. Buben wurden Mitglied in der Hitlerjugend, Mädchen gingen zum Bund deutscher Mädel. Winifred Wagner sah das positiv:

Werbung der Firma Schwarzkopf für »Extra-Blond« – für »deutsche Mädels«

*Dann fand ich zum Beispiel großartig die Idee, die Jugend von der Straße wegzuholen. Und sie also in irgendeiner Form, sei es nun also durch... Ich meine, nachher ist also die Hitlerjugend daraus geworden, die sogenannten Pimpfe und so weiter. Also, in der Weise hätte man es vielleicht nicht machen brauchen, aber die Jugend hatte wieder ein Ziel, hatte Begeisterung, wurde von der Straße weggeholt, wurde im gesunden Sinne zu Sport angetrieben. Also, das sind lauter Dinge, die einen irgendwie doch für den Nationalsozialismus einnehmen konnten.*

In den Bund deutscher Mädels – für die Jüngeren zwischen zehn und vierzehn Jahren gab es den Jundmädelbund – konnten nur »deutschblütige, reichsdeutsche und erbgesunde« Mädchen eintreten. Nach dem ersten halben Jahr war die »Diensttauglichkeit« durch eine »Jungmädelprobe« festzustellen. In Propagandafilmen wurde der Bund Deutscher Mädel als glückliche Gemeinschaft gezeigt, die den Mädchen zahlreiche Aktivitäten, das Gefühl der Zusammengehörigkeit und die Möglichkeit, Verantwortung zu übernehmen, bot. Die mehr oder weniger unterschwellige politische Schulung und Einübung in eine gleichgeschaltete Gesellschaft wurden von vielen nicht wahrgenommen, der BDM folglich als unpolitisch erlebt. Die Laborantin Margarete Textores:

*Ach, es war eigentlich immer ein fröhlicher Abend, also nicht politisch geschult. Man hat gesungen, das war ja nur einmal in der Woche und natürlich am Samstag. Dann ging man hinaus, Schnitzeljagd, oder was weiß ich alles.*

Gegen Ende der dreißiger Jahre stieg der Druck auf Kinder und Jugendliche, sich den nationalsozialistischen Verbänden anzuschließen. Nach der Machtergreifung der Nazis 1933 wurden an-

Propagandaplakat für den BDM von Ludwig Hohlwein, um 1933

dere Jugendorganisationen, zumal weltanschaulich orientierte, zurückgedrängt. 1936 wurde mit dem Gesetz über die Hitlerjugend diese zur »Staatsjugend« erhoben. Es gab allerdings bis 1939, als die Mitgliedschaft in der NS-Jugendbewegung verpflichtend wurde, durchaus noch die Möglichkeit, sich ihr zu entziehen. Jugendliche konnten sich etwa konfessionell geprägten Verbänden wie dem katholischen Jugendbund Quickborn anschließen. Ihm gehörte auch die spätere Sozialarbeiterin Paula Linhart an:

> *Es war zuerst schon die weltanschauliche, aber auch die kulturkritische Einstellung. Der BDM war für uns läppisch und außerdem war diese Gehorsamshaltung, die im BDM gefordert wurde – die stand in völligem Gegensatz zu der demokratischen Haltung und der geschwisterlichen Art, wie wir im Quickborn miteinander umgingen und verkehrten, auch mit unseren geistlichen Meistern.*

Es gehörte jedoch zunehmend Mut und Standhaftigkeit dazu, nicht Mitglied in den NS-Jugendverbänden zu sein. In der nationalsozialistischen Propaganda wurde immer wieder die Bedeutung der Jugend für die Gesellschaft betont. Hitler verstand es, in seinen Ansprachen das ganze mit einer quasireligiösen Aura zu versehen: »Ihr seid Blut von uns, Fleisch von uns, Geist von uns, Ihr seid unseres Volkes Weiterleben.«

Im Jahr 1938 erklärte Hitler den Geburtstag seiner 1907 gestorbenen Mutter, den 12. August, zum »Ehrentag der deutschen Mutter«. Er vergaß nicht, dabei zu betonen, daß die wahre Bedeutung seiner Mutter in ihm, dem Sohn, liege: »Verglichen mit den gebildeten intellektuellen Frauen war meine Mutter gewiß eine ganz kleine Frau, ... aber sie hat dem deutschen Volk einen großen Sohn geschenkt.« Hitler stiftete bei dieser Gelegenheit das »Ehrenkreuz der Deutschen Mutter«, kurz Mutterkreuz, eine Auszeichnung, die große Ähnlichkeit zu militärischen Orden aufwies. Fleißig gebärende Mütter erhielten das bronzene Kreuz für vier, das silberne für sechs, das goldene für acht Kinder. Der Orden wurde nur verliehen, wenn Mutter, Vater und Kind »deutschblütig« und »erbgesund« waren, die Kinder nicht totgeboren wurden und die Familie sich »systemkonform« verhielt. »Unwürdig« wurde eine Frau außer aus rassischen und eugenischen Gründen durch Zuchthausstrafen, Abtreibung, Prostitution oder durch »asoziales« Verhalten. Noch einmal Paula Linhart:

> *Nun, meine Mutter hatte elf Kinder. Als man ihr das Mutterkreuz antrug, sagte sie mit einer leichten Ironie in der Stimme: »Ich habe meine Kinder geboren für meine Familie und nicht für den Führer.«*

Kinder für den Führer – aber die »Rasse« mußte nicht nur rein, sie mußte auch gesund sein. Wer diesem Kriterium nicht entsprach, körperlich oder geistig behindert war, wurde sterilisiert oder gar getötet. Die Vernichtung sogenannten lebensunwerten Lebens geschah im Rahmen des 1939 auf Befehl Hitlers durchgeführten, zynisch mit der Bezeichnung »Euthanasie« belegten Programms (Euthanasie bedeutet Sterbehilfe). Tausende von behinderten und geisteskranken Kindern und Erwachsenen fielen ihm zum Opfer. Vor allem Vertreter der beiden christlichen Konfessionen erhoben ihre Stimme, als Nachrichten von den Massentötungen in die Öffentlichkeit drangen. Proteste kamen auch aus Teilen der katholischen Sozialverbände. Paula Linhart war zu der Zeit in München als Sozialarbeiterin tätig. Sie versuchte, den unehelichen Müttern und ihren Mündeln soweit wie möglich vor Gericht zu helfen. Paula Linhart:

> *Ein Teil meiner Mündel mußte sich verantworten vor einem eigenen Gericht. Bei den Schwachsinnigen mußte man eher das Gefühl dafür geben, daß die mit*

Magda Quandt heiratet Dr. Joseph Goebbels im Dezember 1931. Rechts ihr Sohn aus 1. Ehe, Harald Quandt, dahinter Trauzeuge Adolf Hitler

*dem Leben trotzdem zurechtkommen, trotz ihres Schwachsinns. Bin auch für sie eingestanden, ich habe sie präpariert. Kein einziges meiner Mündel, für die ich eine Pflegschaft hatte, kam auf diese Weise in ein Heim und dort um.*

Nach den Protesten kirchlicher Kreise wurde das »Euthanasie-Programm« 1941 tatsächlich eingestellt.

Die arische, gesunde deutsche Familie als Keimzelle der Gesellschaft war fester Bestandteil der NS-Propaganda, mit der Mädchen und Frauen in die Rassenlehre eingebunden wurden. Kurioserweise entsprachen die obersten Nationalsozialisten selbst kaum dem fanatisch propagierten nordischen Typ. Besonders Propagandaminister Joseph Goebbels war kleingewachsen und hatte zudem einen verkrüppelten Fuß. Hinter vorgehaltener Hand nannte man ihn spöttisch »Schrumpfgermane«. Er hatte Glück, daß seine Frau Magda bei der von den Frauen geforder-

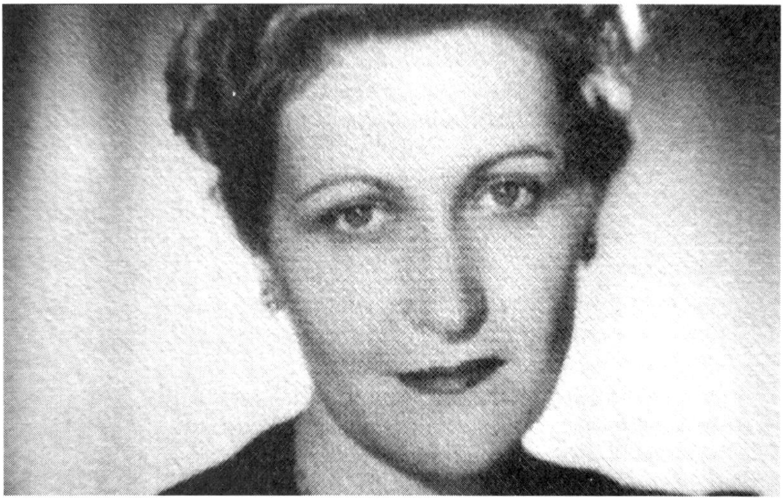

Auch Magda Goebbels war fest überzeugt, daß Hitler nur sie geheiratet hätte, wenn seine Braut nicht Deutschland gewesen wäre

ten »überlegten Gattenwahl« darüber hinwegsah und ihn trotzdem heiratete. Die relativ schnelle Eheschließung geschah auf ausdrücklichen Wunsch von Goebbels, der diese Beziehung legalisieren wollte, da über sein »Bonzentum« in der überwiegend proletarischen Anhängerschaft der NSDAP kritische Stimmen laut geworden waren. Doch die Goebbels-Hochzeit sorgte für Zündstoff. So konnte man in der SPD-nahen *AP Korrespondenz* lesen: »Herr Goebbels ist mit Recht darüber empört, daß von gewissen Blättern seine Frau – noch bevor sie seine Frau geworden war! – in die politische Drecklinie gezerrt worden ist. Er stellt es jedem, der an der ›rein arischen Abstammung‹ seiner Frau zweifelt, frei, sich davon ›durch Augenschein zu überzeugen‹. Wir zweifeln nicht daran. Wir fürchten aber, daß sich der Herr und Gebieter in dieser Gesellschaft alsdann seltsam ausnehmen muß. Man stelle sich vor; eine hochgewachsene blonde Frau, blauäugig und mit allen nordischen Schikanen und daneben der kleine Isidor Goebbels. Aufnorden? Wir wissen weder, ob Herr Goebbels hierzu ein taugliches Objekt darstellt, noch ist uns bekannt, ob dieser Prozeß auch in dieser Richtung zum gewünschten Ziele führen kann.« Gerade das körperliche Gebrechen des »Vollblutarier« und fanatischen Verfechters nationalsozialistischer Lehren gab immer wieder Anlaß zu bissigen Reaktionen. So erschien in der *Deutschen Freiheit* vom 15. Juni 1935 ein Artikel mit dem Titel »Wann wird Goebbels kastriert? – Ein nazi-wissenschaftlicher Streit um Klumpfuß«: »Wir müssen leider Frau Magda Goebbels eine schlimme Botschaft übermitteln: Es ist möglich, daß ihr Gatte demnächst auf wissenschaftlich und chirurgisch erprobte Art unfruchtbar gemacht wird, sofern Hitler nicht Gnade vor Recht, heutigem Nazi-Recht nämlich, ergehen lässt.« Der anonyme Journalist weist darauf hin, daß Reichspropagandaminister Goebbels selbst unter das Gesetz gegen die Erbkranken falle. Er hätte nach dem Sterilisationsgesetz des Dritten Reiches vom 3. Juli 1933 »zur Verhütung erbkranken Nachwuchses« sterilisiert werden müssen. Der Direktor der Universitätsfrauenklinik in Tübingen, Prof. Dr. A. Mayer, hatte ein Gutachten über »Klinische Erfahrungen mit der Sterilisierung« verfaßt und, sich freilich gegen die im Hitlerreich vertretenen Auffassungen wendend, darin geäußert: »Auch bei manchen körperlichen Schäden kann die Entscheidung auf Schwierigkeiten stoßen. *Ich* würde zum Beispiel nicht so leicht den Mut haben, ein Sterilisierungsurteil wegen Klumpfusses auszusprechen. Ein solcher körperlicher Mangel schließt doch hohen Intellekt nicht aus und bedrückt doch wohl auch nicht an sich ... Die Krankheit ist nur ein Hindernis des Körpers, aber nicht des Willens (Epilekt). Darum bringen es viele der körperlich Gehemmten zu staunenswerten Fertigkeiten.« Nun war ja freilich diese Spezialistenmeinung gewiß einigermaßen tröstlich für Magda und Joseph Goebbels. Auf jeden Fall hatten zu diesem Zeitpunkt deutsche Erbgesundheitsgerichte wegen eines Klumpfußes schon verschiedentlich eine Sterilisation verfügt.

Im Jahr 1938 erfolgte die Annexion Österreichs. »Als der Führer und Kanzler der deutschen Nation und des Reiches melde ich vor der Geschichte nunmehr den Eintritt meiner Heimat in das Deutsche Reich.« So verkündete Hitler vom Balkon der Hofburg vor Hunderttausenden auf dem Heldenplatz in Wien.

Hitlers Rassenwahn erfaßte nun auch die Ostmark. Verfolgt wurden nicht nur Juden, Sinti und Roma, sondern auch slawischstämmige Österreicher. Die in Wien geborene Irma Trksak, deren Eltern vor dem Ersten Weltkrieg aus der Slowakei nach Wien zugezogen waren, sah die Gefahr:

> *Für uns war es eigentlich eine Katastrophe, weil wir ja schon wußten, daß er andersgeartete Menschen, oder die – also – keine Deutschen waren, schon in seinem »Mein Kampf« angedeutet hat, was er mit ihnen vorhat.*

Irma Trksak war blond, hatte blaue Augen und wirkte damit sehr arisch, aber ihre slowakische Herkunft machte sie zum Opfer. Die tschechische Schule in Wien, an der sie nach einer Ausbildung an der Pädagogischen Akademie in Prag als Lehrerin unterrichtete, wurde 1940 geschlossen, die Lehrer wurden entlassen. Die Kinder mußten von heute auf morgen in deutsche Schulen gehen, was eine große Umstellung für sie bedeutete, da nicht alle Mitglieder der tschechischen Minderheit Deutsch sprachen. Selbst wenn Irma Trksak als österreichische Staatsbürgerin das Diplom für deutsche Schulen nachgeholt hätte, war es doch nicht sicher, daß man sie an einer Schule in Wien hätte unterrichten lassen. Sie verzichtete und begann ein Slawistik-Studium in Wien. Mit einer Gruppe Gleichgesinnter hatte sie zu dieser Zeit bereits damit begonnen, in dem damals noch nicht verbotenen Tschechoslowakischen Turnverein Flugblätter zu verfassen. Sie wollten die österreichische Bevölkerung darüber aufklären, daß Hitler weitere Annexionsgelüste hatte. Als Erwiderung auf das Ar-

Irma Trksak (obere Reihe, 4. von rechts) mit ihren Freunden von der Jugendgruppe der tschechischen Minderheit in Wien, 1938

gument, daß es vielen in Österreich nach dem Anschluß an das Reich besser gehe und sie Arbeit hätten, wiesen sie darauf hin, daß Hitler nur deshalb Straßen baue, damit die Panzer schneller an eine Kriegsfront rollen könnten, und daß die Schaffung vieler Arbeitsplätze in den Fabriken mit der Umstellung auf Munitionsproduktion zu tun habe. Die Flugblätter wurden an österreichische Arbeiter verteilt. Nach Kriegsbeginn 1939 fingen Mitglieder der Gruppe an, Briefe an Wehrpflichtige zu schreiben mit der Aufforderung, nicht zu kämpfen und nicht mitzumachen bei der Ausplünderung und Drangsalierung der Bevölkerung. Man schickte Briefe auch an Soldaten im Feld über deren Feldpostnummern. Mitglieder der Gruppe beteiligten sich außerdem an Sabotageakten. Viele gerieten in die Hände der Gestapo und wurden in Konzentrationslager gebracht, über zwanzig von ihnen später ohne Gerichtsverhandlung in Mauthausen erschossen.

Als Liebespaare getarnt verübten sie die Sabotageakte: Irma Trksak mit ihrem Partner Ludwig Stepanik

Mit dem Ausbruch des Krieges gegen Rußland nahm die Gruppe Kontakt zu kommunistischen Widerstandsgruppen auf. Im September 1941 wurde Irma Trksak verhaftet. Vier Jahre Einzelhaft überlebte sie im KZ Ravensbrück, eine Hinrichtung blieb ihr und weiteren dreizehn Frauen aus ihrer Gruppe erspart. So ganz erklären kann sie sich das bis heute nicht, da sie doch an vielen Sabotageakten beteiligt gewesen war:

> *Wir haben teilgenommen, wir haben Liebespaare gespielt, sind also zu den Objekten gegangen, wo man so Depots, wo Militärzeug gelagert wurde, oder Stroh für die Pferde oder ein Stall – also, immer dort, wo kein Menschenleben gefährdet wurde. Das Zeug wurde angezündet in der Nacht, und wir waren als Frauen mit dabei.*
>
> *Ich glaube, und wir legen uns das immer – die Frauen, die überlebt haben – so aus, daß sie uns das nicht zugemutet haben. Ich war zwar damals schon, 20 … 21 Jahre alt, aber ich war sehr – ich habe jünger ausgesehen, als ich war. Ich war ein blondes, unschuldiges Mädchen und so. Und vielleicht war das auch ein Grund dafür, daß sie uns – also – nicht hingerichtet haben.*

Auf dem Berghof, Hitlers Refugium auf dem Obersalzberg, wahrte man währenddessen eine idyllische Gegenwelt. Dem weiblichen Personal gegenüber gab Hitler sich als charmanter Hausherr. Herbert Döhring erinnert sich:

> *Und plötzlich fällt ihm ein: ›Wo ist die Anni? Was macht die Anni?‹ Und da ist er auf und davon in die Küche, hat die … sein ganzes Gefolge stehen lassen … läuft auf meine Frau zu, umarmt die, drückt die, wie er immer gemacht hat, weil er die sehr gern hat auf-*

*grund ihrer unvorstellbaren Leistung, muß ich immer wieder betonen, bedankt sich mit Handschlag, ging bis zur letzten Küchenhilfe – mit Handschlag bedankt, überall gezwickt noch, bis zu den letzten Spülfrauen. Das war Hitler – auf einer Seite. Und auf der anderen Seite war er so brutal, gab unüberlegt Befehle raus ...*

Wilhelm Schneider, sein Diener, gibt ein Beispiel für Hitlers »Fürsorglichkeit« für die Damen während einer der großen Einladungen in Berlin:

*Und er war ungeheuer bedacht, daß alles ganz vorbildlich ablief. Ich kann mich erinnern, einmal hat eine Dame in ihrem Dekolleté – hat sie die Schulter gezuckt, so quasi, als ob es sie fröstelt – und er hat natürlich sofort Kannenberg gerufen, den Hausintendanten, und ihm gesagt, dafür zu sorgen, daß die Temperatur entsprechend eingestellt wird, wenn die Damen mit dem Dekolleté zum Abendempfang kommen.*

Ende der dreißiger Jahre wagt sich die 1933 geflohene Erna Proskauer noch einmal nach Deutschland. Sie kehrte von Tel Aviv, ausgestattet mit einem britischen Mandatspaß, nach Berlin zurück, um ihre Familie zu besuchen. Sie wollte sich aber auch einen lange gehegten Wunsch erfüllen: einen Besuch im berühmten Café Kranzler. Erna Proskauer:

*Kranzler war bekannt für die Mädchen mit schwarzen Kleidern, Spitzenhäubchen und weißen, schneeweißen, gestärkten Schürzen mit großer Schleife hinten. Und dann haben wir uns da hingesetzt und wollten was essen nach dem Theater, und da kommt ein solch gekleidetes Mädchen mit einem silbernen Tablett in der Hand, und da stand »Ihr Besuch ist hier unerwünscht«. Und da meine Schwester schon gezittert hatte – sowieso – sie durfte ja da gar nicht hin, sind wir stillschweigend gegangen. Wenn wir was gesagt hätten, hätten wir meine Schwester ins Unglück stürzen können. Wir hatten keine Angst, denn wir hätten gesagt, wir sind Engländer.*

Erna Proskauer fuhr nach Palästina zurück. Ihre Familie unterschätzte den mörderischen Ausrottungswillen der Nationalsozialisten und blieb. Ihr Vater kam 1943 im Konzentrationslager Theresienstadt um. Erst lange nach dem Krieg kehrte Erna Proskauer wieder nach Deutschland zurück. Bis zu ihrem 85. Lebensjahr war sie in Berlin als Anwältin tätig.

Ende der dreißiger Jahre verschärfte sich die Situation in Deutschland. 1938 brannten die Synagogen, jüdisches Eigentum wurde zerstört, Verfolgung und Terrormaßnahmen wurden verstärkt. Im Jahr 1939 waren die Kriegstrommeln der Nationalsozialisten nicht mehr zu überhören. Deutschland rüstete auf und überfiel Polen – der Zweite Weltkrieg begann.

Der Krieg verändert das gesellschaftliche Leben der Frauen schlagartig. Die an der Front kämpfenden Männer mußten ersetzt werden. Aus den Müttern an Heim und Herd wurden plötzlich wieder Frauen, die mitten im Beruf zu stehen hatten.

Schon 1941 sprach Hitler davon, daß die Frauen zum Wohle der »Volksgemeinschaft« zwar möglichst viele Kinder zur Welt bringen sollten, daß sie allerdings bei zunehmendem Arbeitskräftemangel auch Schwerstarbeit in Betrieben zu leisten hatten und an die Front zu schicken seien. »Millionen deutscher Frauen arbeiten auf dem Feld und müssen dabei in härtester Arbeit die Männer ersetzen. Millionen deutscher Frauen und Mädchen arbeiten in Fabriken, Werkstätten und Büros und stellen auch dort ihren Mann. Es ist nicht unrecht, wenn wir verlangen, daß

Schaffnerinnen bei der theoretischen Ausbildung

sich diese Millionen deutsche schaffende Volksgenossinnen noch viele Hunderttausende andere zum Vorbild nehmen. Denn wenn wir auch heute in der Lage sind, mehr als die Hälfte Europas arbeitsmäßig für diesen Kampf zu mobilisieren, dann steht aber als wertvollste Substanz in diesem Arbeitsprozeß weitaus an der Spitze unser eigenes Volk.«

Das ursprüngliche Frauenbild der Nationalsozialisten: vergessen und vorbei. Und Hitlers verklärtes Mutterbild?

Kindergärten wurden eingerichtet, nicht jedoch aus sozialpolitischen Erwägungen heraus, sondern als kriegswichtiger Bestandteil der Hitlerschen Rüstungspolitik. Je weiter der Krieg fortschritt, je mehr Verluste es auf den Schlachtfeldern gab, desto mehr appellierte der »Führer« an das seiner Meinung nach noch nicht ausgeschöpfte Potential – an Frauen, Greise und Kinder.

Für Frauen, die er stolz seine »fanatischsten Anhänger« nannte, bot er einen besonderen »Ehrendienst« an: Ein »Wehrmachtshelferinnenkorps« wurde gegründet.

Die Wehrmachtshelferinnen wurden zunächst überwiegend als Schreibkräfte eingesetzt. Neben ihnen gab es eine große Anzahl von Nachrichtenhelferinnen, denen die Vermittlung von Telefongesprächen oblag, sowie die Flakwaffenhelferinnen. Letztere sollten zunächst die Scheinwerfer der Flakbatterien bedienen, sprangen jedoch auch, wenn »Not am Mann« war, beim Dienst an den Abwehrgeschützen selbst ein.

Die Reichsfrauenführerin Gertrud Scholtz-Klink beteiligte sich an Maßnahmen zur Anwerbung von Wehrmachtshelferinnen und übernahm dann auch deren Interessenvertretung. Im Oktober 1943 nahm sie in dieser Funktion an einer Befehlshabertagung teil und referierte dort ihre Vorstellung über die »richtige

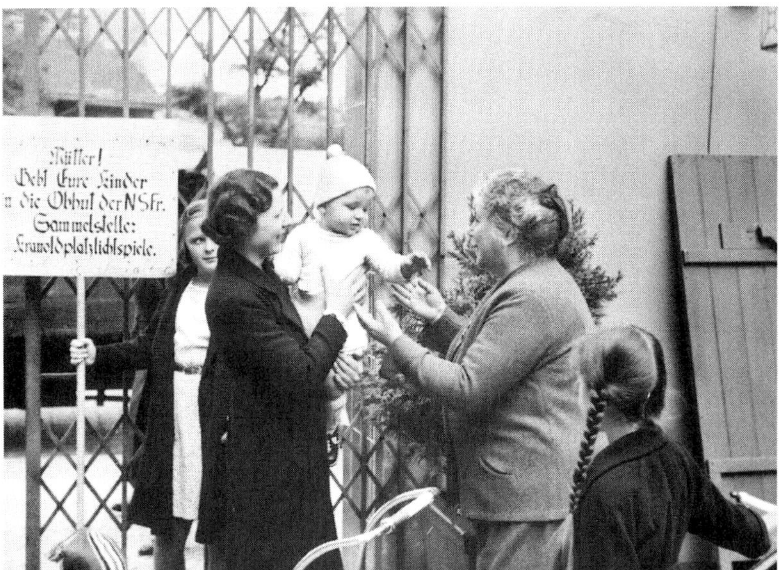


Frauen werden aufgefordert, ihre Kinder in die Obhut der NSFR-Sammelstellen zu geben – ihre Arbeitskraft wird für den Krieg gebraucht

»Die deutsche Frau, wie wir sie uns denken, muß, wenn die Lage des Volkes es erfordert, verzichten können auf Luxus und Genuß, sie muß geistig und körperlich gesund sein, sie muß aus dem harten Leben, das wir heute zu führen gezwungen sind, ein schönes Leben machen,« forderte Gertrud Scholtz-Klink 1934 in Nürnberg. Im gleichen Jahr wurde sie zur Reichsfrauenführerin ernannt

Behandlung und den richtigen Einsatz der Frau in der Wehrmacht«: »Aus Pflicht entwickelt sich auch für die Frau die höhere Verpflichtung und mit der höheren Verpflichtung die höhere Leistung und Einsatzbereitschaft.« Als hätte es nie eine »Geschlechterordnung« im Dritten Reich gegeben, verkündete Scholtz-Klink, die einst davon gesprochen hatte, daß die »Waffe der Frau« der »Kochlöffel« sei, nun: »Die von der Frauenschaft erzogenen und für die Wehrmacht bereitgestellten Frauen sollen nicht nur tippen und arbeiten, sondern auch Soldaten des Führers sein.« Für manche Frauen bot der Krieg tatsächlich aber auch die Gelegenheit, erstmalig der heimischen Enge zu entfliehen. Alles in allem waren 500 000 Mädchen und Frauen – freiwillig oder zwangsverpflichtet – bis Kriegsende als Wehrmachtshelferin im Einsatz.

Auch Ilse Schmidt sah die Möglichkeit aus ihrem Dorf in Brandenburg zu entkommen. 1940 meldete sie sich daher freiwillig:

> *Ich hörte das Wort »Paris« und war praktisch halb schon in Paris. Das war der Anfang. Es ging ganz schnell. Ich hatte meine Schulzeugnisse eingereicht, und die waren nicht schlecht, und da wurde ich ruckzuck wurde ich nach Paris beordert.*

Im nationalen Taumel dachten viele der freiwilligen Wehrmachtshelferinnen nicht darüber nach, daß die Wehrmacht eine Besatzungstruppe in einem fremden Land war. Der militärische Einsatz erschien wie Urlaub. Ilse Schmidt:

> *Ich war, als ich nach Paris kam, war ich eigentlich sofort Pariserin. Ich habe Paris erlebt als Weltstadt ... Louvre ... Was konnte man sich alles ansehen! Ich habe niemals Haß oder Feindseligkeit oder Feindlichkeit erlebt, überhaupt nicht.*

Wie Ilse Schmidt fühlten sich zunächst viele der Wehrmachtshelferinnen glücklich und zufrieden, stand man doch auf der Seite des vermeintlichen Siegers und hatte schöne Erlebnisse in fremden Ländern. Es dauerte allerdings nicht lange, bis man mit den weniger angenehmen Seiten der Front und der Verwundetenbetreuung in der Heimat konfrontiert wurde. Hitlers ergebene Mädchen zogen mit – ein von langer Hand vorbereiteter Plan der NS-Propaganda ging auf.

Einer der widersprüchlichen Auswüchse der nationalsozialistischen Frauenpolitik war eine Art »Zuchtprogramm«, das sich mit dem Namen der geheimnisvollen Organisation »Lebensborn e. V.« verbindet. Der Verein wurde auf Veranlassung des Reichsführers SS Heinrich Himmler im Dezember 1935 gegründet und diente als ein »inoffizielles« Instrument der staatlichen Bevölkerungs- und Rassenpolitik. Der mit der SS verbundene Verein, der sich über Mitgliedsbeiträge von SS-Leuten finanzierte, unterhielt zunächst sechs, später zwölf und im Krieg dann zweiundzwanzig Entbindungsheime. Dort erhielten ledige werdende Mütter, die nach der gültigen Rechtslage im Dritten Reich nach wie vor geächtet waren und sozial benachteiligt wurden, Betreuung und Fürsorge, damit sie unbelastet ihre Schwangerschaften austragen konnten, ganz im Sinne der Bevölkerungspolitik der Nationalsozialisten, die Abtreibungen bekämpften und sich eine hohe »arische« Geburtenrate wünschten. Daneben standen dort aber auch hohe SS-Leute »rassisch-wertvollen« Mädchen zur Zeugung »arischer« Elitekinder zur Verfügung, die dann ausgesuchten kinderlosen Ehepaaren zur Adoption übergeben wurden. Das ganze geschah unter großer Geheimhaltung, und die Herkunft der Kinder wurde verschleiert. In den Lebensborn-Heimen wurden auch geraubte polnische Kinder »arischen« Aussehens zum Zwecke der Eindeutschung aufgenommen. Hitler gedachte nach dem Endsieg für seine Tapfersten »Ehrenhäuser der Liebe« einzurichten, um »Millionen von Menschen (zu) bekommen, die sonst niemals geboren würden.« Die NSDAP richtet Heime für uneheliche Kinder von »arischen« Müttern ein.

Paula Linhart kam im Zuge ihrer Arbeit als katholische Sozialarbeiterin in München mit dem Lebensborn in Berührung:

> *Der »Lebensborn« war ein besonderes Problem. Der Lebensborn versuchte, an uneheliche Mütter heranzukommen und bot ihnen eine Unterbringung vor oder nach der Geburt in der Ordensburg Steinhöring an. Und ich bekam die Adressen der unehelichen Geburten durch das Matrikelamt und besuchte die einzelnen Mütter und redete ihnen gründlich aus, nach der Ordensburg zu gehen und dort Kinder für den Führer zu gebären. Und wir brachten diese Kinder und ihre Mütter unter in unserem Mütterheim in Thalkirchen.*

Dieser Wettlauf um die Unterbringung der unehelichen Kinder durchkreuzte die Pläne der Nationalsozialisten. Paula Linhart wurde von SS-Führer Reinhard Heydrich auf die Fahndungsliste gesetzt und verfolgt. Sie mußte untertauchen, überlebte aber den Krieg. Sie engagierte sich von da an ehrenamtlich in der katholischen Sozialarbeit.

Einschränkungen, Mangel, Gängelungen, Terror waren für große Teile der Bevölkerung in Deutschland inzwischen trostlose Realität. Aber immer noch existierte daneben auch eine andere Realität. In der Reichshauptstadt Berlin wechselte Brunhilde Pomsel vom Rundfunk in das Reichspropagandaministerium. Im Zentrum der Verführung herrschten ideale Arbeitsbedingungen. Brunhilde Pomsel:

> *Ich war damals immer ein bißchen äußerlich, hatte ein todschickes Büro mit wunderbaren Teppichen und schönen Möbeln. Und alles war sehr gepflegt,*

Eines der wenigen Fotos, das Brunhilde Pomsel durch den Krieg retten konnte

*und alles ging sehr gut angezogen und, ach, hat mir das gefallen. Das gebe ich ehrlich zu, habe ich mich wohl gefühlt darin. Nette Kolleginnen. Kein Mensch, der mit dem Parteiabzeichen lief – nichts. War richtig alles nett.*

Noch konnte sich der Chef des Reichspropagandaministeriums, Joseph Goebbels, über einen 16-mm-Film freuen, der Ehefrau Magda und sechs Kinder zeigte und den Mitarbeiter des Ministeriums angefertigt und ihm geschenkt hatten. Aber die Aufgaben des obersten Propagandisten wurden zunehmend schwieriger. Nach der Niederlage in Stalingrad im Winter 1942/43 befand sich Hitlers Armee endgültig in Rußland auf dem Rückzug. Auch das Propagandaministerium konnte militärische Niederlagen beim besten Willen nun nicht mehr in Siegeszüge der deutschen Armee verwandeln.

Jetzt wurde die Wehrmachtshelferin Ilse Schmidt im Osten eingesetzt – das schöne Leben in Frankreich war vorbei. An der Ostfront wurde sie unvermittelt mit Kriegsverbrechen konfrontiert: Auf ihrem Schreibtisch lag ein Kuvert mit Fotos, die nicht für ihre Augen bestimmt waren. Ilse Schmidt:

*Im Bild wurde festgehalten die Erschießung von Partisanen, wie sie also zusammensackten, wie sie hinfielen, die Arme hochhoben. Da habe ich gedacht: »Wie kann man denn solch ein Tötungsdelikt, wie kann man den auch noch fotografieren?« Das schien mir undenkbar.*

Darüber sprechen konnte sie mit niemandem. »Ich bin immer vereidigt worden, Stillschweigen über alles zu wahren, womit ich hier im Ausland konfrontiert wurde.«

Für Ilse Schmidt folgte ein Fronteinsatz im ukrainischen Rowno. Aus der Freiwilligen war längst die Zweiflerin und eine

Anfangs genießt Ilse Schmidt (Mitte) das Leben in Paris

Verzweifelte geworden. Eines Nachts beobachtet sie eine Judendeportation. Sie kann sich sehr genau erinnern, wie die Juden von Leuten des Sicherheitsdienstes (SD) abgeführt wurden. Ihr fiel auf, daß viele junge Männer darunter waren.

> *Schmeißen ihre Blechgeschirre, ihre Eßgeschirre aus Blech, schmeißen sie auf die Erde, bis mir klar wurde, sie zogen vorbei und wollten laut auf sich aufmerksam machen. Und ich habe noch innerlich das Gefühl gehabt, daß mit den Juden was passierte. Umsonst haben sie nicht das Geschirr da auf die Erde geschmissen.*

Sie wollte laut gegen diese Deportation protestieren, doch sie wagte es nicht:

*Innerlich habe ich geschrien: »Wehrt euch, ihr seid in der Überzahl«, denn die Juden waren praktisch, wie ich's dachte – später habe ich das anders erleben müssen – es waren viel, viel mehr Juden, als da raus kam. Und wenn ich innerlich gedacht habe: »Wehrt euch, ihr seid in der Überzahl, wehrt euch«, so hätten sie sich nicht wehren können.*

Wußte Ilse Schmidt damals, was mit den Juden geschah?

*Die Frauen, jetzt bleib' ich mal wieder bei den Frauen, aber auch die Männer wußten es, wußten es auch, die wußten, das ging ja reihum, die Juden sind oberhalb von Rowno im Wald erschossen worden ... das war ja allgemein bekannt. Widerstand? – Dann – wenn – dann würd' ich heute hier nicht mehr sitzen! Natürlich hätte ich... aber diese Größe habe ich nicht aufgebracht. Ich wollte leben! Ich wollte leben! Ich wollte überleben! Das war überhaupt mein Ziel! Mitläufer waren wir alle. Alle, ohne Ausnahme.*

Zu Ilse Schmidts Bekannten zählte ein junges Mädchen, dessen Vater Schneider war. Er kam mit seiner Familie in ein »Judenghetto«. Ilse Schmidt besuchte sie dort einmal und sah die erbärmlichen Hütten und Unterkünfte, in denen sie wohnten. Das Mädchen hat sie danach nie wieder gesehen. Ilse Schmidt kam in Kriegsgefangenschaft. Nach ihrer Entlassung arbeitete sie in der sowjetischen Militäradministration in Berlin und anschließend als Bibliotheksangestellte.

Mit fortdauerndem Kriegsgeschehen sollten die Frauen in der Rüstungsindustrie immer mehr zu einem stabilisierenden Faktor werden. Es zeigte sich allerdings sehr schnell, daß Lob oder Anerkennung der Arbeit von Frauen bei weitem nicht ausreichten,

Frauen in einem Rüstungsbetrieb bei der Granatenherstellung

die benötigten Arbeitskräfte so zu mobilisieren, wie es die Nationalsozialisten gern gehabt hätten. Frauen aus der gehobenen Gesellschaftsschicht folgten kaum den Aufrufen zum freiwilligen Arbeitseinsatz. In einem Sicherheitsbericht vom 29. September 1941 wurde moniert, daß auch die Arbeitsämter nicht korrigierend eingriffen. Sie zögen tatsächlich nur die ärmeren, nicht aber die wohlhabenderen Frauen zu Arbeitseinsätzen in der Kriegswirtschaft heran: »Der ganze Fraueneinsatz läuft darauf hinaus, daß nur auf die Frauen der Arbeiter und kleinen Leute zurückgegriffen wird. Obwohl die Frauen der besser gestellten Kreise offensichtlich sehr viel mehr Zeit haben und ohne weiteres dem Arbeitseinsatz zugeführt werden könnten, arbeiten die Arbeitsämter vollkommen einseitig und greifen nur auf die einfachen Frauen zurück, weil diese weder Ausreden noch ›Beziehungen‹ haben. Es ist dringend erforderlich, endlich einmal auf die Frauen zurückzugreifen, die für die Volksgemeinschaft noch nichts

Nachrichtenhelferinnen üben den Gleichschritt

getan haben und die aufgrund ihrer günstigen finanziellen Verhältnisse nicht wissen, wie sie die Zeit totschlagen sollen. Das Wort Volksgemeinschaft ist sehr schön, deshalb erscheint es angebracht, daß die behördlichen Stellen die Volksgemeinschaft auch in der Front der Arbeit auf alle Kreise erstrecken.«

Es änderte sich nichts. Wer Geld und Beziehungen hatte, diente nicht der Volksgemeinschaft. Die Damen ließen sich lieber »Drückebergerinnen« nennen, und saßen geschminkt und Zigaretten rauchend – beides im Dritten Reich verpönt – in Cafés oder spielten Tennis. Frauen aus den unteren Schichten wurden in großer Zahl dienstverpflichtet. Viele begannen allerdings gegen Kriegsende mit einem Arbeitsboykott oder verließen ihre Arbeitsstelle ohne Kündigung. Vereinzelt wurden sie wegen unzulässigem Fernbleiben vom Arbeitsplatz zu Gefängnisstrafen verurteilt, grundsätzlich gingen sie aber – anders als männliche Arbeitsboykotteure, die schwer bestraft wurden – straffrei aus.

Es gab jedoch auch viele Frauen, die der Ideologie so sehr verfallen waren, daß ihnen kein Opfer zu groß war, und die noch immer riefen: »Führer befiehl, wir folgen!« Und als Goebbels in seiner Sportpalastrede schrie: »Wollt Ihr den totalen Krieg?«, da sprach er auch die Frauen an: »Wollt Ihr, insbesondere ihr Frauen selbst, daß die Regierung dafür sorgt, daß auch die *letzte* Arbeitskraft *auch* der Frau der Kriegführung zur Verfügung gestellt wird und daß die Frau überall da, wo es nur möglich ist, einspringt, um Männer für die Front freizumachen? Wollt Ihr das?« Viele wollten es.

Mit dem Begriff »Heimatfront« verklärten die Nationalsozialisten diesen Einsatz – und es war doch nichts anderes als die künstliche Verlängerung eines bereits verlorengegangenen Krieges.

Ohne Skrupel ließ Hitler die Frauen jetzt im Kriegsgeschehen einsetzen. Im Endkampf wischte er alle ideologischen Vorbehalte beiseite. Hitler selbst befahl Ende Februar 1945 noch die Aufstellung eines Frauenbataillons: »Die Frauen sollen so rasch wie möglich tadellos ausgebildet werden. Aufstellung des Frauenbataillons mit der Reichsfrauenführung. Bewährt sich dieses Frauenbataillon, sollen sofort weitere aufgestellt werden.« Kurz vor dem totalen Zusammenbruch gab er noch die Order: »Ob Mädchen oder Frauen, ist ganz wurscht: eingesetzt muß alles werden.« 1945 waren 30 000 Frauen allein im Luftwaffeneinsatz mit direkten militärischen Aufgaben betraut.

Flakhelferinnen

Die Nazipropaganda lief bis Kriegsende reibungslos auf Hochtouren trotz der immer offensichtlicher werdenden Absurdität und Aussichtslosigkeit. Das Propagandaministerium trieb dabei ein hinterhältiges Spiel mit der Angst der Frau. Brunhilde Pomsel:

> *Also, ich weiß beispielsweise: später, als die Russen schon auf dem Vormarsch waren und immer diese schrecklichen Greuelmeldungen kamen, wenn ... sie dann in ein Dorf eindrangen und alle Frauen vergewaltigt haben, also, wenn es hieß sie haben 20 Frauen vergewaltigt, dann wurden also 40 daraus gemacht. Diese ganzen Meldungen wurden aufgebauscht, schon um den Widerstandswillen in Deutschland zu stärken, damit die auch alles taten, um nur den Russen nicht in die Hände zu fallen. Ich meine, wir wissen: es ist auf allen Seiten alles passiert, aber es wurde eben doch sehr übertrieben.*

So unbedarft Brunhilde Pomsel einmal in die Machtzentrale der Nationalsozialisten »geschlittert« war, als so unwirklich erlebte sie zunächst das Kriegsende.

> *Wir sind runter in die Kellerräume vom Propagandaministerium und sind da nie wieder raus gekommen. Wir haben eigentlich nichts gemacht, als da unten uns besoffen. Wir hatten den Schlüssel vom Weinkeller, vom Goebbels, der war auch da unten. Und wir sorgten dafür, daß nicht alles den Russen in die Hände fiel.*

Im Keller fanden sich auch noch Konservenbüchsen mit Spargel, die für mehrere Tage reichten, Brot gab es nicht mehr. Der Kontakt nach außen war ein Radio und eine enge Verbindung zur Reichskanzlei. Auf den Dächern saßen schon russische

Scharfschützen und es wurden unentwegt Verletzte und auch Tote in die Keller des Ministeriums hineingetragen. Aus der Reichskanzlei hörte Brunhilde Pomsel, daß sich dort einige das Leben genommen hatten. »Und wir saßen dann wirklich nur noch, ein verschüchterter Haufen, bewegungslos, fassungslos, ja und immer noch hörten wir die Aufrufe, die Durchhalteparolen ...« Mit ihr war nur noch ein kleines Häufchen von wenigen Mitarbeitern und Sekretärinnen dort geblieben. Die Gruppe erfuhr von Hitlers Selbstmord, keiner zeigte Gefühle, weder Wut noch Trauer, sondern »höchstens ein Gefühl der Erleichterung«. Sie mußte auf ihrer Schreibmaschine für Hans Fritzsche, den Leiter der Rundfunkabteilung, noch eine Kapitulationserklärung tippen. Dieser verließ dann den Keller mit einigen Leuten, die nach und nach dazugekommen waren. Darunter war als Dolmetscher ein Russe, der seit Jahrzehnten in Deutschland gelebt hatte. Sie schlugen sich zum Oberkommando des Heeres in der Bendlerstraße durch. Brunhilde Pomsel und andere suchten

Adolf Hitler verleiht der Pilotin Hanna Reitsch das Eiserne Kreuz 1. Klasse

im Keller nach weißen oder hellen Vorratssäcken, aus denen sie weiße Friedensfahnen nähen konnten. Man kann es nur grausamen Sadismus nennen, wenn Robert Ley, der Gründer der »Deutschen Arbeitsfront« (DAF) und der Organisation »Kraft durch Freude« (KdF), im März 1945 sagte: »Sollten irgendwo deutsche Frauen weiße Flagge zeigen, schießt sie nieder! Tretet sie nieder!« Brunhilde Pomsel harrte ihrem Schicksal im Keller des Ministeriums. Aus dem Keller geholt wurde sie schließlich von russischen Soldaten: »Plötzlich drangen so ungefähr zwanzig Russen rein mit asiatischen Gesichtern und mit Knarre. Das hatten wir ja nun doch nicht erwartet. Da haben wir eine wahnsinnige Angst gehabt. Die haben uns dann alle zusammengetrieben und haben uns aus dem Propagandaministerium, aus dem Keller raus ans Tageslicht getrieben, in der Mauerstraße am hinteren Ausgang. Da standen wir plötzlich umgeben von diesen mongolischen Russen. Also, es war fürchterlich.« Schließlich kam ein anderer Trupp Russen, der die kleine Schar wieder in den Keller zurückschickte. Nach stundenlangem Warten wurden sie nach Tempelhof gebracht. »Und dann begann meine Gefangenschaft. Das war der zweite Mai.« Wie sieht sie heute die damalige Zeit? »Die Zeit war grauenvoll. Ich habe es bitter bezahlen müssen: Zwei Jahre Propagandaministerium und fünf Jahre russische Gefangenschaft – ich fühle mich auch nicht schuldig, aber ich trage mit an einer Kollektivschuld, ich bin eine Bejaherin der Kollektivschuld.«

Während in Berlin im April 1945 Straßenzug um Straßenzug von der Roten Armee erobert wurde, die Stadt in allen Himmelsrichtungen brannte, setzte im Führerbunker eine nationalsozialistische »Vorzeigemutter«, die dem »Führer« bis in den Tod treu ergebene Magda Goebbels, einen fast symbolischen Schlußpunkt unter den Wahnsinn des Nationalsozialismus, als sie mit grausamer Konsequenz ihre sechs Kinder umbrachte und dann sich selbst tötete, damit sie nicht mit ihnen zusammen dem Feind in die Hände falle.

Deutschlands Untergang war auch ihr Tod: am 1. Mai 1945 brachte Deutschlands Vorzeigemutter ihre Kinder Helga, Hellmuth, Hedda, Hilde, Holde (von links nach rechts) und Heide um

Hitler, der die geschiedene Magda Quandt 1931 kennengelernt hatte, war sofort fasziniert gewesen von der blonden, blauäugigen Schönheit: »Ich glaubte, mit der Welt und mit menschlichen Beziehungen am Ende zu sein. Aber es sind nicht sogenannte irdische Kräfte, die mich bisher bewegt haben und noch beeinflussen. Es gibt da noch etwas anderes, das die Menschen zusammenführt und sie veranlaßt, sich gegenseitig zu beeinflussen ... es muß noch etwas Übernatürliches geben, das in uns lebt. Vielleicht haben diejenigen recht, die es das Göttliche in uns nennen.

In meiner zärtlichen Freundschaft zu Geli habe ich das bei ihr gespürt, aber niemals bei einer anderen Frau. Seit ihrem Tod hat mir das gefehlt, und ich glaubte, diese Gefühle mit ihr begraben zu haben. Heute erfassen sie mich wieder auf eine ganz überraschende Art, aber mit großer Heftigkeit.

Diese Frau könnte in meinem Leben eine große Rolle spielen, ohne daß ich mit ihr verheiratet wäre. Sie könnte in meiner Arbeit das weibliche Gegengewicht zu meinen ausschließlich männlichen Kräften bilden.« Fest steht, Magda war »die andere Hälfte des Menschen Hitler geworden, zusammengefügt und gehalten von ihrer Seite durch einen heiligen Willen zum Dienen und zu einer höheren Pflicht.«

Ende März 1945 hatte Magda Goebbels ihrer Schwägerin Eleonore Quandt ihre Haltung angesichts des nahen Ende des Krieges mitgeteilt: »Und was uns betrifft, die wir zur Spitze des ›Dritten Reiches‹ gehörten, so müssen wir die Konsequenz ziehen. Wir haben von dem deutschen Volk Unerhörtes verlangt und können uns nun nicht feige drücken. Alle anderen haben das Recht, weiter zu leben – wir haben dieses Recht nicht mehr. Wir haben versagt ... Ich habe an Hitler und Joseph Goebbels geglaubt. Ich gehöre zu dem Reich, das nun zugrundegeht ...«

Ihr Abschiedsbrief an den Sohn aus erster Ehe, Harald Quandt, ist ganz getragen vom verlogenen Pathos des zugrundegehenden Reichs:

»Geschrieben im Führerbunker 28. April 45
Mein geliebter Sohn! Nun sind wir schon sechs Tage hier im Führerbunker, Papa, Deine sechs kleinen Geschwister und ich, um unserem nationalsozialistischen Leben den einzig möglichen, ehrenvollen Abschluß zu geben... Unsere herrliche Idee geht zugrunde – mit ihr alles, was ich Schönes, Bewundernswertes, Edles und Gutes in meinem Leben gekannt habe. Die Welt, die nach dem Führer und dem Nationalsozialismus kommt, ist nicht mehr wert, darin zu leben, und deshalb habe ich auch die Kinder hierher mitgenommen. Sie sind zu schade für das nach uns kommende Leben ... Du wirst weiterleben, und ich habe die einzige Bitte an Dich; Vergiß nie, daß Du ein Deutscher bist, tue nie etwas, was gegen die Ehre ist, und sorge dafür, daß durch Dein Leben unser Tod nicht umsonst gewesen ist ...

Wir haben nur noch ein Ziel: Treue bis in den Tod dem Führer, und daß wir zusammen das Leben mit ihm beenden können, ist eine Gnade des Schicksals, mit der wir niemals zu rechnen wagten.

Harald, lieber Junge – ich gebe Dir das Beste noch auf den Weg, was das Leben mich gelehrt hat: Sei treu! Treu Dir selbst, treu den Menschen und treu Deinem Land gegenüber. In jeder Beziehung!

(Neuer Bogen)

Einen neuen Bogen anzufangen, ist schwer. Wer weiß, ob ich ihn ausfüllen kann. Aber ich möchte noch so viel Liebe Dir geben, so viel Kraft und Dir jede Trauer über unsern Verlust nehmen. Sei stolz auf uns und versuche, uns in stolzer, freudiger Erinnerung zu behalten. Einmal muß jeder Mensch sterben, und ist es nicht schöner, ehrenvoll und tapfer kurz zu leben, als unter schmachvollen Bedingungen ein langes Leben führen?

Der Brief soll raus ... Hanna Reitsch nimmt ihn mit. Sie fliegt nochmals raus! Ich umarme Dich in innigster, herzlichster mütterlicher Liebe!

Mein geliebter Sohn
Lebe für Deutschland!
Deine Mutter«

Helga, Hilde, Hellmuth, Holde, Hedda und Heide, zwischen zwölf und vier Jahren alt, starben nach der Betäubung durch Morphium an Blausäure. Magda Goebbels hatte sich von niemandem von ihrem Entschluß abbringen lassen. Der im Bunker anwesend gewesene Rochus Misch erzählt:

> *Da war die Frau Hanna Reitsch da, die Fliegerin, nicht, die hat die Frau Goebbels auch ... das habe ich ja miterlebt ... die Frau Goebbels auch angesprochen: Frau Goebbels lassen Sie uns die Kinder, lassen Sie mir die, ich ... und wenn ich zwanzig mal kommen*

*sollte, ich fliege die Kinder raus! Aber es kamen dann auch welche aus dem Büro und vom Küchenpersonal. Die haben alle die Frau Goebbels angebettelt um die Kinder. Alle wollten, daß die Kinder rauskommen. Da war eine Zeit, wo sie noch raus konnten.*

*Als es dann nun dem Ende zu ging, da hat die Frau Goebbels die Kinder in meinem Raum zurecht gemacht, Haare aufgekämmt, alles, und ... ja, wir wußten, daß es dem Ende zugeht ... und die Kinder nicht bleiben. Da sagt' ich nun zu Dr. Naumann: »Furchtbar schlimm, schlecht, wie soll das geschehen alles?« Und so sagte er: »Kriegen Bonbonwasser zu trinken, was soll's werden.« Und dann ist sie an mir vorbei, ist raufgegangen, und ich hab' sie dann nicht mehr gesehen. Da ist sie zu den Kindern und starb dort auch.*

Martha Schad

# »Die Nazis haben mir meine Jugend weggenommen«

## Opfer und Täterinnen

Lange Zeit wurde in den Forschungen zur Geschichte des Nationalsozialismus die Rolle der Frauen vornehmlich als die der Opfer beschrieben, Opfer von Verfolgungen, Opfer des Kriegs, Opfer auch aufgrund des übertriebenen Mutterkults der NS-Zeit. Heute weiß man, daß Frauen nicht nur Opfer waren, sondern auch Mitläuferinnen, Profiteurinnen, Akteurinnen und Täterinnen. Es waren auch Frauen, die sich von Anfang an für die nationalsozialistische Bewegung einsetzten, so etwa Eleonore Baur, die zu Funktionärinnen der Macht wurden, so zum Beispiel die Reichsfrauenführerin Gertrud Scholtz-Klinik, oder die als KZ-Ärztinnen bei Versuchen Menschen mißhandelten, so Herta Oberheuser. Und als »Frau an seiner Seite« hatten sie oft großen Anteil am Aufstieg ihrer Männer und waren damit eine verläßliche Stütze des Regimes, das zeigt das Beispiel Ilse Koch.

Als Frauen in einer Atmosphäre der Unmenschlichkeit Macht über andere Menschen gewannen, mißbrauchten viele von ihnen diese Macht in ebenso schrecklicher Weise, wie es die Männer taten. Dabei erscheinen die Frauen als noch bestialischer, was auch daran liegt, daß allgemein von Frauen eher ein Zeichen der Menschlichkeit vor allem gegenüber Kindern, Schwangeren oder alten Frauen erwartet wird. Selbstgerechtigkeit und völliger Mangel an Bedauern, Reue oder Betroffenheit kennzeichnen diese Täterinnen meist noch heute. Sie beriefen beziehungsweise berufen sich bis in die Gegenwart auf den von Hitler geschaffenen totalitären Staat, in dessen vorgeschriebenen Bahnen sie sich bewegt hätten, aus denen ein Ausbrechen nicht möglich gewesen sei. Oder aber sie sahen und sehen ihren Gehorsam gegenüber den menschenverachtenden Autoritäten des Dritten Reiches als Tugend an.

Eine der beispielhaften Täterinnenbiographien ist die der aus ärmlichen Verhältnissen stammenden Rotkreuzschwester Eleonore Baur (*1895), einer alten Frontkämpferin der Nazis, die unter dem Namen »Schwester Pia« bekannt wurde. Bereits 1919 stand sie auf der Seite der Freikorps gegen die Räterepublik und wurde bei Unruhen durch einen Schuß in die Brust verwundet. Auf der Hungerdemonstration 1920 in München wurde sie durch ihre antisemitischen Ausfälle gerichtsbekannt. Im selben Jahr trat sie als elftes Mitglied (Mitgliedsnummer 511) in die (NS)DAP ein. Als Sanitäterin nahm sie an den Kämpfen des Freikorps Oberland in Schlesien teil und wurde dabei am Oberschenkel verwundet. In den folgenden Jahren war sie beteiligt an den Saalschlachten der Nazis, wobei sie mehrfach verprügelt wurde. Auch beim Putsch in München am 9. November 1923 war sie dabei, »in der vierten Reihe«, wie sie später stolz aussagte. Mit Adolf Hitler war sie seit 1920 befreundet. Sie kannte die Nazigrößen Heinrich Himmler, der sie »meine schwarze Perle« nannte, Rudolf Heß und Hans Frank.

Mit zwanzig Jahren bekam sie einen unehelichen Sohn, den ihre Stiefmutter aufzog. Mit Hilfe des Reichsfilmintendanten Hans Hinkel wurde ihr Sohn Wilhelm Leiter des NSDAP-Zentralverlags und Vizepräsident der Reichsschrifttumskammer. Schwester Pia war zweimal verheiratet und geschieden, bevor sie zur »Heldin der Bewegung« wurde.

Heinrich Himmler stellte Eleonore Baur in München als Fürsorgeschwester der Reichsführung SS an. Adolf Hitler überreicht seiner treuen Kampfgefährtin am 8. November 1934 im Münchener Bürgerbräukeller den »Blutorden« für ihre Teilnahme am Marsch auf die Feldherrenhalle. Dieser »Blutorden« galt als das

Schwester Pia als einzige Frau beim Gedenkmarsch am 9. November 1938 in München

höchste Ehrenzeichen der Partei, von Hitler eigens gestiftet für die etwa 1500 Parteimitglieder, die »Helden vom 9. November 1923«. Daß ihn eine Frau erhielt, war ungewöhnlich. Bei der Verleihung fragte Hitler Eleonore Baur, ob er ihr einen speziellen Wunsch erfüllen könne. Sie habe daraufhin darum gebeten, »daß ich mich um die in Dachau inhaftierten Häftlinge und deren Angehörige annehmen darf«. Hitler habe eingewilligt. Von diesem Zeitpunkt an durfte Schwester Pia, so oft sie wollte, das nahe München gelegene Konzentrationslager besuchen.

Unmittelbar nach der Machtergreifung im Jahr 1933 hatten die Nationalsozialisten mit der Errichtung eines Systems von Konzentrationslagern begonnen. Am 21. März 1933 gab Heinrich Himmler als Polizeipräsident von München den Befehl, in Dachau ein Konzentrationslager zu bauen, das Modell wurde für alle anderen Lager des ausgedehnten nationalsozialistischen Lagersystems. Inhaftiert wurden zunächst vor allem politische

Genauestens ausfüllen und bis 10. Oktober an die Gauleitung Abteilung „Propaganda", Barerstraße 8, Laden, einsenden.
(10 Pfennig in Briefmarken beilegen).

Nr. 267/3029

# Fragebogen

für die ersten Mitglieder der N.S.D.A.P. (D.A.P.)

Name Schwester Pia Sponseil Vorname

Genaue Adresse Voitstr. 6/2

Wohnung 1919/20 Landwehrstr. 55/2 Waren Sie im Feld? ja

Beruf 1919/20 Schwester Pia (Baur) Truppenteil Grenadier Rgt. 123

Geboren am 7. Sept. 85 Ort München

Erster Eintritt in die Partei 1919 Alte Nr. 11

Waren Sie vor Ihrem Eintritt Mitglied einer Partei, oder gehörten Sie einem politischen Verein oder Verband an?
Deutsch-Völkischer Schutz- und Trutzbund

Was veranlaßte Sie damals in die Partei einzutreten? eine Begegnung mit Drexler und Berthold.

Nachweis (Mitgliedskarte, Schriftstücke, Zeugen).
bin im Besitze sämtlicher Dokumente ( z.B. Schriftstücke, Gerichtsverhandlungen usw. )

Waren Sie bereits vor dem oben angegebenen Eintrittsdatum in der D.A.P. tätig, oder unterstützten Sie dieselbe mit Geldmitteln oder sonstigen Leistungen?
unterstützte die Partei mit Geld durch Sammlungen bei Bekannten.

Wo waren Sie überall dabei?
bei sämtlichen Schlachten. Erste grosse Hofbräuhausschlacht. 19 Strassenkämpfe, Verwundung Brustschuss. 20 schwerer Autounfall mit Augsburger S A unter Leitung Leutnant K l i n t z. ( 47 Verwundete ). 21 Oberschlesien -Oberschenkelschuss. 22 Schlacht in Göppingen 13.12.22 wurde mir von den Kommunisten

Verwundungen
die Nase abgeschlagen. Die letzte Prügel bekam ich bei der letzten Reichstagswahl 32 in Obersendling -Listlerhof 28.2.32.

Welche Dokumente, Bilder oder Gegenstände sind in Ihrem Besitz?
1 Bild vom Führer mit der Widmung " Schwester Pia unserer alten treuen Mitkämpferin Adolf Hitler " und sämtliche Belege/seit 1919. und Bilder und Gerichtsverhandlungen.

Selbstdarstellung von Schwester Pia, München 1935

Gegner des Regimes, später dann Angehörige ganz verschiedener vom Regime verfolgter Gruppen wie Juden, Zeugen Jehovas und Homosexuelle sowie dann nach Kriegsbeginn auch Gefangene aus den besetzten Gebieten. Die Häftlinge in Dachau wie in den anderen Lagern lebten und arbeiteten als Zwangsarbeiter, unter anderem in der Rüstungsproduktion, unter grauenhaften Bedingungen. Tausende starben an Hunger, Krankheiten, Erschöpfung und Tausende wurden hingerichtet. Das Regime gab dem Lager nach außen den Anschein einer ordentlich geführten Besserungsanstalt. Das prägte sich offensichtlich auch Heinrich Himmlers junger Tochter Gudrun ein, die dieser einmal mit nach Dachau genommen hatte. Nicht die unzähligen Häftlinge sind ihr von diesem Besuch in Erinnerung geblieben, sondern der Garten des Konzentrationslagers von Dachau – ein großer Kräutergarten. Himmler führte seine »Püppi« durch den Garten, zeigte ihr die Nutzpflanzen, nannte ihre Namen und erklärte, welche für Tee gut sind und welche für Salat. Die Menschen im KZ Dachau nannte der Vater politische Häftlinge und einfache Kriminelle. In ihrem Tagebuch vermerkte sie: »Heute waren wir im Konzentrationslager Dachau. Wir haben den Kräutergarten gesehen, die Birnbäume und die Bilder, die die Häftlinge gemalt haben. Wunderbar! Danach haben wir sehr gut zu Mittag gegessen.«

Unter den Dachauer Häftlingen ging schnell das Gerücht um, Blutschwester Pia stehe im Rang eines SS-Obergruppenführers. Sie selbst bestritt das immer. Tatsächlich war sie die einzige Blutordensträgerin mit dem Titel weibliche SS-Oberführerin und Ehrenoberin der NS-Schwesternschaft.

Ihre Macht wurde bereits an Weihnachten 1934 im KZ Dachau deutlich. Zeugenaussagen zufolge kam sie am Weihnachtstag ins Lager und verteilte an ausgewählte Häftlinge Päckchen mit Weihnachtsgeschenken. Der Zeuge Karl Tanzmeier, als SPD Funktionär einer der ersten Häftlinge im KZ Dachau, berichtet:

*An jenem Weihnachtstag war ich in der Strafkompanie beim Straßenbau gewesen. Es hieß: Die Pia kommt, wir würden beschenkt ... Es war ungefähr nachmittags um 16.00 Uhr, als meine Kompanie in den Saal kam. Dort war eine große Anzahl von SS-Leuten und Schwester Pia. Ich habe das angebotene Päckchen abgelehnt, ohne daß ich eigentlich einen anderen Grund hatte, als daß ich hierdurch eine politische Demonstration durchführen wollte. Die Schwester Pia hat mir wegen meiner Ablehnung eine Ohrfeige gegeben. Als die anwesenden SS-Leute dies sahen, wurde ich sofort aus dem Saal gezerrt und in den Bunker gebracht. Steinbrecher und Kantschuster schlugen mit einer Peitsche bzw. mit einem Ochsenziemer auf mich ein. Bei dieser Mißhandlung verlor ich fünf Zähne des Oberkiefers.*

Welche Motive auch immer Eleonore Baur bei ihren Besuchen im KZ Dachau leiteten – so uneigennützig, wie sie nach dem Krieg glauben machen wollte, waren sie nicht. Fast vom ersten Tag an ließ sie sich Häftlinge zur Arbeit auf einem Grundstück in Oberhaching zuteilen, das sie 1923 mit ihrem zweiten Mann gekauft hatte. Über dieses »Arbeitskommando Pia« gibt es eine Fülle von Zeugenaussagen, aus denen hervorgeht, daß die Häftlinge, die bei Pia arbeiten mußten, zwar im großen und ganzen nicht schlecht behandelt wurden, vor allem wesentlich besser verpflegt wurden als im KZ, daß sie aber je nach Laune von der Blutordensträgerin auch massiv schikaniert und gedemütigt wurden. Die Zeugenaussage des Häftlings Klöckner: »Arbeitsmäßig gesehen hat Pia uns Häftlinge schikaniert, besonders, wenn sie schlechter Laune war, hat sie uns und ebenfalls die SS-Bewachungsposten zur Arbeit angetrieben. Bis zur Dunkelheit wurden wir stetig beschäftigt. Auch sonntags sind wir zur Arbeit herangezogen worden. Nur mit der Badehose bekleidet stieg ich durch die kleine Öffnung in

Eleonore Baur, genannt »Blutschwester Pia«

die Abortgrube. Die Kameraden ließen mir an einem Strick einen Eimer in die Grube, [den] ich mittels einer Konservenbüchse füllte. Nachher mußte ich die Wände und den Boden der Grube mit Bürste, Wasser und Lappen so sauber waschen, daß alles wie neu zementiert aussah.« »Das entsprang wohl«, versuchte sich Eleonore Baur später zu rechtfertigen, »meinem großen Reinlichkeitsbedürfnis.«

Wie ein roter Faden zieht sich durch viele Zeugenaussagen die Vermutung, Eleonore Baur habe sich Häftlinge nicht nur als Sklaven für Arbeitsleistungen, sondern auch aus sexuellen Motiven ins Haus geholt. Der Reutlinger Stadtrat Fritz Wandel schreibt in seinem Buch *Ein Weg durch die Hölle*: »Wenn sie durch das Lager ging, geschah es häufig, daß die politischen Blocks beim Baden waren. Sie versäumte dann nicht, das Bad zu betreten ... Fand sie einen, der ihr gefiel, dann stellte sie seine Nummer fest, und am anderen Tag wurde er dem ›Kommando Pia‹ zugeteilt ... Pia fütterte den Neuen gut an, und wenn er willig war und ihren perversen Gelüsten Erleichterung schaffte, dann konnte es sein, daß er zwei Monate ihr Favorit war ... Wehe dem, der sich ihr verweigerte; sie ließ ihn abführen, er wurde in Arrest gebracht und nicht wieder gesehen. Es gab manchen, der lieber sterben ging.«

Emil de Martini, ein Häftling aus Auschwitz, berichtet, er habe einmal »an der Seite des Lagerkommandanten eine alte häßliche Frau in Schwesterntracht durch das Lager gehen [sehen]... Ein Kamerad aus Dachau erzählte, daß dies Schwester Pia sei... die im Lager Dachau ein eigenes Kommando, bestehend aus vier Mann habe, allerdings nicht nur zur Arbeit, sondern als Bettgenossen ... Wer sich weigerte, den ließ sie kaltblütig in den Bunker abführen.« Pias Chauffeur Rudolf Wirth hat in einer ausführlichen Aussage vor dem Untersuchungsrichter »ganz entschieden« bestritten, »daß die Beschuldigte sexuelle Ausschreitungen mit Häftlingen ihres Kommandos hatte«. Wirth räumt aber ein, Pia habe sich »offenbar infolge ihres Berufes... etwas frei be-

Blutschwester Pia gratuliert Hitler am Vorabend seines 50. Geburtstages

nommen«, sie habe zum Beispiel den Häftlingen im Badezimmer »trotz Widerspruchs den Rücken gewaschen«, auch sei sie »häufig leicht bekleidet, jedoch nie nackt« im Haus und im Garten herumgegangen. Der Zeuge Ludwig Bußbacher: »Was Pia damit bezweckte, daß sie, während ich am Boden liegend meine Arbeit ausführte, unbekleidet, nur mit einem leichten Kittel übergeworfen, mit weit ausholenden Schritt über mich hinweg stieg um, in das Bad zu gehen, kann ich nicht beurteilen; mich als jungen Mann hat diese Art jedenfalls sehr eigenartig berührt.«

Blutschwester Pia feierte makabre Weihnachtsfeste. So berichtete Hans Schwarz, daß bei der »Weihnachtsfeier« im Jahre 1938 in Anwesenheit der Schwester Pia zwölf Gefangene über den Bock gelegt und verprügelt wurden, während die anderen anwesenden Gefangenen Weihnachtslieder singen mußten. Danach habe Pia eine Ansprache gehalten, »daß wir nur ja recht an unsere Heimat und an unseren Führer denken sollten und nicht vergessen, daß wir doch Deutsche wären«. Währenddessen, so Schwarz, »wanderten unsere zwölf Kameraden, zur ›Erhöhung ihrer Festfreude‹, wie sich der Lagerkommandant Loritz ausließ, in den berüchtigten Bunker, um dann nach Weihnachten wiederzukehren.«

Über das Weihnachtsfest 1941 berichtete Hans Kaltenbrunner: »Zur Weihnachtszeit wurde eine kleine Zahl reichsdeutscher Häftlinge ausgewählt, um eine Weihnachtsbescherung von Schwester Pia zu empfangen. Ich gehörte zu diesen. In einem Saal hielt Schwester Pia eine Ansprache, die ich nie vergessen werde. Sie hat ausgeführt, daß wir deutsche Häftlinge doch mal die Freiheit wiedersehen würden und sie uns lieb hätte, aber die Juden, die im Lager seien, müßten krepieren, sie müßten durch den Kamin gehen. Als ein Häftling (ein Kapo namens Knoll) zum Ausdruck brachte, daß er in seiner Eigenschaft als Blockältester schon 96 Juden kaputt gemacht hätte und daß ihm nur noch vier Juden bis zum Hundert fehlten, ist Pia zu ihm hingegangen, hat ihn geküßt und ihm ein Paket gegeben. Dieses Erlebnis war für uns ein so ungeheuerliches, daß wir nach dieser Feier dieses ›hochherzig gespendete Paket‹ dem nächstbesten Kameraden, den wir auf der Lagerstraße trafen, abgegeben haben, weil es uns ekelte, ein Geschenk zu haben von einer Person, die sich mit den Mördern liierte ...«

Eleonore Baur wurde am 5. Mai 1945 verhaftet, kurz darauf wieder freigelassen, am 12. Juli vom amerikanischen Counter Intelligence Corps aber erneut festgenommen. In einem fachärztlichen Gutachten der Nervenklinik der Universität München wird sie als »primitive, minderbegabte Persönlichkeit« beschrieben, »bei der ein erhebliches Geltungsbedürfnis und eine sexuelle Triebhaftigkeit vorherrschend sind«.

Die Hauptspruchkammer München verurteilte Eleonore Baur am 26. August 1949 zur Einweisung in ein Arbeitslager auf die Dauer von zehn Jahren – das war die schärfste im Entnazifizierungsgesetz vorgesehene Sühnemaßnahme.

Unter allen Zeugenaussagen findet sich nur eine, durch die Eleonore Baur beschuldigt wird, Häftlinge selbst mißhandelt zu haben. Der Zeuge Karl Fromm gab an, Schwester Pia sei einmal im Winter 1941 oder 1942 nach einer SS-Feier kurz nach Mitternacht ins Lager gekommen; die Häftlinge des Blockes zwei, vier und sechs hätten auf ihre Veranlassung im Freien antreten müssen. Sie hätten dann »exerzieren und robben« müssen, dabei habe Pia mit einer Reitpeitsche auf die Häftlinge eingeschlagen. Es gab in den Prozessen auch positive Aussagen über Schwester Pia, nicht von polnischen oder jüdischen Insassen, die sie abgrundtief haßte, sondern von deutschen und österreichischen Geistlichen, die in Dachau inhaftiert waren. Der Jesuitenpater Otto Pies berichtet, Pia habe sich »ernstlich«, wenn auch ohne Erfolg, um seine Freilassung bemüht und ihm zweimal Lebensmittel gebracht.

Daß Schwester Pia einen besonderen Haß gegen Polen und Russen hegte, ergibt sich auch aus der Zeugenaussage des Josef Paintmaier, der Pias Anwesenheit bei den Malariaexperimenten des Dr. Schilling bezeugte. Sie habe dort »mit perverser Neugier« zugeschaut, wie den Häftlingen Schachteln mit Malariamücken an die Geschlechtsteile gehängt wurden, und gesagt: »Warum legt man die Leute nicht gleich um?!« In einer ihrer zahlreichen Vernehmungen nach dem Krieg begründete Eleonore Baur ihren Haß auf die Polen damit, daß sie während ihres Einsatzes mit dem Freikorps Oberland in Schlesien viele Opfer von Greueltaten der polnischen Aufständischen gesehen habe.

Auf ihre Berufung hin (zwischenzeitlich war ein Ermittlungsverfahren wegen Beihilfe zum Mord eingestellt worden) reduzierte die Berufungskammer am 20. Februar 1951 die Dauer der Arbeitslagerzeit auf acht Jahre. Der Spruch hatte jedoch nur theoretische Bedeutung: Eleonore Baur war schon am 23. Juni 1950 aus gesundheitlichen Gründen entlassen worden.

Sieben Jahre später stellte sie beim Landratsamt München einen Antrag auf Kriegsgefangenenentschädigung; ob ihr diese gewährt wurde, ist aus den Akten nicht ersichtlich. Sie lebte weiter in dem Haus in Oberhaching, das mit der Arbeitskraft der KZ-Häftlinge ausgebaut worden war. Eleonore Baur starb am 18. Mai 1981, 95 Jahre alt. Im *Münchner Merkur* erschien damals eine Todesanzeige der »Kameradschaft Freikorps Oberland / Bund Oberland« mit dem Spruch »Ihre Ehre hieß Treue – Ihr Leben galt Deutschland« mit dem Hinweis auf die von ihr erworbenen »Orden und Ehrenabzeichen«.

Zu den Opfern des Regimes gehörte neben vielen anderen die Glaubensgemeinschaft der Zeugen Jehovas – so bezeichneten sich seit 1931 die Angehörigen der Internationalen Ernste-Bibelforscher-Vereinigung. Die Nationalsozialisten sahen in den Zeugen Jehovas, die etwa 25 000 Mitglieder umfaßten, eine pazifistische, »die Volksgemeinschaft zersetzende Sekte«. Seit Mitte der dreißiger Jahre wurden ihre Mitglieder von Sondergerichten zu hohen Haftstrafen verurteilt und in großer Zahl in Konzentrationslager eingeliefert, da sie ihren »Verkündigungsdienst« entgegen dem 1933 erfolgten Verbot ihrer Glaubensgemeinschaft nicht aufgaben. Aus ihrer religiösen Überzeugung heraus lehn-

Gertrud Pötzinger 1934/35 in Budapest

ten die Zeugen Jehovas die Teilnahme an den Reichstagswahlen vom 5. März 1933 ab und wurden daher vielerorts Schikanen und Mißhandlungen ausgesetzt. Desgleichen verweigerten sie den »Hitler-Gruß« sowie den Fahneneid. Ihr Widerstand, der »Deutschen Arbeitsfront«, der 1933 nach Auflösung der Gewerkschaften gebildeten Zwangsgemeinschaft von Arbeitnehmern und Arbeitgebern, beizutreten, führte für viele von ihnen zum Verlust des Arbeitsplatzes und zur Vernichtung der wirtschaftlichen Existenz.

»Die Schrittmacher des Weltbolschewismus« – so nannte sie die NS-Propaganda – lehnten auch jegliche Beteiligung an staatlichen Organisationen, wie etwa der Hitlerjugend, der NS-Volkswohlfahrt und dem Reichsluftschutzbund ab. Als besonders »staatsfeindlicher« Akt wurde von den Nationalsozialisten ihre Kriegsdienstverweigerung angesehen. Im Verlauf des Zweiten Weltkriegs verweigerten Zeugen Jehovas, die zur Wehrmacht einberufen wurden, den Kriegsdienst. Etwa zweihundertfünfzig von ihnen wurden vom Reichskriegsgericht wegen »Zersetzung der Wehrkraft« zum Tode verurteilt. Diejenigen, die angesichts dieser Todesdrohung doch den Wehrdienst aufnahmen, wurden in Straf- und »Bewährungseinheiten« eingesetzt.

In den Konzentrationslagern bildeten die Zeugen Jehovas eine eigene Häftlingskategorie, die mit dem lila Winkel auf der Kleidung gekennzeichnet war. Zwar waren sie aufgrund ihrer Glaubenslehre und ihres Missionseifers isoliert, sie genossen aber hohes Ansehen unter anderen Gefangenen im Lager, da sie eine unerschrockene Haltung bewiesen.

Gertrud Pötzinger, eine Zeugin Jehovas aus München, organisierte gemeinsam mit ihrem Mann Martin Pötzinger noch Ende 1936 in München die Verteilung von Flugblättern, in denen die Zeugen Jehovas ihre ablehnende Haltung zum NS-Regime darlegten. Nach ihrer Verhaftung wurde Gertrud Pötzinger einige Zeit im Frauenkonzentrationslager Ravensbrück inhaftiert. Gertrud Pötzinger:

**Konzentrationslager** ..................
**Abteilung II**

## Erklärung.

Ich, - der - die ..................

geboren am: .................. in: ..................

gebe hiermit folgende Erklärung ab:

1. Ich habe erkannt, dass die Internationale Bibelforschervereinigung eine Irrlehre verbreitet und unter dem Deckmantel religiöser Betätigung lediglich staatsfeindliche Ziele verfolgt.
2. Ich habe mich deshalb voll und ganz von dieser Organisation abgewandt, und mich auch innerlich von dieser Sekte freigemacht.
3. Ich versichere hiermit, dass ich mich nie wieder für die Internationale Bibelforschervereinigung betätigen werde. Personen, die für die Irrlehre der Bibelforscher an mich werbend herantreten oder in anderer Weise ihre Einstellung als Bibelforscher bekunden, werde ich unverzüglich zur Anzeige bringen. Sollten mir Bibelforscherschriften zugesandt werden, so werde ich diese umgehend bei der nächsten Polizeidienststelle abgeben.
4. Ich will künftig die Gesetze des Staates achten, insbesondere im Falle eines Krieges mein Vaterland mit der Waffe in der Hand verteidigen und mich voll und ganz in die Volksgemeinschaft eingliedern.
5. Mir ist eröffnet worden, dass ich mit meiner erneuten Inschutzhaftnahme zu rechnen habe, wenn ich meiner heute abgegebenen Erklärung zuwiderhandle.

.................., den ..................

..................
Unterschrift

KL/47/4. 43 5000

Nach vier Jahren Haft weigerte sich Gertrud Pötzinger 1941, eine solche Erklärung zu unterschreiben und damit freizukommen. Sie wurde sofort ins KZ Ravensbrück gebracht

*Und ich weiß von einer Glaubensschwester aus Holland, die war vielleicht 19 Jahre, eine große und bildhübsche Frau. Sie war abkommandiert worden zu einer Munitionsfabrik. Die Arbeit dort hatte sie zusammen mit weiteren Frauen verweigert. Sie kriegten alle fünfundzwanzig Schläge. Doch die junge Frau gab der anderen Schwester, die nach ihr geschlagen werden sollte und am ganzen Körper zitterte, ein Zeichen, daß die Schläge erträglich seien und sie solle sich nicht fürchten. Das hatte der Kommandant beobachtet, die kleine Geste der Ermunterung. Und da hat er gesagt, so, so, das hat ihr gefallen, also noch fünfundzwanzig. Die hat also fünfzig Schläge gekriegt. Und dann war nur der Arzt zugegen. Logi-*

*scherweise, die Wunden reißen ja dann auf, wenn auf die gleiche Stelle geschlagen wird mit den Peitschen, oder Lederriemen waren das ja eigentlich, und dann hat der Arzt halt Jod drüber gegossen. Die Glaubensschwestern kamen dann in den Bunker und bekamen Dunkelarrest und alle drei Tage bloß was Warmes zu essen.*

Da Gertrud Pötzinger im Lager einen guten Ruf genoß, wurde sie als Haushälterin und Kinderfrau zu der SS-Familie Kiener nach Oranienburg gebracht. Die Familie lebte damals in einer der von den Häftlingen zu pflegenden Wohnanlagen mit Garten direkt beim Lager: Später, nachdem ihr »Chef« Kiener befördert worden war, stand ihm eine Villa mit sieben Zimmern zu, die nicht in der Nähe des Lagers gelegen war. Ihre Aufgabe war es nun, zwei Kinder, einen Hund und den Garten zu betreuen und sich außerdem um die Wäsche für die ganze Familie zu kümmern. Ihren Dienst begann sie um fünf Uhr morgens, und er dauerte bis spät abends. Am Sonntag übernahm sie die Näharbeiten und schneiderte für die Dame des Hauses Blusen und Kleider. Frau Kiener selbst arbeitete im Büro einer Molkerei, und damit stand ihr ein Häftling für die Hausarbeit zu. Über diese Zeit sagt Gertrud Pötzinger:

*Ja, die haben schon ein Familienleben geführt. Er kam halt oft spät nach Hause, der war Offizier und hatte ein einigermaßen angenehmes Leben, er hatte Jura studiert. Ich hatte die beiden Kinder zu versorgen. Und ich hatte gewissermaßen das Baby Tag und Nacht. Wenn das Kind krank war, dann stand ich in der Nacht auf und bin mit dem Baby hin- und hergegangen. Ich habe Umschläge gemacht, ich habe das als Selbstverständlichkeit angesehen. Und dadurch habe ich das nicht so als, sagen wir mal, schwere Last*

Haushaltshilfe und Kindermädchen: Gertrud Pötzinger im Haushalt von Sturmbannführer Kiener in Oranienburg – hier mit einem seiner Kinder

*empfunden, weil ich die Kinder gern hatte. Einmal hat der Sturmbannführer gesagt, »schubs die Gertrud, schubs die Gertrud«. Dann hat er mich angeguckt, und dann habe ich so halb lachend gesagt »nein«. Die Kinder haben gemerkt, daß ich sie gern hatte. Und das ist wichtig. Wir sollten ja nicht Gehässigkeiten mit Gehässigkeiten beantworten, das wäre ja wieder unrechtmäßig. Im Gegenteil, wenn uns böse Menschen Böses tun, dann muß man etwas Gutes tun, dann werden sie beschämt. Und dadurch habe ich die Leute allmählich für mich gewonnen.*

Bei aller Demut kränkte es die junge Frau doch, daß der Hund in der Familie zuerst sein Fressen bekam und erst dann sie ihre Essensportion erhielt. Doch sie klagte nicht, und ihr Verhalten imponierte offensichtlich dem Hausherrn. Gertrud Pötzinger berichtet, wie Kiener einmal zu ihr in die Küche kam und sagte:

*»Wir wissen, daß ihr nicht da hingehört [in die Konzentrationslager, d. V.]. Aber der Führer muß euch isolieren«, weil wir ähnliche Aussprüche hätten wie Hitler, zum Beispiel das »tausendjährige Reich«, dann »meine Ehre heißt Treue«.*

Während ihres Aufenthaltes bei den Kieners erfuhr die Zeugin Jehovas auch von Plänen der Nationalsozialisten, nach dem Kriegsende alle Familien der Bibelforscher zusammenzuziehen und sie dann als Kolonisten in abgelegene Gebiete in Rußland zu schicken, wo noch ganze Landstriche frei seien, die urbar gemacht werden konnten.

Frau Kiener fragte Gertrud Pötzinger nie nach ihren Erlebnissen im Konzentrationslager Ravensbrück. Das Thema blieb ausgeblendet. Manchmal wurde allerdings im Haus von den Konzentrationslagern gesprochen:

*Die haben sich schon darüber unterhalten. Es war nur einmal am Morgen, ich hatte den Kaffee reingebracht, und da hörte ich nur, wie er zu seiner Frau sagte, er hätte ja schon viel mitgemacht, aber das, was er heute erlebt hat, das war ihm selber zuviel, also da waren wieder Hinrichtungen in der Nacht.*

In dieser Familie als Häftling arbeiten zu dürfen, hat Gertrud Pötzinger vor Schlimmeren bewahrt. Gegen Ende des Krieges fand sie sich immer häufiger mit den Kindern im Bunker, da sich die Bombenangriffe auf Berlin und Fürstenberg mehrten. Noch wurde auch gefeiert im Haus Kiener. So erinnert sie sich an den Silvesterabend von 1944. Das Ehepaar Kiener hatte sechs Offiziere zum Abendessen eingeladen. Gertrud mußte kochen und servieren. Der Alkohol floß reichlich. Die Gäste hatten in Erfahrung gebracht, daß die »Bibelbiene« – wie sie von den Gästen genannt wurde – am 1. Januar Geburtstag hat. Sie konnte die Bemerkung hören, daß sich die Gäste aus diesem Anlaß mit ihr amüsieren wollten:

*Und wie es zwölf Uhr war, da haben sie geschrien: »Wir wollen unserem Bibelmädchen gratulieren.« Und sie wollten die Treppe hoch. Und hat sich die Frau des Hauses vor mein Zimmer gestellt und gesagt, das dulde ich hier in meinem Haus nicht. Ich werde jeden die Treppe runterstoßen, der es wagt, hier hoch zu kommen. Gehen Sie sofort zurück ins Zimmer. Das habe ich der Frau sehr hoch angerechnet. Ich war schon sehr in Angst, wenn diese sechs Männer über mich hergefallen wären.*

Mit dem Abstand von fünfzig Jahren kann Gertrud Pötzinger verzeihen. Sie sieht die Menschen, die so viele Verbrechen begangen haben, selbst als Opfer des Regimes. Begonnen hat der

Wahnsinn in ihren Augen mit einem Akt der Anmaßung, nämlich daß Hitler sich »durch eine Vorsehung berufen« sah.

Mit der Etablierung der Nationalsozialisten an der Macht begann in Deutschland die Gleichschaltung des gesellschaftlichen Lebens. Viele Organisationen und Verbände, vor allem politisch oder religiös orientierte, wurde verboten oder lösten sich auf, darunter auch der Bund deutscher Frauenvereine. Internationale Verbindungen wurden gekappt. Andererseits ließen sich viele Verbände einbinden und huldigten den neuen Machthabern. In einer öffentlichen Erklärung vom 20. April 1933, dem Geburtstag des »Führers« – erklärte die Vorsitzende des Bonner Lehrerinnenvereins und des Deutschen Philologenverbandes, Studienrätin Cornelie Loerbroks – um ein Beispiel herauszugreifen – es sei »eine heilige Pflicht« der Lehrerinnenschaft, an der Erhaltung und Stärkung der deutschen Volksgemeinschaft und am Aufbau des Volksstaates mitzuwirken. Ihre Aufgabe sähen die Lehrerinnen darin, »die Mädchen zu selbständiger Erfassung der mannigfachen und eigenartigen Aufgaben der Frau im Neuaufbau Deutschlands zu bilden.« Der Ausschluß der im NS-Staat nicht erwünschten Mitglieder wurde mit keinem Wort erwähnt, ebenso wenig die rassistische und unmenschliche Basis der NS-Politik. In Bonn wie anderswo in Deutschland wurden die Sitzungen traditioneller Frauenvereine mit den Worten eröffnet: »Nun bitten wir die jüdischen Mitglieder, das Lokal zu verlassen.«

Schon 1923 waren im Umfeld der NSDAP erste Zusammenschlüsse von Frauen entstanden, die eng mit den Ortsgruppen der Partei kooperierten. Einer dieser Zusammenschlüsse war der »Deutsche Frauenorden«, der 1926 als Frauenorganisation der Partei anerkannt und 1928 als Gliederung in die NSDAP aufgenommen, 1931 allerdings wieder aufgelöst wurde. Seine Nachfolge übernahm die am 1. Oktober 1931 gegründete »NS-Frauenschaft«, die einzige »parteiamtliche« Frauenorganisation, die 1935 dann zu einer förmlichen Gliederung der NSDAP erklärt

Tagung der NS-Frauenschaft am 9. September 1938 in Nürnberg

wurde. Ihre rund zwei Millionen Mitglieder bildeten die weltanschauliche Elite unter den NS-Anhängerinnen. Die NS-Frauenschaft war nach der Machtergreifung der Nationalsozialisten 1933 in erster Linie für ideologische Schulung sowie für das Dirigieren und Überwachen der Arbeit der übrigen noch verbliebenen oder neu gegründeten Frauenverbände zuständig, die 1934 unter dem Dach des Deutschen Frauenwerks organisiert wurden. Nachdem man zunächst einen Mann mit der Leitung der Frauenorganisationen beauftragt hatte, was zu Protesten der nationalsozialistischen Frauen führte, wurde 1934 schließlich Gertrud Scholtz-Klink zur »Führerin« der deutschen Frauen ernannt.

Die 1902 in Baden geborene Gertrud Treusch besuchte während des Ersten Weltkriegs das Gymnasium, das sie nach eigenen Aussagen jedoch abbrach, um sich ganz der Arbeit für den Krieg zu widmen. Mit neunzehn Jahren heiratete sie den ehemaligen Offizier und Lehrer Eugen Klink. Sie brachte fünf Kinder zur Welt. Über ihren Mann bekam sie um 1927 den ersten Kontakt zur NSDAP, und auf seine Anregung begann sie mit Sozialarbeit für die Partei. 1930 traten beide der Partei bei. Kurz darauf starb Eugen Klink während einer Kundgebung der NSDAP an einem Herzschlag. Der badische Gauleiter Robert Wagner forderte die Witwe auf, die »Lücke zu füllen« und die Frauenarbeit – in der Funktion als Gaufrauenschaftsleiterin – sowie Rednertätigkeiten für die NSDAP zu übernehmen. Im Herbst 1931 wurde sie zur Gaufrauenschaftsleiterin von Hessen ernannt. Nach dem Regierungsantritt der NSDAP in Baden rief Robert Wagner Gertrud Scholtz-Klink – sie hatte 1932 den Arzt Günther Scholtz geheiratet – als Referentin für Frauenverbände ins Innenministerium.

Wegen ihrer guten Leistungen in Baden und in Hessen erhielt Gertrud Scholtz-Klink Anfang 1934 die Leitung des Deutschen Frauenwerks und der NS-Frauenschaft. In der Partei bekleidete sie die Position einer stellvertretende Amtsleiterin für Frauenfragen. Neben diesen Ämtern übernahm sie im selben Jahr noch die Leitung des »Frauenamtes der Deutschen Arbeitsfront« sowie des »Reichsfrauenbundes des Deutschen Roten Kreuzes«, so daß Gertrud Scholtz-Klink 1934 die Führung der wichtigsten Frauenorganisationen in ihrer Hand hatte. Sie war damit, wenn auch nur den Titeln nach, die mächtigst Frau in NS-Deutschland, denn über tatsächliche Entscheidungsmacht verfügt sie nicht, weiterhin hatte in Frauenangelegenheiten vor allem der Chef der NS-Volkswohlfahrt, Erich Hilgenfeldt, das Sagen, und in den Führungskreisen der NSDAP hatte eine Frau nach wie vor nichts zu suchen. Die ambitionierte und unermüdlich aktive Gertrud Scholz-Klink, in deren Amtszeit als »Reichsfrauenführerin« es zu einer unglaublichen Ämterhäufung kam (erwähnt sei hier nur am Rande noch ihre Mitgliedschaft im »Sachverständigen-Beirat für Bevölkerungs- und Rassepolitik«, die Berufung in den »Ehrenführerring des Reichsbunds der Kinderreichen« und ihre Funktion als »Kommissarische Reichsfachschaftsleiterin deutscher Schwestern und Pflegerinnen«), verkörperte so in aller Widersprüchlichkeit das NS-Frauenideal des bedingungslosen, auf-

Gertrud Scholtz-Klink – ihr »typisch deutscher« Zopf war angeblich falsch

opferungswilligen Gehorsams. Als ergebene Dienerin der männlichen NS-Führung stellte sie deren Vorherrschaft in politischen Dingen nicht in Frage.

Obwohl die Organisation von Scholtz-Klink also in Wirklichkeit eine »hinterwäldlerische Provinz des Dritten Reiches« bildete, wurde ihre Funktion nach außen hin von der Parteileitung hervorgehoben. In der Auslandpropaganda erschien sie als wichtige Persönlichkeit der NS-Führung, so daß man sie daher oft für ein führendes Mitglied der NS-Elite hielt. Reisen führten sie unter anderem nach Italien und nach England, wo man sie als »The Perfect Nazi Woman« bezeichnete. In ihren Beziehungen zu führenden Nationalsozialisten zeigte sich allerdings deutlich, daß sie der männlichen Parteileitung untergeordnet war. Im Januar 1938 gab sie zu, daß »es mir bisher nicht gelungen ist, mit dem Führer einmal persönlich die Aufgabengebiete der Frau durchzusprechen.« Wichtige politische Richtlinien, die Frauen betrafen, wurden ohne Rücksprache mit der Reichsfrauenführerin formuliert.

Gertrud Scholtz-Klink spricht in Wien vor zweitausend Mitgliedern der NS-Frauenschaft

Im Jahr 1938 konnte die nicht zu entmutigende Gertrud Scholtz-Klink dennoch auf der Frauenkundgebung des Reichsparteitags in Nürnberg verkünden, daß der Aufbau der Organisation der deutschen Frauen abgeschlossen sei »und daß die Aufgabe der nächsten Jahre in der restlosen Durchdringung unserer Frauen mit all den Forderungen aus dem Geschaffenen« liegen müsse.

Der Landarzt Günther Scholtz ließ sich 1938 wegen ihrer großen Arbeitsbelastung von ihr scheiden. 1940 heiratete die Reichsfrauenführerin den SS-Obergruppenführer August Heißmeyer, der sechs Kinder aus seiner ersten Ehe mitbrachte. Aus ihren drei Ehen hatte Scholtz-Klink nun insgesamt elf Kinder, von denen jedoch einige im Kindesalter starben. Für die NSDAP-Führung war sie als Mutter einer vielköpfigen Familie – sie erhielt dafür auch das goldene Mutterkreuz – ein Paradebeispiel der neuen

Frau in NS-Deutschland. (Es gab jedoch kritische Stimmen, die behaupteten, sie vernachlässige ihre Familie.) Sie kleidete sich züchtig mit hochgeschlossenen weißen Blusen und dunklem Kostüm, die Haare stets streng nach hinten gekämmt, zu Zöpfen geflochten und zur »Gretchenfrisur« hochgesteckt. Schon 1934 formulierte sie auf dem Reichsparteitag in Nürnberg: »Die deutsche Frau, wie wir sie uns denken, muß, wenn die Lage des Volkes es erfordert, verzichten können auf Luxus und Genuß, sie muß geistig und körperlich gesund sein, sie muß aus dem harten Leben, das wir heute zu führen gezwungen sind, ein schönes Leben machen ...«

Als in Deutschland die Judenverfolgungen begannen, tat sich die Reichsfrauenführerin als Propagandistin der NS-Politik hervor. Sie forderte »rassische Reinheit« und warnte vor jeder Störung der »natürlichen Ordnung«. Auf den Plakaten der NS-Frauenschaft konnte man lesen: »14 Jahre lang habt ihr, Parteigenossinnen, Schulter an Schulter mit der Braunen Front gegen den Juden, den Todfeind des deutschen Volkes, gekämpft, habt jüdische Lügen aufgedeckt und jüdische Geschäfte gemieden. Keinen Groschen mehr an ein jüdisches Geschäft, keinen jüdischen Arzt, keinen jüdischen Rechtsanwalt für die deutsche Frau oder deutsche Familie! Frauen, unterschätzt nicht den furchtbaren Ernst dieses Entscheidungskampfes. Der Jude will ihn führen bis zur Vernichtung des deutschen Volkes. Wir führen ihn bis zur Vernichtung des Judentums.«

Ihr Engagement für den Nationalsozialismus war total. Gertrud Scholtz-Klink vertrat im vollen Umfang nicht nur die rassistischen, sondern auch die expansionistischen Ideen und Pläne des Regimes. Auch ihr war die Nazifizierung der besetzten Gebiete in Ost- und Westeuropa ein Anliegen. Zu ihrer großen Freude erhielt sie kurz nach dem »Anschluß« Österreichs folgendes Telegramm: »Am Tag des Eintreffens des Führers in Wien begrüßen die deutsch fühlenden Frauen Österreich, die seit Kriegsende die Heimkehr Österreichs zum Deutschen Reich ersehnten und dafür gearbeitet haben, die Reichsfrauenführerin aus ganzem Herzen und bitten Sie, die Frauen Österreichs bald zu besuchen.« Die einsatzfreudige Führerin unternahm sogleich eine Vortragsreise durch die Ostmark und kümmerte sich dort um den Aufbau des »Deutschen Frauenwerks« sowie der »NS-Frauenschaft«.

Die Leitung der Frauenorganisationen behielt sie bis zum Ende des Regimes 1945 inne. Nach dem Zusammenbruch wurde Gertrud Scholtz-Klink in einem russischen Kriegsgefangenenlager inhaftiert, konnte aber fliehen. Unter falschem Namen ließen sie und ihr Mann sich bei Tübingen nieder und wurden unter diesem falschen Namen sogar entnazifiziert. Als der Betrug aufflog, wurden beide wegen Urkundenfälschung zu achtzehn Monaten Gefängnis verurteilt. Erst 1949 stellte man sie dann wegen ihres früheren Amtes vor Gericht. Die Richter erkannten ihre tatsächliche politische Bedeutungslosigkeit an und verurteilten sie nur zu der milden Haftstrafe von achtzehn Monaten, die sie zudem als schon verbüßt ansahen. In einem erneuten Verfahren wurde sie als Hauptschuldige dann im Juni 1950 zu dreißig Monaten Arbeitslager verurteilt. Sie durfte lebenslänglich kein politisches Amt mehr ausüben, erhielt überdies eine Geldstrafe und verlor das Wahlrecht. Scholtz-Klink, die sich nicht von der nationalsozialistischen Ideologie losgesagt hat, war überzeugt, daß ihre Arbeit als Reichsfrauenführerin nie richtig dargestellt wurde, außer in dem von ihr selbst 1978 herausgegebenen Buch *Die Frau im Dritten Reich.* Der Band besteht überwiegend aus den sogenannten »Arbeitsberichten«, das heißt Beiträgen, die ursprünglich während des Dritten Reiches in den Zeitschriften und Jahrbüchern der Reichsfrauenführung und der NS-Frauenschaft erschienen, und enthält ferner den Text einiger ihrer Reden. Gertrud Scholtz-Klink zeigte sich verbittert darüber, daß sie und andere loyale Nationalsozialistinnen seit 1945 in Deutschland und anderswo »eine so schlechte Presse« haben. Schuldgefühle kannte sie nicht.

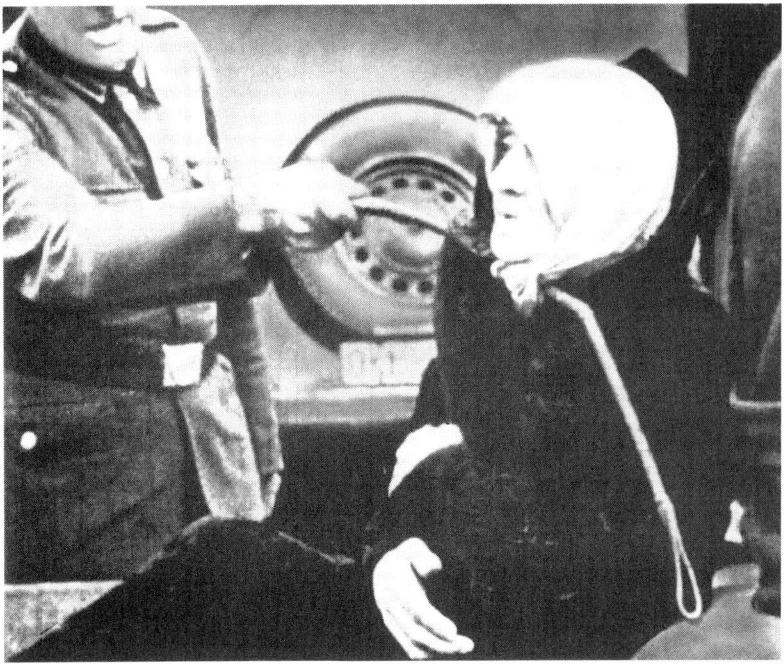

Quälereien im Ghetto Warschau

In mehreren Schritten verschärfte das nationalsozialistische Regime den Druck auf Menschen, die nicht den Rassenvorstellungen der NS-Ideologie entsprachen. Immer waren Frauen davon ebenso gnadenlos betroffen wie Männer. Mit Beginn des Jahres 1934 trat das »Gesetz zur Verhütung erbkranken Nachwuchses vom 14. Juli 1933« in Kraft. Es sah die Sterilisierung in Fällen von angeborenem Schwachsinn, Schizophrenie, manisch-depressivem Irresein, Epilepsie, erblicher Blindheit und einigen anderen Fällen vor. Ein Gesetz von 1935 legitimierte dann die Schwangerschaftsunterbrechung aus sogenannten »eugenischen« Gründen, die mit einer anschließenden Zwangssterilisation verbunden war. 1936 wurde das Gesetz dahingehend geändert, daß die Sterilisationen nicht mehr nur durch einen »chirurgischen Eingriff«, sondern durch einen »ärztlichen Eingriff« erfolgen durften. Die nahezu dreihunderttausend »legalen« Sterilisationen, die bis 1937 belegbar sind, waren zum größten Teil erzwungen. Infolge des Eingriffs starben rund vierhundert Frauen und siebzig Männer. Rund siebentausend Schwangerschaften wurden aus »eugenischen Gründen« abgebrochen, nachfolgend eine Zwangssterilisation durchgeführt. Von 1933 bis 1943/44 passierten über vier Millionen Menschen die Selektion der Amtsärzte. Selektiert für die Zwangssterilisation wurden Mädchen und Frauen, die als asozial, schwererziehbar, schizophren, hysterisch, taub oder blind, als manisch-depressiv galten, aber auch solche, die häufig ihre Arbeit wechselten, sich prostituierten, schwer alkoholabhängig waren oder die keinen Haushalt führen konnten.

In den Dienst der Unfruchtbarmachung stellten sich Ärzte, Ärztinnen und Unternehmen der Pharma-Industrie, die zumeist aus eigener Initiative an die SS herantraten und um entsprechende Unterstützung bei der Erprobung verschiedener Methoden baten. Himmler beauftragte zu Beginn des Jahres 1941 Viktor Brack (Oberdienstleiter des Hauptamtes II der Kanzlei des Führers) und einige andere Ärzte, Sterilisationsmethoden zu erarbeiten, die gewährleisteten, daß der Eingriff den Opfern verborgen blieb. Brack führte Röntgenversuche an Mädchen und Frauen im KZ Auschwitz durch und kam zu dem Ergebnis, daß durch Anwendung eines Zwei-Röhren-Systems einhundertfünfzig bis zweihundert Menschen täglich und nach Ausweitung auf zwanzig Anlagen dreitausend bis viertausend Menschen täglich sterilisiert werden könnten. Einer der Ärzte, die an diesen Experimenten teilnahmen, war der ehemalige Anstaltsleiter Dr. Schumann, der an mehreren Euthanasieaktionen beteiligt war. Er sterilisierte im Frauenkonzentrationslager Ravensbrück Mädchen durch Röntgenstrahlen. Seit Oktober 1941 wurden KZ-Häftlinge auch für medikamentöse Sterilisationsversuche mißbraucht. Im Mai 1942 schilderte Prof. Dr. Clauberg in einem Brief an Himmler eine weitere Methode zur Unfruchtbarmachung: das Einspritzen einer Reizflüssigkeit in die Gebärmutter. Dr. Clauberg begann seine Experimente im KZ Auschwitz-Birkenau. Anfang des Jahres 1943 erhielt er im Männer-Stammlager Auschwitz Frauen für seine Experimente zugewiesen. Mehrere tausend Frauen, Jüdinnen, Polinnen, Sinti und Roma, fielen dort Claubergs Experimenten zum Opfer.

Im Januar 1945 wurde das KZ Auschwitz geräumt. Danach arbeitete Clauberg im KZ Ravensbrück und sterilisierte dort mindestens fünfunddreißig Mädchen, über die Hälfte von ihnen ohne Narkose. Mädchen und Frauen der Sinti und Roma sowie Jüdinnen waren vor allem Opfer der Zwangssterilisationen. Deutsche Frauen wurden »nur« zum Zweck »individueller Bestrafung« sterilisiert. Es ist bekannt, daß viele der sterilisierten Mädchen erst zwischen neun und elf Jahre alt waren. Eine anschließende medizinische Behandlung wurde ihnen verwehrt. Fand eine notdürftige Behandlung statt, so war sie oftmals ausschließlich dem Einsatz der im Revier tätigen Häftlingsschwestern und -ärztinnen zu verdanken. Doch die meisten der sterilisierten kleinen Mädchen starben nach einem derartigen Eingriff.

Der nächste Baustein in der rassistischen Verfolgungspolitik der Nationalsozialisten waren die sogenannten Nürnberger Gesetze. Am 15. September 1935 wurden auf dem Nürnberger Parteitag der NSDAP das Blutschutzgesetz und das Reichsbürgergesetz beschlossen, die Grundlage für die Verfolgung und Ausgrenzung der Juden und anderer Gruppen wurden. Durch das »Gesetz zum Schutze des deutschen Blutes und der deutschen Ehre«, wie das Blutschutzgesetz vollständig hieß, wurden Eheschließungen zwischen Nichtjuden und Juden sowie der außereheliche Geschlechtsverkehr zwischen ihnen verboten. Diese Bestimmung wurde auch auf Eheschließungen zwischen Deutschen und Zigeunern oder Schwarzen angewendet. Zuwiderhandlungen wurden mit Gefängnis oder Zuchthaus geahndet. Die Begriffe »Reinheit des deutschen Blutes« und »deutschen oder artverwandten Blutes« entstammen der nationalsozialistischen Rassenkunde, wonach das Blut als Träger der Rasseneigenschaften galt. Im Blutschutzgesetz wurde jüdischen Bürgern auch untersagt, die Reichs- und Nationalflagge zu hissen, und man verbot ihnen, nichtjüdische Angestellte in ihren Haushalten

Öffentliche Demütigungen waren an der Tagesordnung und erfreuten sich großer Beliebtheit bei der Bevölkerung. Hier die Präsentation des »Polenliebchens« Ida Zachariae

Frau Zachariae wird geschoren

zu beschäftigen. Durch das Reichsbürgergesetz wurden alle deutschen Staatsbürger jüdischen Glaubens oder mit zwei Großeltern jüdischen Glaubens als Menschen mit eingeschränkten Rechten eingestuft.

Wie die Juden gerieten die Sinti und Roma immer wieder in die Sündenbockrolle, wurden verfolgt, vertrieben oder als »Landplage« abgestempelt. Ihre nomadisierende Lebensweise diente schon 1926 als Vorwand für staatliche Diskriminierung, die sich im Dritten Reich zu tödlicher Verfolgung steigerte. Mit einem Runderlaß Himmlers vom 8. Dezember 1938 begann die Erfassung der Zigeuner und ihrer »Abkömmlinge« und die Behandlung gemäß den Nürnberger Rassengesetzen, in denen sie nicht ausdrücklich genannt waren. Zunächst vielfach in Konzentrationslagern eingeliefert, wurden sie nach 1940 in Ghettos im Osten deportiert und schließlich auf Befehl vom 16. Dezember 1942 in das Vernichtungslager Auschwitz verbracht. Insgesamt

Das Ende der Demütigung

kamen durch NS-Verfolgung mindestens zweihunderttausend Sinti und Roma ums Leben. Die Überlebenden haben bis heute Schwierigkeiten, als Opfer anerkannt zu werden, da die von der NSDAP-Propaganda zementierten Vorurteile weiterwirken.

In dem preußischen Dorf Ravensbrück, nahe dem ehemals mecklenburgischen Luftkurort Fürstenberg, ließ die SS durch Häftlinge des Konzentrationslagers Sachsenhausen ab November 1938 das Frauen-KZ Ravensbrück errichten. Es war das einzige große Konzentrationslager auf deutschem Gebiet, das als sogenanntes Schutzhaftlager für Frauen bestimmt war. Im Frühjahr 1939 wurden die ersten eintausend weiblichen Häftlinge aus dem KZ Lichtenburg nach Ravensbrück verlegt.

Die Wiener Widerstandskämpferin Irma Trksak, die 1942 nach Ravensbrück gebracht wurde, schildert ihre Ankunft im Lager:

*Wir sind hereingekommen in das Lager und mußten warten, bevor wir ins Bad kommen. Und jetzt kamen die jungen SS-Männer, marschierten unter den Frauen, machten sich lustig darüber, daß wir versucht haben, mit bloßen Händen unsere Nacktheit zu verbergen. Wir wußten nicht, sollen wir runter die Hände geben, zur Brust geben, was sollen wir tun? Es kommen ganz fremde Männer und lachen uns aus und, und, und – das war etwas ganz, ganz Erniedrigendes. Sie haben uns entwürdigt, also, sie haben uns die Menschenwürde geraubt.*

Wächterinnen und Kommandanten suchten in Ravensbrück unter den Häftlingen sogenannte Freiwillige, die für Vergünstigungen zu Prostituierten wurden. Eigentlich widersprachen Bordelle, in denen SS-Männer mit »rassenminderwertigen Weibern« verkehrten, den strengen ideologischen Vorgaben, die den »deutsche Mann« verpflichteten, die Vorherrschaft der Deutschen gegenüber den anderen Völkern zu sichern durch »Reinheit des Blutes und der Rasse« und durch starke Fortpflanzungsfähigkeit. Offenbar wurde im Falle der KZ-Bordelle großzügig darüber hinweg gesehen. Ein widerwärtiges Geschäft mit dem Überlebenswillen verzweifelter Frauen. Irma Trksak:

*Sie versprachen ihnen die Freiheit, wenn sie sich melden. Damit sie sich nicht wehren. Manche sind freiwillig gegangen. Es gab auch einige, vielleicht unter den Politischen – das kann ich gar nicht sagen – die mit der Hoffnung: »Na, ich mach das und geh' dann frei…« Man hat sie aufgepäppelt, damit sie, also, wieder menschliche Wesen werden, also, sie haben mehr Essen bekommen, Calcium-Spritzen, sie wurden behandelt also, damit sie fähig sind … Sie wurden ja nicht nur für die Häftlinge ausgesucht, für die SS-*

Die KZ-Aufseherinnen in Ravensbrück angetreten zum Appell beim Besuch des »Reichsführers-SS« Heinrich Himmler

> *Bordelle, für die Wehrmachtsbordelle. Die sind zurückgekommen, die waren Wracks, die waren ... die mußten, weiß Gott wie viele Männer im Tag empfangen, weiß ich, ich weiß jetzt nicht, welche Anzahl, also, unmögliche Zahl von Männern mußten sie empfangen, wie am laufenden Band. Da hat noch der SS-Mann zugeschaut dabei, weg mußte er – und der zweite ... ganz schrecklich ... nicht einmal Tiere machen so was. Was die ... wozu die die Frauen gezwungen haben.*

In den Wirren der letzten Tage gelang es Irma Trksak, aus Ravensbrück zu fliehen. Sie hat überlebt, blieb aber ihr Leben lang ein Opfer des Nationalsozialismus. Irma Trksak arbeitet ehrenamtlich im Bundesverband Österreichischer Widerstandskämpfer und Opfer des Faschismus. Sie zieht eine bittere Bilanz ihrer Jugend, die für Tausende von Frauen steht, die den Nationalsozialismus erlebt haben:

> *Die Nazis haben mir meine Jugend weggenommen, ja, meine Gesundheit, ich bin, obwohl ich es nicht zeige, ich habe noch immer Alpträume, vier Jahre meines Lebens gestohlen, die schönsten Jahre. Ich habe meinen Freund verloren, wir hätten geheiratet, Kinder gehabt, eine Familie gegründet. Das alles haben sie mir gestohlen, das alles haben sie mir genommen. Meine Träume, meine Ideale, alles haben sie mir genommen.*

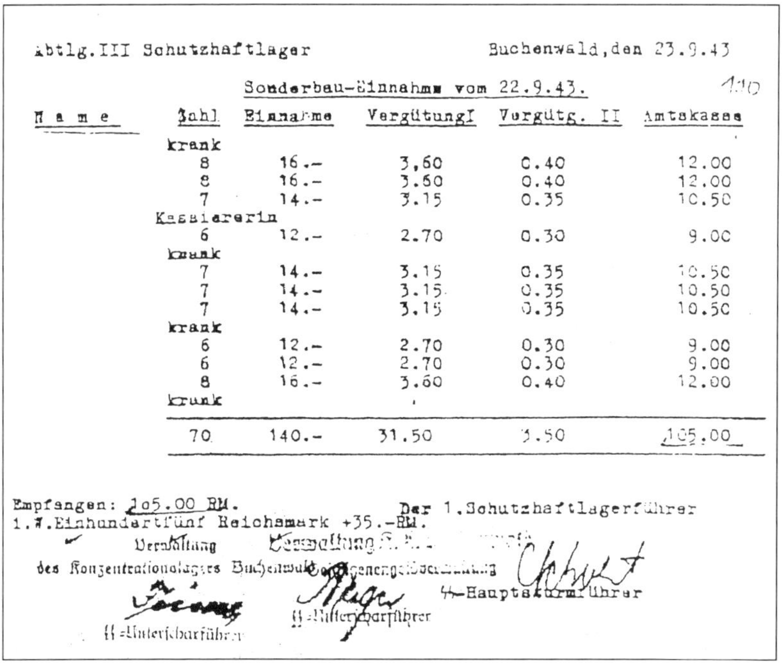

Abtlg. III Schutzhaftlager Buchenwald, den 23.9.43

Sonderbau-Einnahme vom 22.9.43. 110

| Name | Zahl | Einnahme | Vergütung I | Vergütg. II | Amtskasse |
|---|---|---|---|---|---|
| | krank | | | | |
| | 8 | 16.– | 3,60 | 0.40 | 12.00 |
| | 8 | 16.– | 3.60 | 0.40 | 12.00 |
| | 7 | 14.– | 3.15 | 0.35 | 10.50 |
| | Kassiererin | | | | |
| | 6 | 12.– | 2.70 | 0.30 | 9.00 |
| | krank | | | | |
| | 7 | 14.– | 3.15 | 0.35 | 10.50 |
| | 7 | 14.– | 3.15 | 0.35 | 10.50 |
| | 7 | 14.– | 3.15 | 0.35 | 10.50 |
| | krank | | | | |
| | 6 | 12.– | 2.70 | 0.30 | 9.00 |
| | 6 | 12.– | 2.70 | 0.30 | 9.00 |
| | 8 | 16.– | 3.60 | 0.40 | 12.00 |
| | krank | | | | |
| | 70 | 140.– | 31.50 | 3.50 | 105.00 |

Empfangen: 105.00 RM.
1.7. Einhundertfünf Reichsmark +35.– RM.

Verwaltung
des Konzentrationslagers Buchenwald
SS-Unterscharführer

Verwaltung
SS-Unterscharführer

Der 1. Schutzhaftlagerführer
SS-Hauptsturmführer

Einnahmeabrechnung des Lagerbordells im KZ-Buchenwald

Ein weiterer Häftling in Ravensbrück war die wegen ihrer Mitgliedschaft bei den Zeugen Jehovas inhaftierte Gertrud Pötzinger, deren Schicksal acht weitere Glaubensschwestern teilten. Die Solidarität unter den Frauen war trotz der unmenschlichen Zustände, bei denen es um Leben und Tod ging, groß. Alles, was sie zu essen bekamen, teilten sie miteinander. Und das war wenig genug: eine Scheibe Brot für den ganzen Tag. Unvorstellbar schrecklich für die Frauen waren besonders auch die hygienischen Verhältnisse. Gertrud Pötzinger:

> *Wir Jungen hatten keine Menstruation mehr. Und die Älteren, die hatten es um so schlimmer. Die ersten Jahre so bis 1942 gab es noch Hygienebinden, aber dann nicht mehr. Da mußte jede sich selber helfen. Das war natürlich nicht einfach.*

Auch sie berichtet von den Bordellen:

> *Es war entweder 41 im Winter oder war es 42, da hat der Kommandant fragen lassen, ob sich jemand bereit erklärt ins Bordell zu gehen. Versprochen wurde den Frauen, Kostverbesserung und da meldeten sich einige, die besonders schlimm unter Hunger gelitten hatten. Mich hat das nicht so sehr berührt, weil ich auf das Essen nicht so viel Wert legte. Ich mußte immer viel erbrechen. Mir waren die Vernehmungen so auf den Magen geschlagen.*

Über ihren Glauben konnten sie nur am Sonntagnachmittag sprechen. Die Zeuginnen Jehovas ermutigten sich gegenseitig.

> *Wir hatten eine Schwester, die hatte eine sehr liebliche Stimme und war Münchnerin. Und die hat am Abend oft dann, wenn wir ganz Parterre waren, den*

*Psalm 26 uns vorgesungen. Und dann sind wir wieder eingeschlafen und schöpften Kraft, um weiter zu kämpfen.*

Gertrud Pötzingers Ehemann Martin war schon vor ihr im Dezember 1936 bei der Verteilung von Flugblättern mit einer Resolution der Zeugen Jehovas zum NS-Regime in München verhaftet worden und wurde nach der Untersuchungshaft in der Strafanstalt Stadelheim in das Konzentrationslager Dachau gebracht. Hiernach hatte sie keinen Kontakt mehr zu ihm. Auf die Frage, ob sie Verständnis habe für die Frauen, die für Hitler geschwärmt haben und für die dieser Mann alles gewesen sei, antwortet sie:

*Nun, wenn jemand geblendet ist, sieht er nicht klar. Und die waren es teilweise durch seinen scheinbaren Erfolg. Daß die dann enttäuscht waren, das ist wieder eine andere Sache. Aber einige waren begeistert für Hitler, der es auch verstand, zum Beispiel durch »Kraft durch Freude«, tatsächlich Freude zu bereiten. Das hat so manche Menschen geblendet, daß diese tatsächlich mit einer gewissen Begeisterung ›Heil Hitler‹ geschrien haben.*

In der Geschichte der Konzentrationslager gab es einige Fälle, in denen Frauen auf Seiten der Lagerführung und des Wachpersonals eine unrühmliche Rolle spielten, indem sie ihre Position ausnutzten, um Häftlinge grausam zu quälen. Ein Beispiel hierfür ist die von den Häftlingen in Buchenwald die »Kommandeuse« oder »Hexe von Buchenwald« genannte Ilse Koch.

Neben dem Konzentrationslager Dachau war Buchenwald auf dem Ettersberg bei Weimar bis in die erste Kriegsphase hinein das bekannteste Konzentrationslager im Reichsgebiet. Es war zunächst für männliche Häftlinge vorgesehen, weibliche Häftlinge werden erstmals im Sommer 1944 erwähnt. Der SS-Standar-

Ilse Koch im Internierungslager

tenführer Karl Otto Koch wurde 1937 mit dem Aufbau des KZ Buchenwald betraut und zum Lagerführer bestimmt. Er kam von dem seit 1936 bestehenden KZ Sachsenhausen. Dort hatte er 1933 die Bewacherin und ehemalige Sekretärin Ilse Köhler geheiratet. Während sie wegen ihrer Neigung zur Brutalität als »Hexe« gefürchtet war, verbreitete ihr Mann mit seiner über Leichen gehenden Habgier Furcht und Schrecken.

Eines Sonntags im Februar 1939 mußten in Buchenwald bei einem Appell alle Häftlinge drei Stunden lang nackt auf dem Platz stehen. Ilse Koch kam dabei mit vier anderen Frauen von SS-Führern an den Drahtzaun und weidete sich am Anblick der nackten Gestalten. Herbert Froböß, ein Überlebender des Konzentrationslagers Buchenwald, der von dessen Errichtung 1937 bis Kriegsende dort inhaftiert blieb, berichtete über die »Kommandeuse« Koch. »Während wir mit entblößtem Oberkörper außerhalb des Lagers arbeiteten, kam Frau Koch während ihres gewöhnlichen Morgenritts bei uns vorbei. Sie hielt ihr Pferd an und schrieb sich die tätowierte Gefangenen-Nummer eines meiner Kameraden auf. Später wurde er weggerufen, und kam nicht mehr zurück. Erst als ich nach einigen Wochen in der pathologischen Abteilung etwas zu erledigen hatte, fand ich dort unter den präparierten Häuten auch die dieses Häftlings.« Gebrauchsgegenstände wie Lampenschirme und Dokumentenmappen wurden aus gegerbter Menschenhaut angefertigt. »Ich konnte das genau an einem Segelschiff erkennen, das darauf tätowiert war. Als mich Frau Koch bei diesen Arbeiten einmal besuchte, sah ich, daß sie selbst Handschuhe trug, die aus menschlicher Haut gefertigt waren.«

In Buchenwald bestand von einem gewissen Zeitpunkt an das Verbot, den SS-Führern für ihren Privathaushalt Brennholz aus dem Lager zur Verfügung zu stellen. Entgegen diesem Verbot hatte der Kapo, ein Häftling mit Aufsichtsaufgaben (von dem italienischen capo, Kopf), des Holzhofes der Frau des damaligen Lagerarztes einen Korb voll Brennholz verschafft. Da zwischen der Frau des Arztes und der Frau des Kommandanten Koch

Familie Koch in ihrer Villa »Buchenwald«

Feindschaft herrschte, meldete Ilse Koch die Sache ihrem Mann, der darauf den Holzhof-Kapo mit 25 Stockhieben bestrafen ließ. Am nächsten Tag schickte Ilse Koch selbst in den Holzhof um einen Sack Brennholz. Der Kapo verweigerte die Aushändigung unter ausdrücklichem Hinweis auf die bestehende Verfügung und die soeben erhaltene Strafe. Koch ließ ihn darauf hin noch einmal über den Bock legen, weil er sich geweigert hatte, einen »Befehl der Kommandeuse« auszuführen.

Unberührt von dem Elend des Konzentrationslagers lebte die Ehefrau des Kommandanten als quasi-absolutistische Herrscherin. Häftlinge mußten sie mit »Gnädige Frau« ansprechen. Der Häftling-Kalfaktor Kurt Titz mußte in der Früh die Kinder wecken, zur Toilette führen, waschen und anziehen, den Hund füttern und ausführen, den Kaffee kochen und der gnädigen Frau ans Bett bringen, in dem sie halb nackt zu liegen pflegte. Dann kam häufig, sofern der Kommandant abwesend war, der Lagerarzt Dr. Hoven, genannt der »schöne Waldemar«.

Schaute ein Häftling von seiner Arbeit auf, wenn Ilse Koch vorüberritt, so konnte es vorkommen, daß sie seine Häftlingsnummer aufschrieb, und der Unglückliche wanderte wenig später in den Bunker. Der Grund: Er habe die »Kommandeuse« schamlos angesehen.

Für Ilse Koch wurde in Buchenwald eigens eine luxuriöse Reithalle erbaut. Sie hatte eine Grundfläche von 40 × 100 Metern, war 20 Meter hoch und enthielt eine kostbare Wandspiegelverkleidung. Der Bau wurde derart beschleunigt, daß dreißig Häftlinge dabei ums Leben kamen. Die Kosten beliefen sich auf eine Viertelmillion Reichsmark. Ilse Koch hielt in der Halle einige Male in der Woche ihre Morgenritte ab, begleitet von der Musikkapelle der SS.

Die Kochs wurden aufgrund ihres exzessiven Verhaltens 1941 nach Majdanek strafversetzt, wo sie schließlich 1943 verhaftet wurden: sie wegen Mißhandlungen, er wegen Unterschlagung von 700 000 Reichsmark und wegen Mordes an zwei Häftlingen, die zuviel gewußt hatten. Sie wurde freigesprochen, ihr Mann kurz vor Kriegsende von der SS erschossen. Die Amerikaner verurteilten 1947 Ilse Koch zu lebenslanger Haft, begnadigten sie aber 1949. Ilse Koch wurde dann erneut vor ein deutsches Gericht gestellt. Die drei Hauptanklagepunkte, von insgesamt einhundertfünf: Bestrafung von willkürlich ausgewählten Häftlingen durch brutale Prügel, Baumhängen, Bunkerhaft, Züchtigung von Häftlingen mit der Reitpeitsche; Anfertigung von Lampenschirmen aus tätowierter Menschenhaut. Das Gericht konnte ihr nur einen Teil der Taten nachweisen, verurteilte sie daraufhin jedoch zu lebenlanger Haft. 1967 erhängt sie sich in ihrer Zelle.

Viele Ehefrauen der SS-Männer gehörten zu den Profiteurinnen des NS-Regimes: arische Frauen, die sich für die Elite der Nation hielten und die allzu gerne Gattinnen von SS-Männern geworden waren. Die Historikerin Gudrun Schwarz hat sie ausführlich beschrieben in ihrem Buch *Eine Frau an seiner Seite.*

Die SS wird bis heute als ein Männerbund wahrgenommen. Doch war sie von Heinrich Himmler als Sippengemeinschaft von Männern und Frauen gedacht und geformt. Schon 1929, kurz nach seinem Amtsantritt als Reichsführer SS, hatte Himmler über die SS-Sippengemeinschaft gesagt, sie solle eine »rassische Oberschicht des germanischen Volkes« als Führungselite eines von den Nazis beherrschten Europas sein. Gemäß einem 1931 erlassenen »Heirats- und Verlobungsbefehl« durften SS-Männer nur Frauen heiraten, die sich einer rassischen und politischen Überprüfung unterzogen.

Viele SS-Ehefrauen lebten an den Einsatzorten ihrer Männer oder besuchten sie dort – oft wochenlang. In jedem Konzentrationslager gab es eine SS-Siedlung, in der die SS-Familien lebten. In den besetzten Gebieten des Ostens wurden für sie häufig neben den Ghettos Villen beschlagnahmt. Die SS-Ehefrauen waren aktive Komplizinnen und überall dort zu finden, wo Verbrechen begangen wurden. Ihre Loyalität, ihr Zuschauen, ihre Zustimmung, Kenntnis und Billigung der Grausamkeiten, des Mordens – ihre Teilhabe an der Macht ihrer Männer machte sie zu Täterinnen. Als Hausfrauen sorgten sie für einen stabilen heimischen Rahmen, in dem die Ehegatten Zuflucht und Kraft für ihre »mörderische Arbeit« fanden. Als Berufskolleginnen waren sie am reibungslosen Ablauf des Systems der Vernichtung in den Konzentrationslagern, der SS-Verwaltungsapparate und Mordanstalten beteiligt.

Im Frühjahr 1942 entstand durch eine persönliche Initiative des SS-Reichsführers Heinrich Himmler das SS-Frauen-Korps. Als Nachrichten- und Stabshelferinnen wurden Frauen in SS-Dienststellen im Reich oder in den besetzten und annektierten Gebieten eingesetzt; sie waren »zuverlässige« Mitarbeiterinnen der nationalsozialistischen Vernichtungspolitik. Über den Kriegseinsatz hinaus sollte, so Himmlers Wunsch, das SS-Frauen-Korps die neue weibliche Elite Nazi-Deutschlands werden. Aufgenommen wurden nur nach »rassischen« Kriterien ausgewählte, politisch

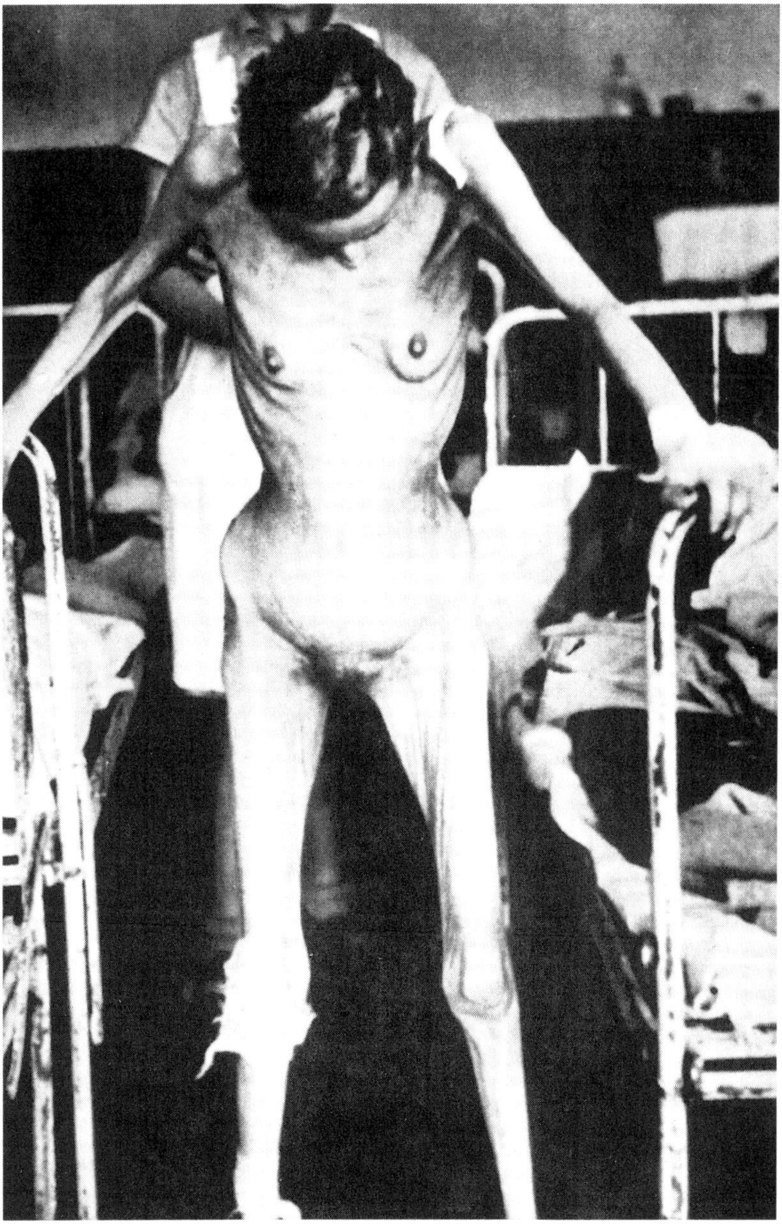

Die dreißigjährige Margit Schwarz nach einem Hunger-»Experiment«

zuverlässige Kandidatinnen. Die Schule des SS-Frauen-Korps sollte sowohl der Ort der Berufsausbildung als auch das Zentrum (»Mutterhaus«) des Frauenordens sein, in dem die Frauen-SS durch eigene Riten und Rituale ihr Elitebewußtsein pflegte und weiterentwickelte. Die meisten Frauen, die als Angestellte in der SS arbeiteten oder zum SS-Frauenkorps gehörten, hatten bereits vor ihrer Tätigkeit für die SS eine eigenständige politische NS-Karriere absolviert, waren seit früher Kindheit aktiv im BDM, nahmen oft Führerinnenpositionen ein, besuchten BDM-Lehrgänge oder meldeten sich freiwillig zum BDM-Osteinsatz oder zum »Reichsarbeitsdienst«, wo sie ebenfalls häufig eine Führungsposition innehatten. Untersuchungen zeigen, daß weit mehr Frauen als bislang angenommen im »Osteinsatz« arbeiteten oder als »Zivilangestellte« sowohl im Zentrum der nationalsozialistischen Macht in Berlin, in einer SS- oder Polizeidienststelle oder in den Konzentrationslagern tätig waren, also an allen Schauplätzen des nationalsozialistischen Massenmordens, als SS-Aufseherinnen, SS-Ärztinnen und Krankenschwestern, als im SS-Frauen-Korps ausgebildete Funkerinnen, Fernsprecher- oder Fernschreiberinnen, als Kraftfahrerinnen oder als bei der SS angestellte Sachbearbeiterinnen, Sekretärinnen und Schreibkräfte. Das SS-Frauen-Korps und die weiblichen Angestellten der SS haben das Regime erheblich unterstützt und mitgetragen, und je länger der Krieg dauerte, desto mehr Qualifikationschancen und Karrieremöglichkeiten wurden geboten.

In einer Dokumentation über das Konzentrationslager Majdanek, die für den Nürnberger Militärgerichtshof ausgearbeitet wurde, steht über die Aufseherinnen zu lesen: »Besonders Grausamkeiten wurden von dem weiblichen SS-Personal verübt. Die Kommission stellte viele Tatsachen fest, die auf unerhörte, von den weiblichen Henkern des Lagers ausgeführte Grausamkeiten zurückzuführen waren. Es wurden Hunger, unerträgliche Arbeit, Folter, Marterung, Erniedrigung und Mord mit unerhörtem Sadismus als Mittel zur Massenvernichtung der Lagerinsassen ange-

Ob bei Regen, Schnee oder hochsommerlichen Temperaturen – rund um die Uhr mußten die Häftlinge des KZ-Ravensbrück schwerste körperliche Arbeit verrichten

wandt.« Eine Zeugin im Düsseldorfer Majdanek-Prozess sagte aus: »Ich bin zwar eine Frau, aber ich muß sagen: die weiblichen Aufseher waren die größten Bestien. Ich sehe sie noch vor mir mit ihren Schiffchenmützen, blaue Bluse, blaugraue Rockuniform, Stock am Handgelenk und im Stiefelschaft, begleitet von bissigen Hunden.« Diese Hunde wurden auf Wehrlose losgelassen, darunter selbst Mütter mit ihren Kindern. Die Aufseherinnen trieben, darin ihren männlichen Kollegen in nichts nachstehend, gnadenlos Menschen mit der Peitsche ins Gas, sie prügelten oder ließen prügeln. Auch die Preungesheimer Gefängnisleiterin Else Bäumer quälte Häftlinge. Wenn diese entlassen werden sollten, schickte Else Bäumer sie nicht in die Freiheit, sondern ins Konzentrationslager. »Es war schrecklich für mich, aber ich habe es als einen Auftrag betrachtet, den ich zu erfüllen hatte.« Sie sah sich, wie so viele, als eine fromme Frau, deren Tugend der Gehorsam gegenüber einem menschenverachtenden System war.

Ab Sommer 1942 baute man in unmittelbarer Nähe von Ravensbrück das »Jugendschutzlager für weibliche Jugendliche«, das KZ Uckermark. Zwischen 1939 und 1945 sind hier 132 000 Frauen und Kinder, 20 000 Männer und 1 000 weibliche Jugendliche als Häftlinge registriert worden. Das Frauenkonzentrationslager Ravensbrück selbst erfuhr ständige Erweiterungen. Hinzu kamen mehr und mehr Baracken sowie ein »Industriehof« mit Produktionsstätten für traditionelle Frauenarbeiten. Neben dem KZ-Gelände errichtete die Firma Siemens & Halske zwanzig Werkhallen, in denen die Häftlinge Zwangsarbeit leisten mußten.

Mit dem Fortgang des Krieges entstanden über das ganze Reich verteilt mehr als siebzig Nebenlager des Stammlagers Ravensbrück. Hier wurden die Frauen als Zwangsarbeiterinnen insbesondere für die Kriegsproduktion ausgebeutet. Die nach Ravensbrück Deportierten stammten aus über vierzig Nationen, unter ihnen Jüdinnen und Juden sowie Sinti und Roma. Zehntausende wurden ermordet, starben an Hunger, Krankheiten und durch medizinische Experimente.

Zwischen Januar und April 1945 hat eine Handvoll junger Frauen im Vernichtungslager Ravensbrück-Uckermark mit großer Brutalität die Vernichtung von über 3 000 Frauen organisiert. Gertrud Pötzinger berichtet von polnischen Studentinnen im Lager, die zum Tod verurteilt waren. Man sagte ihnen, daß das Urteil aufgehoben werden würde, wenn sie sich für medizinische Zwecke zur Verfügung stellten. Sie waren sofort bereit. Nach einigen Wochen sah Pötzinger eines der Mädchen wieder. Zwei Häftlinge schleppten es mit sich, weil es nicht mehr laufen konnte. Da es jung war, erholte es sich wieder, dann wurde es erschossen.

Die in Ravensbrück an den polnischen Frauen unternommenen Versuche waren Versuche zur Erprobung von Sulfonamiden. Die Häftlinge wurden mit Staphylokokken, Gasbrandbazillen und Tetanusbazillen infiziert. An den Operationen betei-

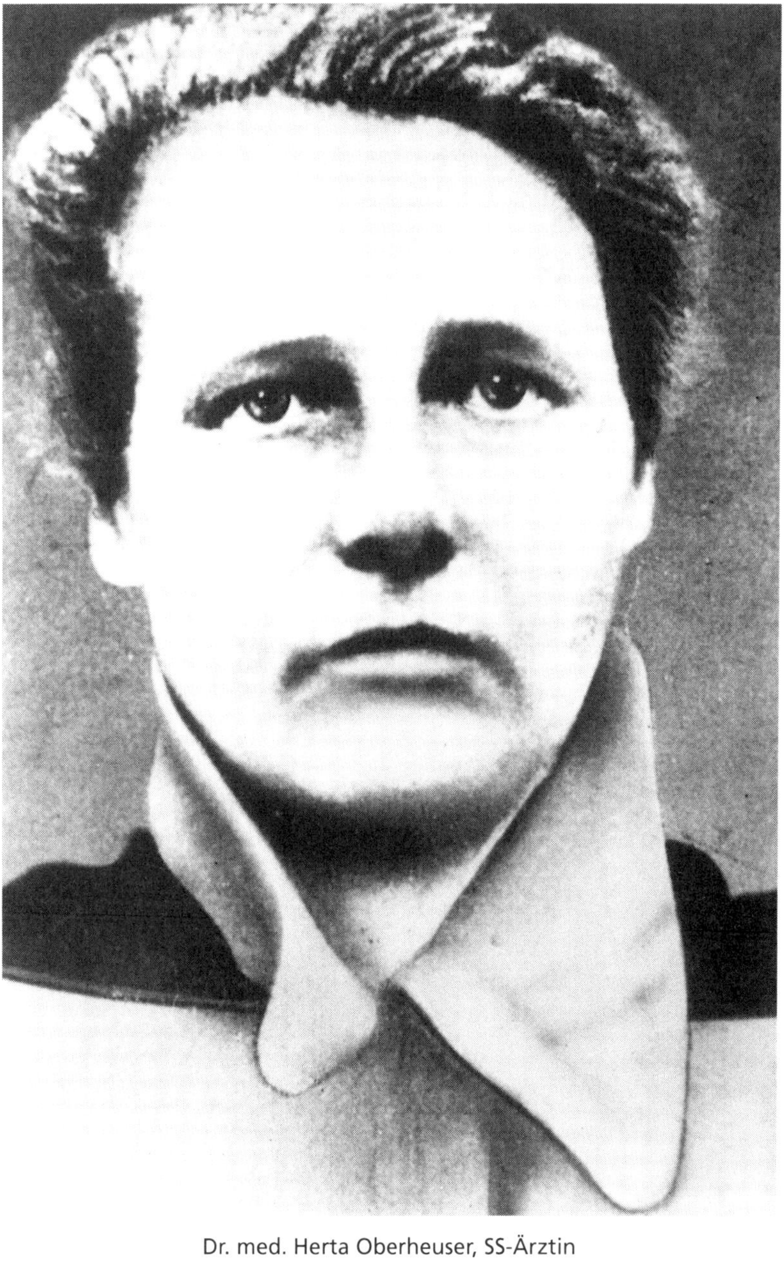

Dr. med. Herta Oberheuser, SS-Ärztin

ligte sich auch die Ärztin Herta Oberheuser. Sie war die einzige Frau, die im Nürnberger Ärzteprozeß wegen Verbrechens gegen die Menschlichkeit angeklagt wurde. Sie hatte die Opfer der Versuche ausgesucht, bei den Operationen assistiert und die Narkose verabreicht, sie hatte die systematische Nicht-Behandlung durchgesetzt und die frischoperierten Frauen gequält. Sie selbst hat bei der Verhandlung in Nürnberg die schrecklichen Menschenversuche folgendermaßen gerechtfertigt: »Ich habe es als meine Pflicht aufgefaßt und gehofft, hier als Frau auch helfen zu können, weil ich in der Begnadigung der Patientinnen eine Chance sah, und da habe ich geglaubt, als Frau hier helfen zu können.« Auffällig ist, daß sie bewußt oder unbewußt auf den allgemeinen Konsens setzte, Frauen und damit auch sie selbst seien zu extremen Grausamkeiten gar nicht fähig. »Ich habe bei meiner therapeutischen Betreuung nach den schulmedizinischen Regeln als Frau in meiner Lage alles getan, was ich tun konnte.«

Eine der Frauen, die diese Schrecken überlebte, berichtete im Kriegsverbrecherprozeß gegen dreiundzwanzig SS-Ärzte und Wissenschaftler, der am 9. Dezember 1946 in Nürnberg vor dem amerikanischen Militärgericht Nr. 1 begann, wie sie im Juli 1942 zusammen mit anderen Frauen ins Lagerkrankenhaus eingewiesen worden sei und von verschiedenen Ärzten Einspritzungen in beide Arme und in ein Bein erhalten habe. Die Folgen waren entsetzlich. Wer sich körperlich nicht schnell genug erholte, wurde durch weitere Injektionen getötet. Dr. Oberheuser habe, so die Aussage, Benzininjektionen mit einem Gesicht von selbstzufriedener Menschenverachtung verabreicht.

Im Konzentrationslager Dachau »forschte« Sigmund Rascher, ein Arzt, der Protektion in hohen SS-Kreisen genoß. Er wurde bekannt nicht allein wegen seiner rücksichtslosen Experimente an Häftlingen. Rascher führte Versuche für die Höhenflugforschung durch, die zunächst mit Tieren unternommen worden waren. Da das NS-Tierschutzgesetz sehr streng war, mußten sie eingestellt werden. Als Ausweg bot sich an, die Tests an Dachauer Häftlingen vorzunehmen: Zweihundert von ihnen wurden daraufhin in den gefürchteten, Himmelfahrtswagen genannten Unterdruckkammern gequält.

In Raschers Kältetestserie »Seenot« ging es um die Wirkung der Unterkühlung auf den »Warmblütler« sowie die Belebung bereits von der Kälte Erstarrter. Himmler wohnte solchen Experimenten ebenso bei wie die Blutordenträgerin Schwester Pia, die mit Rascher gut bekannt war. Vor Gericht erklärte Schwester Pia später, daß sie aus »weiblicher Neugier« der Wiederbelebung durch »animalische Wärme« habe zusehen wollen: Die männlichen Versuchspersonen wurden zwischen zwei nackte Prostituierte gelegt. Schwester Pia habe diese dann mit dem Ruf »Seid's net so gschamig!« zum Sexualverkehr aufgefordert.

Rascher war mit der sechzehn Jahre älteren Witwe Karoline »Nini« Diehl liiert. Sie galt als überzeugte Nationalsozialistin, die eng mit Himmler und dessen Frau befreundet war. Himmler hatte sie – seit 1929 Witwe des Schriftstellers Ottokar Diehl –, sogar zur Bespitzelung von Würdenträgern der katholischen Kirche eingesetzt, die sie als Sängerin bei ihren Konzerttourneen kennenlernte. Mit dreiundvierzig Jahren hatte sie in München den Assistenzarzt Rascher kennengelernt, eine schicksalhafte Begegnung, die in sexuelle Hörigkeit mündete. Rascher, als »höchst unangenehmer« Nationalsozialist beschrieben, suchte nach einer Tätigkeit in der medizinischen Forschung. Karoline gelang es, Himmler zu überzeugen, den jungen Arzt für Forschungszwecke zu beschäftigen Himmler warnte ihn allerdings vor einer ehelichen Bindung mit »Nini«. Jede Frau, die das 30. Lebensjahr vollendet hatte, sollte es – so Heinrich Himmler – als ihre Ehrenpflicht gegenüber dem Reich ansehen, ein Kind zu bekommen. Für unverheiratete Frauen, ließ er verbreiten, sei es durchaus möglich, »wirklich wertvolle, rassisch einwandfreie Männer als ›Zeugungshelfer‹ zu empfehlen.« Da Karoline Diehl nicht mehr

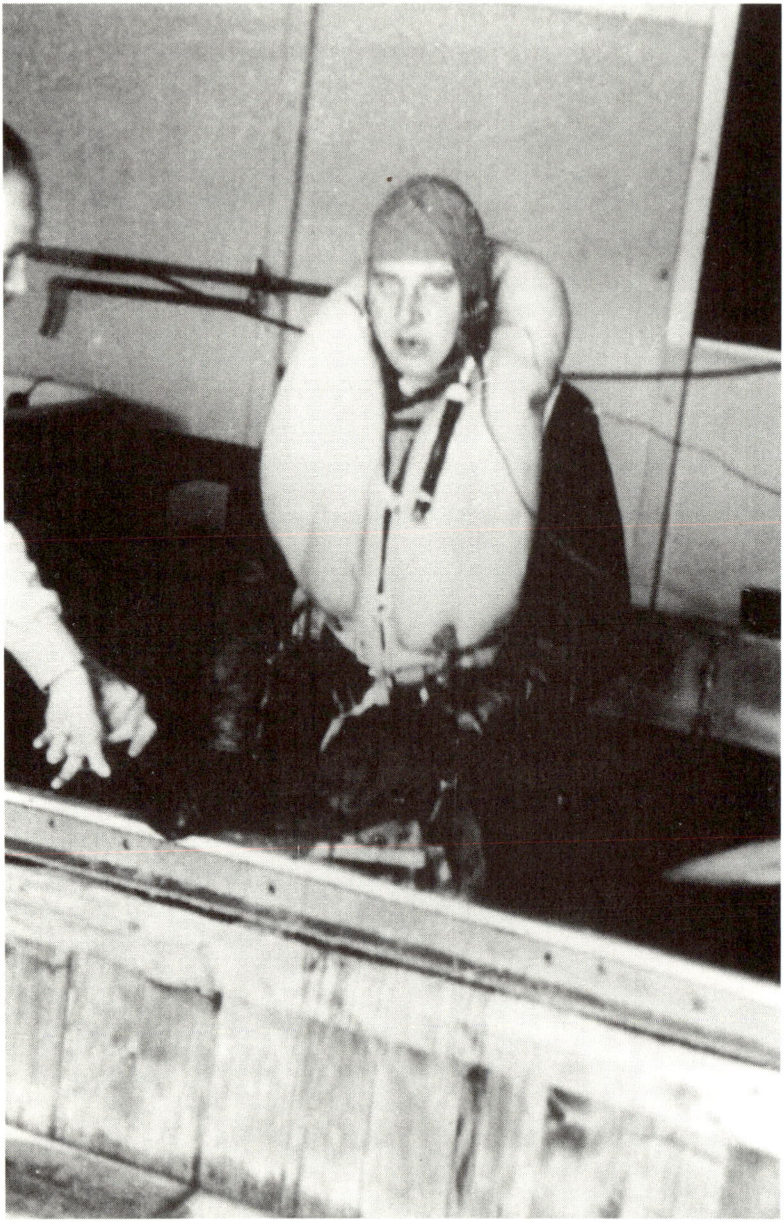

SS-Ärzte dokumentieren die Unterkühlversuche im KZ Dachau

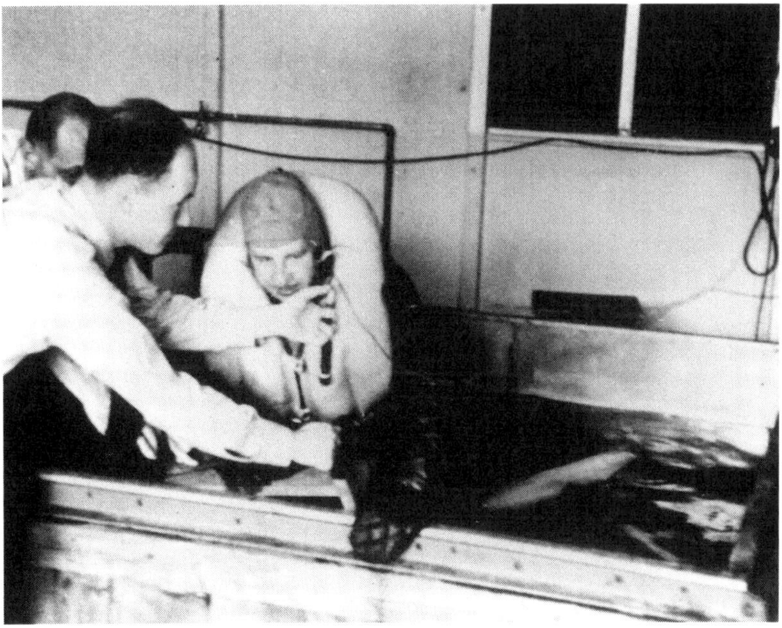

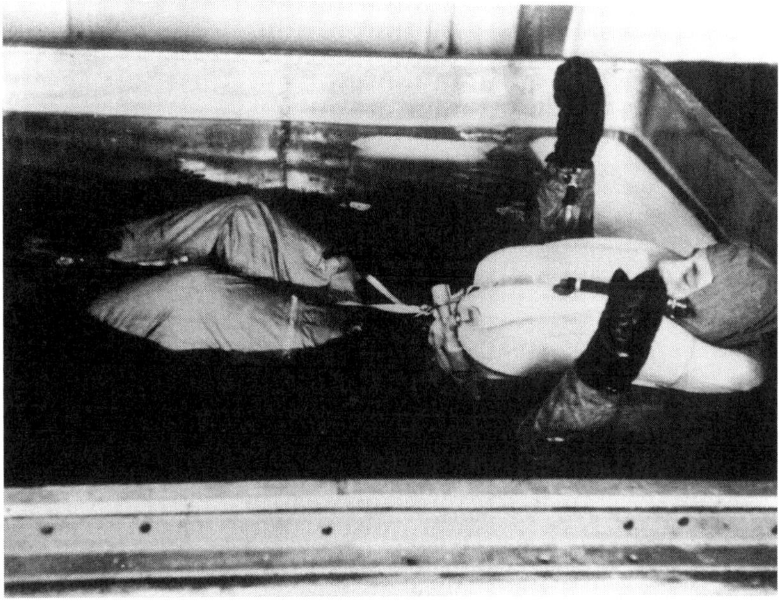

im gebärfähigen Alter war, wollte Himmler eine Eheschließung mit Sigmund Rascher nicht erlauben. »Nini« sann jedoch auf Abhilfe. Sie behauptete plötzlich, schwanger zu sein. Der vermeintliche Vater war glücklich, der Reichsführer SS wurde umgehend von der Schwangerschaft unterrichtet. Die »Schwangere« wollte einen Abgang vortäuschen, verfiel dann aber auf den Gedanken, sich ein fremdes Kind zu beschaffen. Ihre Cousine war bereit, ihr dabei zu helfen: Sie suchte Mütter von unehelichen Kindern auf und bot ihnen an, ihre Säuglinge in gute Pflege zu geben.

Auf diese Weise wurde »Nini« Mutter von zwei Buben. Ihrem Geliebten präsentierte sie die Kinder jeweils als Frühgeburten, wobei sie ihr zweites »Kind« einen Tag vor »Führers Geburtstag« zur Welt brachte. Sie bestach Hebammen und Ärzte, die für die »Neugeborenen« Geburtsscheine ausstellten. Und sie ließ sich stillend mit dem Kind fotografieren, damit der Vater das Foto Himmler zeigen konnte. Himmler ließ sich nun herbei, einer Heirat zuzustimmen, wohnte sogar im Juli 1941 der Trauung bei. Die »liebe Frau Doktor« entwickelte sich zur pflichtbewußten Gattin. Sie schickte selbstgebackenen Kuchen an Himmler und wollte ihn mit einer wachsenden Kinderschar überraschen. Erneut suchte sie nach einem Säugling. Im Oktober 1942 nahm sie einer alleinstehenden Näherin ihren Sohn weg, versprach, ihn bestens aufzuziehen. Das vierte Kind, wieder ein Knabe – Mädchen mochte sie nicht –, wurde ihr von einer ausgebombten Mutter zur Pflege übergeben.

Da ihr Mann jedoch allmählich mißtrauisch geworden war, inszenierte sie eine dramatische Hausgeburt mit einer »Blutspur« durch die Wohnung und Vortäuschung der vollkommenen körperlichen Erschöpfung nach der Geburt. Ihre Cousine lebte zu diesem Zeitpunkt schon nicht mehr. Sie hatte Selbstmord begangen, da sie die Machenschaften Karoline Raschers nicht mehr mitmachen wollte. Sie hatte Kinder sogar austauschen müssen, denn wenn Karoline Rascher ein Säugling als »rassisch minderwertig« erschien, wurde er zur Mutter zurückgebracht, oder

Caroline Rascher, genannt »Nini«

wenn eine Mutter ihr Kind zurückforderte, mußte schnellstens ein Säugling gesucht werden, der dem anderen Kind äußerlich sehr ähnlich sah.

Schließlich flog der Schwindel auf. Dabei war sie ihrem ersehnten Ziel ganz nahe gekommen: Als Mutter von vier Kindern hätte man ihr das bronzene Mutterkreuz verliehen. Karoline Rascher wurde verhaftet, unternahm einen Fluchtversuch und wurde anschließend am 29. November 1944 nach Ravensbrück überstellt. Dort erhielt sie auf Anweisung des Reichsführers SS Himmler gewisse Privilegien, durfte lesen und sich mit Näharbeiten beschäftigen. Allerdings wurde auch vor ihrer Gerissenheit gewarnt. Sie griff tatsächlich eine der Wärterinnen an. Selbst ihr Mann hatte Angst vor ihr und wollte bei der Vernehmung nicht mir ihr allein gelassen werden.

Sigmund Rascher kam nach Ausschluß aus der SS nach Buchenwald und dann als »Sonderhäftling« zurück ins Konzentrationslager Dachau, seine frühere Wirkungsstätte. Als einstiger Geheimnisträger sollte er nicht den Alliierten in die Hände fallen. Am 26. April 1945 wurde er durch Genickschuß hingerichtet.

Unter all den Ärzten, die in Lagern Frauen und Kinder quälten, wurde der Arzt Josef Mengele aufgrund seiner Gewissenlosigkeit zu *dem* Symbol für die Perversion der Medizinforschung im Dritten Reich. Sein spöttisches Lächeln und seine sanfte, aber tödliche Berührung brachten ihm den Titel »Todesengel« ein.

Die für Josef Mengeles Experimente bestimmten Zwillingen waren in Block 14 des Lagers F in Birkenau, das den Spottnamen »Der Zoo« erhielt, untergebracht. Dort erhielten sie auf Mengeles Anweisung nicht allein gut zu essen, sie hatten auch bequeme Betten und lebten unter solchen hygienischen Bedingungen, daß sie ihre Gesundheit für Mengeles Experimente, die dem vergleichenden Studium ihrer Anatomie und Körperfunktionen dienten, kräftigen konnten. Es sollte vermieden werden, daß Infektionen die Ergebnisse der Untersuchung beeinträchtigten. Anders waren Versuche, bei denen Krankheiten gezielt induziert wurden, um ihre Auswirkungen zu verfolgen. Viele Kinder himmelten Mengele an und nannten ihn »Onkel Pepi«. Er verstand es, seine Versuchsobjekte durch Süßigkeiten bei Laune zu halten, wie Vera Alexander, eine Überlebende, berichtete.

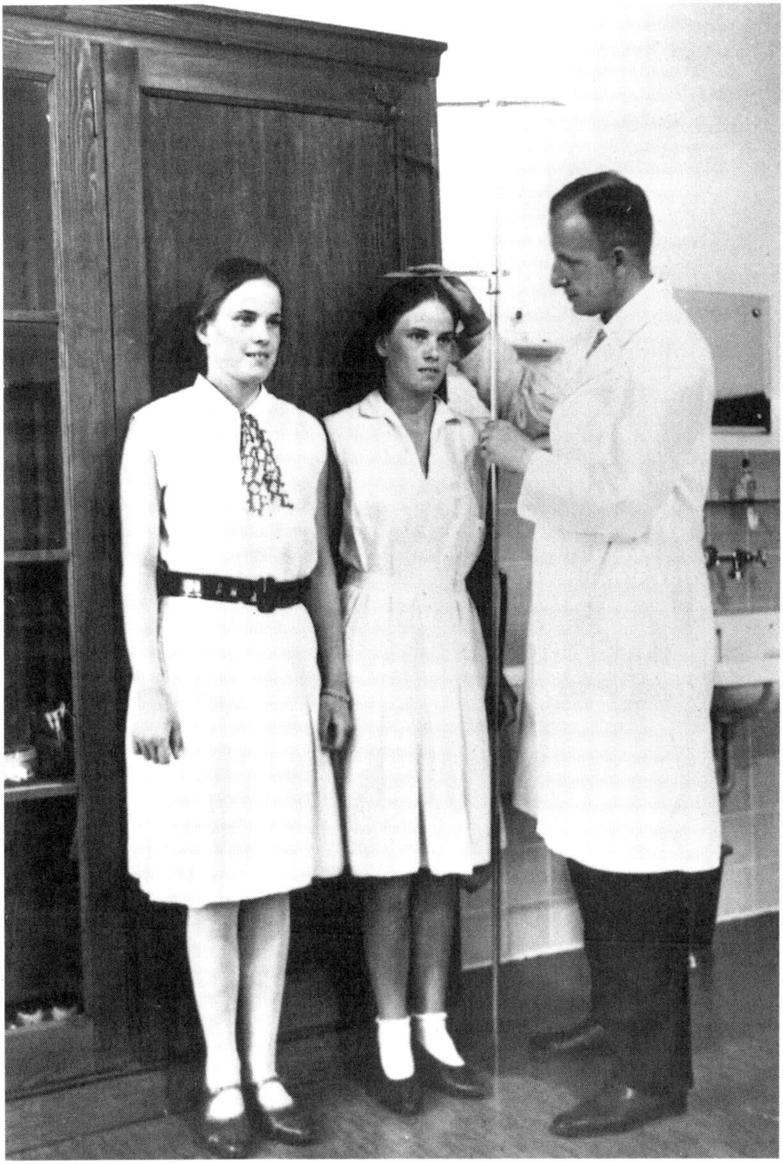

Zwillingsforscher Otmar Freiherr von Verschuer, Direktor des »Kaiser-Wilhelm-Instituts für Anthropologie, menschliche Erblehre und Eugenik« in Berlin-Dahlem, hier auf einem Foto aus den frühen dreißiger Jahren

Nach der Kräftigungsphase wurden die Zwillinge in das Krankenrevier des Lagers B2F verlegt, wo die »In-vivo«-Phase folgte. Sie umfaßte medizinische Experimente an lebenden Kindern. Aus lagereigenen Aufzeichnungen geht hervor, daß mit den Einweisungen jüdischer Kinder, zusammen mit Zwillingen im Kinder- und Erwachsenenalter, Zwergwüchsigen und Krüppeln, aus den Transporten in das Krankenrevier im Juli 1944 begonnen wurde.

Es ist nicht bekannt, an wie vielen Zwillingen Mengele Experimente vornahm. Im späteren Haftbefehl wird von allein etwa zweihundert Zwillingen männlichen Geschlechts gesprochen, die für Versuche bereitgehalten worden seien.

Nach den noch harmlosen Vermessungen des Schädels, der Ohren, der Nase und anderer äußerer Merkmale, folgten die eigentlichen Versuche. Eine Überlebende, die zusammen mit ihrer Schwester und anderen weiblichen Zwillingen solchen Experimenten ausgesetzt war, erinnerte sich: »Jede Frau erhielt eine Bluttransfusion von einem anderen Zwillingspaar, so daß Mengele die Reaktion verfolgen konnte. Wir beide bekamen je 350 $cm^3$ Blut von einem männlichen Zwillingspaar. Die Reaktion war starker Kopfschmerz und hohes Fieber.« Mengele zwang dann die Schwestern auch zum Geschlechtsverkehr mit anderen Zwillingen, offenbar um festzustellen, ob aus Zwillingen wieder Zwillinge hervorgingen.

Einer der Ärzte sagte unter Eid aus: »Im Arbeitszimmer neben dem Sektionsraum warteten vierzehn bitterlich weinende Zigeunerzwillinge. Dr. Mengele sprach kein Wort zu uns und bereite eine 1-$cm^3$- und eine 5-$cm^3$-Spritze vor. Einer Schachtel entnahm er Evipal und einer anderen Chloroform, das sich in Glasbehältern befand, und legte es auf den Sektionstisch. Dann wurde der erste Zwilling hereingebracht ... ein vierzehnjähriges Mädchen. Dr. Mengele befahl mir, es auszuziehen und seinen Kopf auf den Sektionstisch zu legen. Dann injizierte er in den rechten Arm des Mädchens intravenös Evipal. Nachdem das Kind eingeschlafen

Eva und Miriam in einem Film, der nach der Befreiung des Lagers Auschwitz aufgenommen wurde

war, tastete er nach der linken Herzkammer und injizierte 10 $cm^3$ Chloroform. Das Kind zuckte kurz und war tot, woraufhin Dr. Mengele es in die Leichenkammer bringen ließ. Auf diese Weise wurden in jener Nacht alle vierzehn Zwillinge getötet.«

Eva Mozes Kor, eine Überlebende der Zwillingsversuche in Auschwitz, hielt im Juni 2001 zur Eröffnung des Symposiums »Biowissenschaften und Menschenversuche an Kaiser-Wilhelm-Instituten« in Berlin eine Rede, in der sie von ihrem Leidensweg als Mengele-Zwilling berichtete. Eva Mozes Kor war zusammen mit ihren Eltern, ihrer Zwillingsschwester und zwei älteren Schwestern im Frühjahr 1944 nach Auschwitz gebracht worden. Die Eltern und Schwestern wurden vergast. Nur sie und ihre Zwillingsschwester Miriam überlebten das Konzentrationslager. Mengele wählte sie für seine Experimente aus. Im Hauptlager mußten die zehnjährigen Zwillingsmädchen nackt in einem Raum sitzen. Jeder Teil ihres Körpers wurde vermessen, betastet und fotografiert. Dreimal in der Woche kamen sie ins »Blutlabor«. Dort wurden ihnen Keime und Chemikalien injiziert, und es wurde ihnen viel Blut abgenommen.

Nach einer dieser Injektionen wurde Eva schwer krank, und man brachte sie in die Krankenbaracke. Mengele hatte für ihren Zustand nur den Kommentar: »Schade, daß sie noch so jung ist. Sie hat nur noch zwei Wochen zu leben.« In der Krankenhausbaracke erhielt sie weder Essen noch Medikamente. Wenn Eva zu einem Wasserhahn kroch, denn gehen konnte sie nicht mehr, fiel sie immer wieder in Ohnmacht. Nach drei Wochen ging das Fieber zurück, und sie konnte doch wieder zu ihrer Schwester Miriam in die Lagerbaracke. Die Zwillinge überlebten nur knapp. Am 27. Januar 1945 befreiten die Sowjets das Lager.

Abgesehen von der Zwillingsforschung, befaßte sich Mengele mit einem breiten Spektrum anderer Experimente. Ein Pfleger im Krankenblock von Auschwitz, Ernest Michel, erinnerte sich, wie er acht Frauen in das Versuchszimmer führte: »Ich sah Mengele in Uniform zusammen mit drei oder vier anderen Leuten dastehen. Da waren elektrische Geräte, wie ich sie noch nie gesehen hatte. Wir brachten die Mädchen einzeln hinein, und ein Offizier schnallte sie fest. Wir gingen schnell wieder hinaus, denn wir wollten nicht zu lange in Mengeles Nähe sein. Nach einer Weile hörte das Schreien drinnen auf. Als wir sie wieder herausholten, waren zwei der acht tot, fünf befanden sich im Koma, und eine lag auf die Liege geschnallt. Mengele stand dabei und diskutierte ganz ungerührt. Das einzige Wort, das ich hören konnte, war Experiment.«

Nutzen aus diesen Experimenten zogen Wissenschaftler an den renommierten Kaiser-Wilhelm-Instituten. Zu ihnen zählte auch Otmar von Verschuer, der seit 1942 Projekte der sogenannten Zwillingsforschung am Berliner Kaiser-Wilhelm-Institut für Anthropologie, menschliche Erblehre und Eugenik leitete. Der KZ-Arzt Josef Mengele war Schüler von Verschuer, bei dem er 1938 an der Universität in Frankfurt/Main promoviert hatte. Verschuer wußte und profitierte von den entgrenzten Forschungen in Auschwitz. Mengele schickte das »wissenschaftliche Material« – konservierte Organe und Körperteile von Zwillingen und Kleinwüchsigen – an das Kaiser-Wilhelm-Institut für Anthropologie nach Berlin-Dahlem.

Auch Mengele hatte eine Frau an seiner Seite: Irene Schoenbein. Sie war im nationalsozialistischen Sinne erzogen worden, war Mitglied im BDM und trat unmittelbar nach dem Abitur dem Arbeitsdienst bei. »Sie und ihre Eltern sind zuverlässige Verteidiger der nationalsozialistischen Weltanschauung.« Der SS-Arzt und Hauptsturmführer Mengele hatte sie im Juli 1939 geheiratet. Sie war überdurchschnittlich intelligent und vereinte in seinen Augen alle Vorzüge einer arischen deutschen Frau. Während der Kriegszeit lebte sie in Freiburg im Breisgau, besuchte ihren Mann jedoch Ende August 1943 in Auschwitz.

Im Spätsommer 1944 reiste sie erneut zu ihrem Mann, da Mengele in seinen Briefen ausgesprochen deprimiert klang. Er sah das baldige Ende des Krieges voraus, das für ihn den Verlust seines »Arbeitsfeldes« und seiner Macht im Konzentrationslager bedeutete. Sie erlebten vor dem drohenden Ende noch einmal idyllische Wochen, ohne sich von ihrer grauenvollen Umgebung irritieren zu lassen. Die Bediensteten im Haus waren Zeugen Jehovas in gestreifter Gefängniskluft. Das Ehepaar ging zum Baden, sammelte Brombeeren, aus denen Marmelade bereitet wurde. Im Tagebuch Irene Mengeles findet sich kein einziges Wort über die Greuel des Lagers. Ihre Besuche bedeuteten ein Stück »Normalität im Grauen«. Sie funktionierte genau wie es

Himmler in seinen Reden und Schriften immer wieder betont hatte, daß die SS eine »Sippengemeinschaft von Männern und Frauen« sei, die nur leben und überleben könne, wenn sie die Mitwirkung und den Enthusiasmus der Frauen zu gewinnen vermöge.

Die etwa 240 000 SS-Ehefrauen, deren Ehen zwischen 1931 und 1945 geschlossen wurden, waren eine nicht unerhebliche Zahl. Konfrontiert mit der mörderischen Realität an den Einsatzorten ihrer Männer, schauten die meisten Ehefrauen zu, weg oder wurden selbst aktiv. Unrechtsbewußtsein war selten vorhanden, weder während des Dritten Reiches noch danach.

Die Anhängerinnen Hitlers wurden lange Zeit unter zwei Gesichtspunkten betrachtet: Der eine bestätigte den Mythos, die Frauen seien zu einem überproportional hohen Anteil für die Triumphe des Nationalsozialismus verantwortlich gewesen; der andere verkehrte die Fakten, indem er die Möglichkeit für Frauen, sich für den Unrechtsstaat eingesetzt zu haben, leugnete. Und doch halfen Frauen, mit der ihnen zugeschriebenen »Güte«, das brutale und unmenschliche Regime aufrechtzuerhalten.

In den neueren Forschungen von Historikern kommt klar zum Ausdruck, daß Frauen in der nationalsozialistischen Gesellschaft eine weitaus wichtigere Rolle spielten, als bisher angenommen. Ein Beispiel dafür sind die zahlreichen weiblichen Angehörigen der SS-Sippengemeinschaft. Es zeigt sich, daß, getreu Himmlers Familienideal von einer »rassischen Oberschicht des germanischen Volkes«, Frauen eine aktive Rolle bei der Vernichtungspolitik spielten.

Hitlers Helferinnen, verbrechensbeteiligte Frauen gab es in allen sozialen Schichten. Provokateurinnen, SS-Ärztinnen, SS-Aufseherinnen, Frauen, die Nutznießerinnen der Zwangsarbeit von inhaftierten Frauen und Männern wurden. Vielen fehlte die Einsicht in das begangene Unrecht auch nach dem Zweiten Weltkrieg.

Opfer im KZ Auschwitz

Keine Frau wurde vom totalitären Regime genötigt, sich durch besondere Härte auszuzeichnen oder »Führungsqualitäten« zu beweisen, und niemand wurde gezwungen, Karriere zu machen und Machtpositionen einzunehmen; die Entscheidung war stets eine individuelle und freiwillige.

Es ist für viele Frauen, die dieses Regime miterlebt haben, schwer zu begreifen, was damals geschah. Dies gilt auch für die Nachgeborenen. Hannah Arendt schrieb dazu: »Begreifen bedeutet freilich nicht, das Ungeheuerliche zu leugnen, das Beispiellose mit Beispielen zu vergleichen oder Erscheinungen mit Hilfe von Analogien und Verallgemeinerungen zu erklären, die das Erschütternde der Wirklichkeit und das Schockhafte der Erfahrungen nicht mehr spüren lassen. Es bedeutet vielmehr, die Last, die uns durch die Ereignisse auferlegt wurde, zu untersuchen und bewußt zu tragen und dabei weder ihre Existenz zu leugnen, noch demütig sich ihrem Gewicht zu beugen, als habe alles, was einmal geschehen ist, nur so und nicht anders geschehen können.«

Zu Recht hat Hannah Arendt gefordert, daß wir »alle Räder und Rädchen im Getriebe« der NS-Mordmaschinerie wieder in Täter und Täterinnen, das heißt in reale Menschen zurückverwandeln müssen, damit sie sich nicht mit dem Argument der eigenen Machtlosigkeit aus der Verantwortung herausstehlen können.

Helm Stierlin

# Anziehung und Distanz

## Hitler und die Frauen aus der Sicht eines Psychotherapeuten

*Bis heute ein Rätsel*

Hitlers Leben, Karriere und Wirkung sind voller schwer aufzulösender Widersprüche und Rätsel, die trotz einer inzwischen viele tausend Titel umfassenden Literatur zur Person und Geschichte bis heute bestehen. Wie zum Beispiel läßt sich Hitlers schneller Aufstieg erklären angesichts der Tatsache, daß er bis zu seinem 30. Lebensjahr eine gescheiterte Existenz war, ein Mann, der sich über Jahre notdürftig im Wiener Obdachlosenmilieu durchschlug? Oder daß der Gefreite des Ersten Weltkriegs, den seine Vorgesetzten wegen mangelnder Führungsqualitäten nicht beförderten, fünfzehn Jahre später zum Alleinherrscher Deutschlands

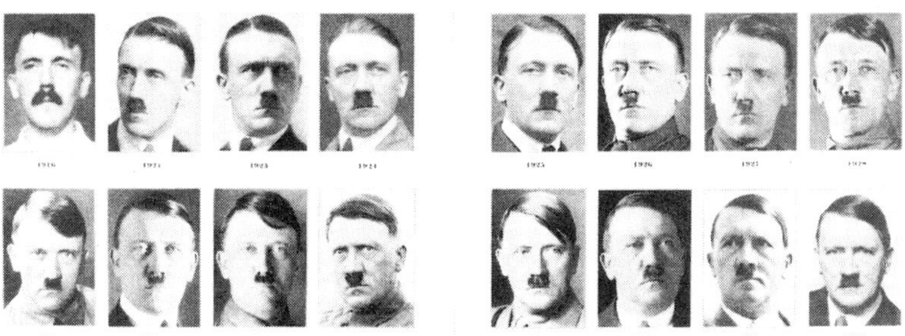

»Adolf Hitler im Wandel der Zeit«. Veröffentlicht 1936 in einer Sondernummer des *Illustrierten Beobachters*: *Adolf Hitler. Ein Mann und sein Volk*

und obersten Befehlshaber der Streitkräfte aufstieg? Daß ihm, dem fast alle seine Biographen – namentlich Joachim Fest und Ian Kershaw – innere Leere, ja »widerwärtige Banalität« und vor allem mangelnde Empathie bescheinigen, Millionen von Menschen bis zur Selbstaufopferung mitreißen konnte? Und: Wie ein Mann, der sich heute nicht wenigen Betrachtern alter Wochenschauen als ein verstiegener, manieristisch posierender, ja lächerlicher Möchtegern-Macho zeigt, doch viele Frauen in seinen Bann zu schlagen vermochte, von denen fünf Selbstmord begingen oder versuchten?

Diese Widersprüche und Rätsel – und ich spreche bewußt von Rätseln – sind miteinander verwoben. Sie lenken den Blick auf Faktoren, die innerhalb verschiedener Bereiche, wie dem der Politik, der Kultur und der Ideengeschichte, Wirkung entfalteten und die sowohl Hitlers Psychologie und Motivationsdynamik prägten als auch andererseits von ihnen geprägt wurden.

Den Versuch zu unternehmen, diese Wechselwirkungen auch nur annähernd erschöpfend darzustellen, würde den Rahmen eines Essays sprengen. Und doch sind sie ständig im Auge zu behalten. Ich tue dies aus der Sicht eines Psychiaters und Psychotherapeuten, der sich zunächst zum Psychoanalytiker ausbildete und sich zunehmend als ein systemischer Psychotherapeut verstand und noch versteht. Als solch ein Therapeut habe ich mich über viele Jahre im besonderen mit den Familienbeziehungen psychisch und auch psycho-somatisch gestörter Klienten befaßt.

Wenden wir uns nun dem mit Blick auf mein Thema – Hitlers Verhältnis zu Frauen und das Verhältnis der Frauen zu Hitler – relevanten psycho-sozialen Bereich zu, so sind darin zunächst einige weitere Bereiche voneinander abzugrenzen. Diese verlangen eine, wenn man so will, jeweils andere Einstellung unserer erkennenden Linse.

*Unterschiedliche Beziehungsbereiche*

Da ist zunächst das, was wir Hitlers Beziehung zu sich selbst, vielleicht genauer: zu seinen Gefühlen, Bedürfnissen, zu den ihn antreibenden Grundannahmen und Leitideen nennen können. Es läßt sich hier auch von Hitlers Motivationsdynamik sprechen, wie sich diese in seinem »inneren Parlament« entwickelte und zum Ausdruck brachte. Das Bild eines »inneren Parlaments« läßt uns an Bedürfnis- oder auch Antriebsfraktionen denken, die jeweils in der Psyche des Individuums um die Macht ringen und dann entsprechend den jeweiligen Machtverhältnissen die »Außenpolitik« – und im gegebenen Falle eben auch die »Frauenpolitik – bestimmen. Es legt weiter die Vorstellung eines Selbst oder Ich nahe, von dem es abhängt, wie sich das »innere Parlament« konstituiert, welche Bedürfnis- beziehungsweise Interessenfraktion darin zu Worte und damit zur Macht kommt, ob, wie und wann etwas darin verhandelt wird und ob, wie und wann sich dies auf die Außenbeziehungen auswirkt. Wobei sich nun, je nach Zustand des Parlaments, sowohl an klare, vom parlamentarischen Konsens getragene Zielvorgaben als auch an lähmende Pattsituationen wie auch an tiefe Spaltungen und/oder an die Unterdrückung beziehungsweise die Verdrängung von Antriebsfraktionen denken läßt.

Diese Motivationsdynamik – und die sich damit verbindende Außenpolitik – entwickelt und gestaltet sich (und damit kommt der zweite hier wichtige Bereich in den Blick) in des Individuums Beziehungen zu den jeweils existenziell bedeutsamen Menschen. Das sind in der Regel zuerst die nahen Familienangehörigen, darunter in erster Linie die Mutter, dann auch der Vater und möglicherweise Geschwister, Gespielen und Freunde. Sie bilden das sozialisierende Milieu. Darin wirken diese Personen nicht nur als Kommunikationspartner, als Modelle für das eigene Verhalten, als geliebte oder gehaßte Betreuer oder Rivalen, sondern auch als Personen, die – sei dies offen, sei dies verdeckt – Grundannahmen, Leitunterscheidungen und Aufträge anliefern, dabei Phantasien und Erwartungen anregen und so die individuelle Motivationsdynamik gleichsam entweder energetisch aufzuladen oder – etwa im Falle massiver Auftrags- oder Loyalitätskonflikte – zu lähmen vermögen. Hier läßt sich auch von dem jeweils das Verhalten anleitenden Delegationsszenario sprechen.

Dabei erfaßt der Begriff der Delegation die (häufig verdeckt) an die Kinder gerichteten elterlichen Erwartungen, Hoffnungen und Aufträge – wie etwa: den Beruf des Vaters fortzuführen, ein großer Sportler oder Künstler zu werden, das nicht gelebte Leben eines Elternteils nachzuholen, dessen ungelebte Träume zu realisieren, und vieles andere mehr – Erwartungen, Hoffnungen und Aufträge, die indessen häufig widersprüchlich sind und ein Kind um so mehr belasten können, als es sich den Eltern gegenüber schuldig fühlt, es sich gebunden und, wie es heute in der Literatur zur Familientherapie häufig zu lesen ist, als »parentifiziert«, das heißt sich den Eltern gegenüber in einer Elternrolle und einer Elternverantwortung erlebt.

Weiter sind hier Hitlers Beziehungen zu den (wirklichen oder von ihm in der Phantasie verklärten) Persönlichkeiten des öffentlichen Lebens zu nennen, deren Ansichten er in sich aufsog, während er sie zugleich für seine Bedürfnisse und Zwecke zurechtschneiderte. Dazu zählen Menschen vom Schlage des »alldeutsch« agitierenden, antisemitischen Wiener Oberbürgermeisters Georg Ritter von Schönerer, die einem Sozialdarwinismus huldigenden Autoren Arthur de Gobineau und Houston Stewart Chamberlain und viele andere Verkünder und Verbreiter von Ideen. Sie bestimmen während Hitlers Jugend und im jungen Erwachsenenalter die aufgewühlte Wiener Luft. Sie prägen auch sein Bild von Wesen und Rolle der Frau und der sich daraus ergebenden Mann-Frau-Beziehung.

## *Zu Hitlers Motivationsdynamik*

Einen unmittelbaren Zugang zum Innenleben eines Menschen gibt es nicht. Wir müssen uns dieses aus seinen Aussagen und seinem Verhalten erschließen und können es, auch wenn wir es zu erfühlen glauben, nur von außen beschreiben. Und wie wir das tun, hängt wiederum von unserem Informationsstand, unseren bei der Beschreibung verwendeten sprachlichen Konstrukten und Leitunterscheidungen ab.

So erklärt es sich auch, daß das Bild von Hitlers Charakter und Motivationsdynamik trotz oder nun auch wegen der zahllosen vorliegenden Beschreibungs- und Deutungsversuche bis heute schillert.

Verwenden wir wieder das Bild eines inneren Parlaments, dann läßt sich von der Leitunterscheidung zwischen privatem und öffentlichem Selbst ausgehen. Vereinfacht kann man sagen: Das private Selbst steht darin für all die Bedürfnisse und Antriebe, die wir gemeinhin mit der Intimsphäre, vielleicht genauer: die wir mit dem Bedürfnis nach und der Fähigkeit, sich intim mitteilen zu können, mit vertrauensvollem, spontanem und entspanntem Austausch, mit Empathie und Mitgefühl, mit auf gegenseitiger Wertschätzung beruhender Freundschaft, mit dem Annehmen- und Zeigenkönnen von Schwäche und Abhängigkeit und auch mit einer durch gegenseitige Liebe gekennzeichneten Beziehung in Verbindung bringen. Dieses private Selbst zeigt sich bei Hitler blockiert und verkümmert. Diese Verkümmerung kann verständlicher machen, warum er als allmächtiger Führer nie einen Gedanken darauf verschwendet zu haben scheint, wie es Menschen zumute sein muß, deren Angehörige, Kinder nicht weniger als Greise, in den Tod getrieben werden. Aber diese Verkümmerung verrät sich auch in dem Eindruck von Verkrampfung, von mangelnder Fähigkeit zur Einfühlung, von Humorlosigkeit und von linkischem Ungeschick, den er immer wieder auf Frauen machte, die ihn aus der Nähe beobachten konnten.

Adolf Hitler 1928/29. Das Foto wurde in der NS-Zeit nicht veröffentlicht

So berichtet etwa Henriette von Schirach von einer privaten Sylvesterfeier bei Heinrich Hoffmann im Jahre 1923, zu der neben Hitler auch einige attraktive Fotomodelle eingeladen waren. Einem alten weihnachtlichen Brauch zufolge darf man den, der unter einem Mistelzweig steht, küssen. Als daher eine der jungen Frauen den ahnungslosen jungen Hitler, der zufällig unter einem Mistelzweig stand, zärtlich umarmte und auf den Mund küßte, erwiderte letzterer nicht den Kuß, was unter den Umständen die natürlichste Sache der Welt gewesen wäre. Vielmehr sah er sie ernst an, holte seinen Trenchcoat und schwarzen Hut und ging ohne Gruß in die Nacht hinaus. (Daß dann gerade solche »Intimitätsscheu« Hitler offenbar für nicht wenige Frauen attraktiv machte, ist eine andere Geschichte.)

Ganz anders zeigt sich uns Hitler dagegen, sobald es um sein öffentliches Selbst geht. Das kam immer dann ins Spiel, wenn er sich als Demagoge und Führer zur Wirkung brachte, der die Massen aufputschte und begeisterte, der Auserwähltheit und Selbstsicherheit ausstrahlte, der es liebte, Rivalen schon mit seinem Blick in die Knie zu zwingen, und der sagen konnte: »Ich irre mich nie. Jedes meiner Worte ist historisch«.

Aber dieses öffentliche Selbst war offenbar auch in hohem Maße durch Scham verletzbar. Denn je mehr es Hitler darauf ankam, in der Öffentlichkeit zu brillieren und seine Anhänger bedingungslos hinter sich zu scharen, um so mehr mußte er alles vermeiden, was einen Eindruck von Gewöhnlichkeit und menschlicher Fehlbarkeit hätte wecken können.

Dieses Selbst scheint ihn also immer dann unter Hochspannung gesetzt zu haben, wenn er öffentlich auftrat, es nährte sich von innerer Energie und scheint diese zugleich immer wieder erzeugt zu haben. Es hatte – greifen wir wieder zum Bild des inneren Parlaments – offenbar dessen mächtigste Fraktionen hinter sich. Aber um das zu erreichen, mußte es in Zeiten zunehmender Bedrohung, Rückschläge und Niederlagen auch vermehrt Energie aufbringen, um das öffentliche Image des unfehlbaren Führers aufrecht zu erhalten, dem Führerkult Nahrung zu geben und dadurch Scham abzuwehren. Was wiederum dem privaten Selbst Energie entzog und dieses weiter verkümmern ließ. Und es war, so möchte ich sagen, Hitlers öffentliches Selbst, das seine Sexualität und Erotik weitgehend prägte und lenkte.

## *Zur Sexualität und Erotik Hitlers*

Sexualität und Erotik können – wie nicht zuletzt die mit systemischer Paartherapie gemachten Erfahrungen zeigen – für Menschen sehr unterschiedliche Bedeutungen haben. So kann Sexualität von intimen Beziehungen weitgehend abgetrennt sein und zu einer Art Sport, ja Hochleistungssport werden, zu einer als harmlos bewerteten Form von Entspannung, zu einem Element der Psycho-Hygiene und zu vielem anderem mehr. Dies gilt im besonderen für Sexualität in einem liberalen gesellschaftlichen Klima, wie wir es in heutigen westlichen Gesellschaften antreffen.

Und doch hat Sexualität auch heute noch für die Gestaltung intimer Beziehungen einen hohen Stellenwert. Sie läßt sich als ein Barometer und Kernelement dieser Beziehungen bezeichnen, denn sie zeigt sich uns hier als Mitursache, sowie als Ausdruck und Folge eines Immer-wieder-zueinander-finden-Könnens, einer vertrauenden, die Partner immer wieder entspannenden, immer wieder Intimität und beiderseitiges Wohlbefinden ermöglichenden tiefen Beziehung, innerhalb derer sich dann auch Konflikte leichter lösen lassen oder es sich zumindest leichter mit unlösbaren Konflikten leben läßt. Anders gesagt: Sie zeigt sich als Mitursache, Ausdruck und Folge eines sicher etablierten und dialogfreudigen privaten Selbst. Inzwischen liegt eine Reihe von Langzeituntersuchungen vor, denen zufolge eine derartige – sich in eine vertrauensvolle und wertschätzende Beziehung einbettende Sexualität – einen Faktor darstellt, der ein langes und gesundes Leben mit bewirkt.

Adolf Hitler in deutlicher Pose

Daher liegt es sowohl mit Blick auf Hitlers Motivationsdynamik wie auch mit Blick auf seine Beziehungen zu Frauen nahe, nach seiner Sexualität zu fragen. Allerdings: Tun wir das, haben wir von einer zumeist dürftigen, vielfach ungesicherten Quellenlage auszugehen.

Immerhin lassen uns die verfügbaren Informationen annehmen, daß Hitler sich, wenn überhaupt, sexuell mit Frauen nur wenig abgab und das wohl auch erst zu einer Zeit, als er schon zu einer prominenten politischen Persönlichkeit aufgestiegen war. Bei dem ihn im Berghof umgebenden Personal ist die Rede von einem sexuellem Neutrum. So wurde er offenbar auch von nicht wenigen »Volksgenossen« während seiner 12jährigen Herrschaft als sexuell unterbeschäftigt und/oder uninteressiert wahrgenommen. (Ich erinnere mich an einen der Hitlerwitze, die – unter erheblichen Gefahren für deren Verbreiter – in den letzten Kriegsjahren unter vorgehaltener Hand erzählt wurden. Es ging darin um die Frage: Warum legt Hitler beim Hitlergruß seine linke Hand immer auf den Hosenschlitz? Worauf die Antwort lautete: Dadurch beschützt er seinen Arbeitslosen!) Gehen wir weiter davon aus, daß gerade die Sexualität oder genauer: ein wirkliches oder angenommenes Versagen beziehungsweise ein Defekt im sexuellen Bereich bei Betroffenen häufig stärkste Schamreaktionen auszulösen vermag, könnte dies ebenfalls verständlich machen, warum sich hier der, wie wir annehmen dürfen, durch Scham so leicht verletzbare Hitler Zurückhaltung auferlegte. In diesem Zusammenhang läßt sich auch daran erinnern, daß den (inzwischen allerdings angefochtenen) Angaben von Lew Besymenski zufolge das russische Team von Ärzten und Pathologen, das später Hitlers verkohlte Leiche untersuchte, das Fehlen eines Hodens festgestellt habe.

Es gibt indessen auch Aussagen dahingehend, daß Hitler sich in der Beziehung zu seiner Nichte Geli Raubal – sie wird uns in der Folge noch beschäftigen – sexuell abartig verhielt. Sie stammen von geflohenen Nazi-Dissidenten, sind wenig verläßlich und nicht mehr überprüfbar. Bei seiner Befragung durch das US Office of Strategic Studies habe etwa Otto Strasser im Jahre 1943 ausgesagt, daß Hitler von Geli verlangt habe, sie solle, wenn er sich sexuell errege, auf ihm sitzend auf ihn urinieren, weil dies seine sexuelle Lust steigere. Das habe Geli mit Ekel erfüllt. Sollte es der Wahrheit entsprechen, würde sich dies im Lichte heutigen psychiatrischen Wissens über die Bedingungen und Psychodynamik sexueller Perversionen durchaus in das Bild eines im Empfinden und Bekunden intimer Gefühle und Bedürfnisse blockierten Hitler einfügen.

Läßt sich aber mit Blick auf Hitlers privates Selbst von einer verkümmerten oder blockierten Erotik sprechen, so gilt dies keinesfalls für sein öffentliches Selbst, eher im Gegenteil. Ja, man könnte fast sagen, daß die im Bereich des privaten Selbst blockierten erotischen Bedürfnisse und sexuellen Energien sich um so ungestümer im Bereich des öffentlichen Selbst auszutoben vermochten. Und dies geschah vor allem in den von Hitler inszenierten Massenversammlungen und Massenaufmärschen. Viele Beobachter dieser Veranstaltungen sprachen von erotisch durchwirkten Spektakeln und einer erotisch aufgeheizten Atmosphäre. Worin sich wieder zwei hauptsächliche Qualitäten oder Komponenten unterscheiden lassen, die sich auch vermischen und gegenseitig verstärken konnten: eine aggressiv-sadistische und eine orgastisch-rauschhafte Qualität.

Die erste Qualität brachte sich nicht zuletzt in der oft phallisch wirkenden Gebärdensprache und Symbolik, wie dem stoßartig dargebrachten Hitlergruß, dem Stechschritt der kerzengrade aufmarschierenden Kolonnen, der knarrend aggressiven Sprache der Parteiredner, zum Ausdruck, die, von Hitler beflügelt, diesen Inszenierungen ihr Gepräge gaben. Auch Hitlers oft erwähnter stechend-durchdringender Blick hatte offenbar für nicht wenige Teilnehmer seiner Veranstaltungen eine phallische Qualität. Solche aggressiv-sadistische Qualität verband sich dann bei Hitlers Zuhörern und Zuschauern oft assoziativ mit seinem tödlichen

Teilnehmerinnen des Deutschen Sängerbundfestes in Breslau am 31. Juli 1937 jubeln Adolf Hitler zu

Judenhaß. Dann »strömte von ihm«, in den Worten des Schweizer Publizisten Herbert Lüthy, »ein Fluidum krankhaften erotischen Hasses aus«, durch das er sich und seine Zuhörer mit Phantasien von schleimigen, pervertierten, blonde arische Jungfrauen schändenden Juden aufreizte. Auch der amerikanische Historiker Rudolph Binion, dem wir wichtige Erkenntnisse zu Hitlers Psychologie und den ihn prägenden Beziehungen verdanken, spielt auf solch rhetorisch gesteuertes Aufreizen – allerdings nun zumeist nicht direkt auf Juden bezogen – an, wenn er schreibt: »In den (aus der griechischen Mythologie bekannten) *Mänaden* ist die Sexualität, die die göttliche Raserei durchtränkt, oral-sadistischer Natur. Von Dionysos, dem Weinspender selbst, heißt es, man gießt den Gott vor allen Göttern aus. Er wird von den Tieren symbolisiert, die seine Anhängerinnen säugen und verschlingen, und weiter entfernt auch von Pentheus, den seine Mutter in göttlicher Verzückung Glied für Glied zerreißt. Oraler Sadismus lag ganz ähnlich der leidenschaftlichen Rhetorik zugrunde, durch die Hitler seine Zuhörer sowohl speiste als auch von ihnen gespeist wurde«.

Die orgastisch-rauschhafte Qualität, das zweite hauptsächliche Element in Hitlers erotisch aufgeladenen Massenspektakeln, bekundet sich dagegen vielleicht am deutlichsten in den Worten, mit denen er am 13. September 1936 auf einem Reichsparteitag in Nürnberg eine vieltausendköpfige Menge begeisterte, ja fast eine Unio mystica er- und bezeugte: »Das ist das Wunder unserer Zeit, daß ihr mich gefunden habt – daß ihr mich gefunden habt unter so vielen Millionen! Und daß ich euch gefunden habe, das ist Deutschlands Glück!«

Diese Worte lenken auch den Blick auf Hitlers Beziehung zu den Deutschen, zu Deutschland, das er sein »Mutterland« und seine einzige Braut nannte, und damit auch zu dem Menschen, der für Hitler zweifellos die wichtigste ihn prägende Beziehungsperson war und uns wohl auch am meisten Aufschluß über sein Verhältnis zu Frauen zu geben vermag: seiner Mutter.

## *Hitlers Mutter – die Frau über seinem Leben*

Ich habe in meinem vor mehr als einem Vierteljahrhundert erschienenen Buch *Adolf Hitler – Familienperspektiven* Hitlers Beziehung zu seiner Mutter als zentral für das Verständnis seiner Motivationsdynamik dargestellt. Oder, um es mit Blick auf Hitlers Verhältnis zu Frauen etwas anders auszudrücken: Ich habe die Beziehung zu seiner Mutter als die wichtigste Frauenbeziehung seines Lebens beschrieben. Was sich auch darin bekundet, daß ihn das Photo seiner Mutter bis zu seinem Tod im Bunker der Reichskanzlei ständig begleitete. Diese Beziehung bleibt für mich auch bis heute zentral.

Warten auf Hitler – kniend, die Straße blumengeschmückt

Eine Forschungsrichtung, die seit Erscheinen meines Hitlerbuches einen enormen Auftrieb genommen hat, die sich in meine damaligen Überlegungen einfügt und zugleich neues Licht auch auf Hitlers Beziehung zu den ihn prägenden Menschen zu werfen vermag, ist die sogenannte Bindungsforschung. Sie wurde von dem Engländer John Bowlby vor circa zwanzig Jahren begründet und inzwischen vielfach weitergeführt.

Diese Forschung geht der Frage nach, wie sich Mutter und Kind emotional und später auch sprachlich so auf einander einzustimmen vermögen, daß es zur Entwicklung dessen kommen kann, was ich in meinen Schriften als eine positive Gegenseitigkeit und später als eine sich positiv vorantreibende Dynamik der bezogenen Individuation beschrieben habe. Der übergreifende Gesichtspunkt ist dabei, daß Mutter und Kind dank der von der Mutter, und später auch von anderen Familienangehörigen und nahen Personen, erbrachten Liebe, dank ihrer schützenden Fürsorge und Anregung, aber auch dank des die Mutter immer wieder bestätigenden Antwortverhaltens ihres Kindes immer neue Stadien und Formen der Beziehung möglich werden, die sich dann als Formen einer auf immer neuen Stufen gelingenden bezogenen Individuation beschreiben lassen. Bei der Ermöglichung dieser Stufen wirkt dann auf jeweils unterschiedliche Weise das zusammen, was ich Individuation mit der Mutter und Individuation gegen die Mutter oder nun auch kurz »Individuation mit« und »Individuation gegen« genannt habe.

Ein Blick auf die kindliche Sprachentwicklung kann verdeutlichen, was hiermit gemeint ist. Denn man kann sagen: Das Kind entwickelt und erlernt seine »Muttersprache« im innigen und vertrauenden Umgang *mit* der Mutter. Aber dieselbe Muttersprache erlaubt dem Kinde in der Folge auch, sich, falls nötig, *gegen* die Mutter zu individuieren, das heißt seine Gedanken, Gefühle und Absichten von den Gedanken, Gefühlen und Absichten der Mutter zu unterscheiden, sich von diesen abzugrenzen und notfalls sich auch gegen diese zu behaupten. Was dann aber nicht zum Beziehungsabbruch, sondern, wenn dieser Prozeß gut läuft, zu einer anderen Beziehung führt, die auch durch eine andere Art der Verbundenheit und eine andere Art des bereichernden Austausches und der gegenseitige Wertschätzung gekennzeichnet ist.

Ich meine nun, ob und wie sich dieser Prozeß der bezogenen Individuation in der Beziehung zur Mutter und früher oder später auch zum Vater und zu anderen nahen Personen vorantreibt, ob und wie er möglicherweise blockiert und/oder aus der Bahn geworfen wird, entscheidet wesentlich mit darüber, wie privates und öffentliches Selbst zu einander zu einer guten Balance finden, welche Rolle darin der Sexualität und Erotik zukommen und vor allem auch: Wie sich im privaten Selbst Bedürfnisse nach und Fähigkeiten zum vertrauensvollen, mitfühlenden und wertschätzenden Austausch mit anderen Menschen – und im Falle eines Mannes auch zu solchem Austausch mit Frauen – zu entwickeln vermögen. Oder, um wieder auf das Bild des inneren Parlaments zurückzugreifen, ob und wie darin die solchen Austausch ermöglichende und tragende Bedürfnis- und Antriebsfraktion zur Macht zu gelangen vermag, sich an der Macht zu halten vermag und damit auch die »Außenpolitik« beziehungsweise die »Frauenpolitik« bestimmt.

Es lassen sich hier nun weiter Szenarien der Individuation, beziehungsweise des Ablösungsgeschehens im Kindes- und Jugendalter unterscheiden (die die psychologische Entwicklung und spätere Beziehungsfähigkeit des Individuums auf die eine oder andere Weise zu stören wenn nicht zu blockieren vermögen). Ich unterscheide hier im Lichte meiner als Familientherapeut und -forscher gemachten Erfahrungen zwischen drei hauptsächlichen Ablösungs- oder besser Individuationsszenarien, die sich auf unterschiedliche Weise überlagern und im Lauf einer Entwicklung auch ablösen können – einem Bindungs-, einem Ausstoßungs- und einem Delegationsszenario. Das führte mich dazu, Hitlers Mutterbeziehung in einem bestimmten Licht zu sehen und von Hitler als von einem muttergebundenen Delegierten zu sprechen.

### *Hitler als gebundener Delegierter seiner Mutter*

Allerdings: Auch Hitlers Mutterbeziehung läßt sich nicht losgelöst von der Eltern- und Familienkonstellation und der Vater-Mutter-Konstellation betrachten, in die sich diese Beziehung einbettete. Daher befassen wir uns zunächst mit Hitlers Vater Alois:

Klara Hitler

Dieser Vater war der illegitime Sohn einer Magd. Er wuchs in einem armen Bauernmilieu auf und lernte autodidaktisch Lesen und Schreiben, arbeitete zunächst als Schuster und wurde später österreichischer Zollbeamter. Dadurch schaffte er den Aufstieg von der unteren zur Mittelschicht, was für ihn mit relativem Wohlstand und Landbesitz verbunden war. Er hatte bereits zwei Ehen und auch schon verschiedene Affären hinter sich, als er im Alter von siebenundvierzig Jahren die dreiundzwanzig Jahre jüngere Klara Pölzl schwängerte, die er einige Zeit später auch heiratete. Er schwängerte sie, während seine in der Nähe wohnende Frau »Fanny« an einer Tuberkulose dahinsiechte.

Klara gebar in schneller Folge drei von Alois gezeugte Kinder, die jedoch alle vor Vollendung ihres dritten Lebensjahres an Diphtherie starben. Erst ihr viertes Kind, Adolf, blieb am Leben, und sie entwickelte zu ihm in der Folge eine ungewöhnlich enge Beziehung, die, wie ich meine, uns die wohl wichtigsten Aufschlüsse über seine Frauenbeziehungen überhaupt zu geben vermag. Um aber deren Qualität und deren Bedeutung sowohl für Klara als auch für Adolf erfassen zu können, müssen wir uns zunächst folgendes vergegenwärtigen:

Klara war das siebente von elf Kindern eines armen Bauern. Mit Alois war sie entfernt verwandt und sie betrachtete ihn als ihren Onkel. Schon mit vierzehn Jahren arbeitete sie als Magd in seinem Haushalt. Und im Gegensatz zu Alois, der Zeitzeugen zufolge meist selbstbewußt und autoritär auftrat, aber in Grenzen auch autoritäre Instanzen wie die katholische Kirche zu attackieren vermochte – so wenn er gelegentlich die »schwarzen Klerikalen« beschimpfte und lächerlich machte –, zeigt sich uns Klara als eine Person, die traditionellen Autoritäten völlig ergeben ist. So verehrte sie auch die katholische Kirche und ihre Würdenträger in kindlicher Frömmigkeit und verinnerlichte offenbar, ohne zu fragen, die Gebote und den Sünde-, Schuld- und Schamkodex dieser Kirche.

Es läßt sich angesichts ihres untergeordneten und hörigen Hausfrauendaseins davon ausgehen, daß nahezu alles, was sie sich vom Leben wünschen konnte, ihr durch Ehemann und Kinder zuteil werden mußte. Dem Mann gegenüber war ihre Position schwach. Während ihres ganzen Lebens als verheiratete Frau blieb ihre Stellung Alois gegenüber unsicher, wenn nicht hilflos. In den Worten von Bradley F. Smith, der die uns über Hitlers familiären Ursprung zugänglichen Informationen sichtete und analysierte, »hatte sie kaum nahe Beziehungen zu anderen Menschen, und die wenigen, die sie hatte, galten hauptsächlich Mitgliedern ihrer Familie. Im täglichen Leben gab ihr nur die Kirche eine von der Gesellschaft akzeptierte Möglichkeit, aus den engen Grenzen ihres Hauswesens herauszutreten. Alois bestand auf ihrem regelmäßigen Kirchenbesuch, da er der Ansicht war, eine Frau gehöre nun einmal in die Küche und in die Kirche. Er handelte hier weder aus religiöser Überzeugung, noch stand er unter sozialem Druck; es waren lediglich sein Pflichtgefühl und Standesbewußtsein, die ihn auf regelmäßigem Kirchenbesuch seiner Frau bestehen ließen. Alois dominierte seine Frau noch vollständiger, als dies in der von Soziologen so geliebten »autoritären Familienstruktur« üblich ist. Sie verdankte ihm alles und besaß in ihrer totalen Abhängigkeit nichts, mit dem sie sich ihm gegenüber hätte behaupten können. Selbst jene relativ unstrukturierte Anfangsperiode der Ehe, die sogar in autokratischen Familien einer jungen Frau noch einen gewissen Freiheitsspielraum erlaubt, war ihr vorenthalten worden. Alois hatte sie in seinen Haushalt genommen, um eine Lücke in der Maschinerie zu füllen, und sie konnte sich niemals innerlich von diesen demütigenden Umständen ihres Ehebeginns freimachen. Auch die Tatsache, daß sie und Alois eine gemeinsame Verwandtschaft hatten, scheint im Laufe der Jahre gegen sie gearbeitet zu haben. Selbst im Kreise ihrer eigenen Verwandten war Alois die wichtigere Person.« Wie sehr Klara Alois bis an ihr Lebensende als eine Respekt gebietende Vater- oder auch Onkelautorität wahrnahm, bezeugt sich unter

Alois Hitler

anderem darin, daß sie auch noch nach Alois' im Jahre 1903 erfolgten Tod Besucher ehrfurchtsvoll auf sein Bild hinzuweisen pflegte.

Auch im Hinblick auf den Einfluß, den Alois auf seinen Sohn Adolf ausübte, sind wir auf Vermutungen angewiesen, aber man darf davon ausgehen, daß Alois dessen Leben als eine stets zu Prügeln bereite und bedrohliche Autoritätsperson überschattete, daß er dem Jungen die Vorzüge von Dominanz und autokratischer Herrschaft vorexerzierte, möglicherweise das Beispiel einer ambitiösen Verschlagenheit gab, es aber kaum vermochte, im Sohn jene warmen, bewundernden und vertrauenden Gefühle auszulösen, die zu einer positiven Identifizierung mit dem Vater und auch zu einer guten Balancierung von privatem und öffentlichem Selbst beigetragen haben könnten. Denn alles spricht dagegen, daß Alois seinem Sohn als ein Modell für loyale, zärtliche, sexuell erfüllte und von gegenseitiger Achtung getragene Beziehungen zwischen Mann und Frau hätte dienen können. (Was Hitler aber offenbar nicht hinderte, in seinen späteren Beziehungen zu Autoritätspersonen wie etwa der zu dem Reichspräsidenten Hindenburg Elemente seiner Vaterbeziehung zu reaktivieren: Hinter gefeixter Anpassungsbereitschaft verbargen sich hier wie dort Bereitschaft und Fähigkeit zum trotzigen Austricksen.)

Wenden wir uns nun wieder Klaras Beziehung zu Sohn Adolf zu. Es sind vor allem folgende Elemente, die ihre enge Beziehung prägten: Klaras anhaltende Trauer wegen des Verlustes ihrer ersten drei Kinder, dann die daraus geborene ständige Sorge um das Überleben des kleinen Adolf, weiter eine ungewöhnliche Verwöhnung des Kindes sowie ihre Bewunderung für Adolf, die bei diesem ein Gefühl der Einzigartigkeit nährte, das Gefühl, sich alles erlauben zu können, ja ein Gefühl der Auserwähltheit. Es fehlte die korrigierende Kraft des Vaters, der Adolf von der Mutter hätte emotional wegziehen können, effektiv Grenzen setzen und Adolfs Gefühl von Einzigartigkeit hätte entgegenwirken können. Ja, die enge Bindung zwischen Mutter und Sohn ver-

»Frl. Wolf hat Geburtstag« betitelte Eva Braun dieses Foto.
Gemeint ist Hitlers Schwester Paula, die den Decknamen Wolf benutzte

stärkte sich noch dadurch, daß nun beide – sei dies verdeckt, sei dies offen – die Allianz gegen den autoritären Alois suchten oder auch zu suchen gezwungen waren, und dies obschon Klara offenbar nicht anders konnte, als ihren Mann ängstlich-demütig zu verehren.

Warum sich solche gemeinsame Frontstellung gegen Alois anbot, ja notwendig wurde, erhellt sich vielleicht am deutlichsten aus einem Interview, das der amerikanische Historiker John Toland später mit Hitlers jüngerer Schwester Paula – sie arbeitete auch eine Zeitlang auf dem Obersalzberg für Hitler – führte. Darin läßt sich Paula vernehmen: »Es war vor allem mein Bruder Adolf, der meinen Vater zu extremer Härte provozierte und jeden Tag sein gehöriges Maß an Prügeln bekam. Er war ein etwas unflätiger kleiner Lausbub, und alle Versuche seines Vaters, ihm die Frechheit auszuprügeln und ihn dazu zu bringen, den Beruf eines Staatsbeamten zu wählen, waren vergeblich.« Wozu jedoch anzumerken ist, daß Alois den vorhandenen Informationen zufolge von Adolf daneben vor allem nur wünschte, in Ruhe gelassen zu werden, um möglichst ungestört seinen Neigungen wie Bienenzucht und Wirtshausgeselligkeit im Kreise männlicher Kumpane frönen zu können.

Hitlers Mutter bietet also das fast prototypische Bild einer den drei Ks – Kinder, Küche, Kirche – verhafteten und ihrem Ehemann ängstlich-ehrfürchtig ergebenen Frau, die aus den angeführten Gründen Adolf eng an sich band, in ihrer Beziehung zu ihm ihren tiefsten, wenn nicht einzigen Lebensinhalt fand und sich zugleich herausgefordert sah, soweit wie möglich gegenüber ihrem Mann wie auch gegenüber anderen ihn bedrohenden Personen und Mächten ihre schützende Hand über diesen zu halten.

Wir haben uns indessen zu fragen, wie aus solcher Mutterbeziehung und solchem patriarchalisch kleinbürgerlichen Familienmilieu der spätere Diktator Hitler hervorgehen konnte.

Auch für mich ist diese Frage bis heute schwer zu beantworten und dies um so mehr, als gerade hier von schwer zu erfassenden beziehungsweise schwer zu rekonstruierenden Wechselwirkungen auszugehen ist. Immerhin läßt sich im Lichte heutiger systemisch-psychotherapeutischer Erfahrung doch etwas über Hitlers Mutterbeziehung sagen, das uns einer Antwort näher bringen könnte. Und das hat nun wieder mit der Frage zu tun, ob und

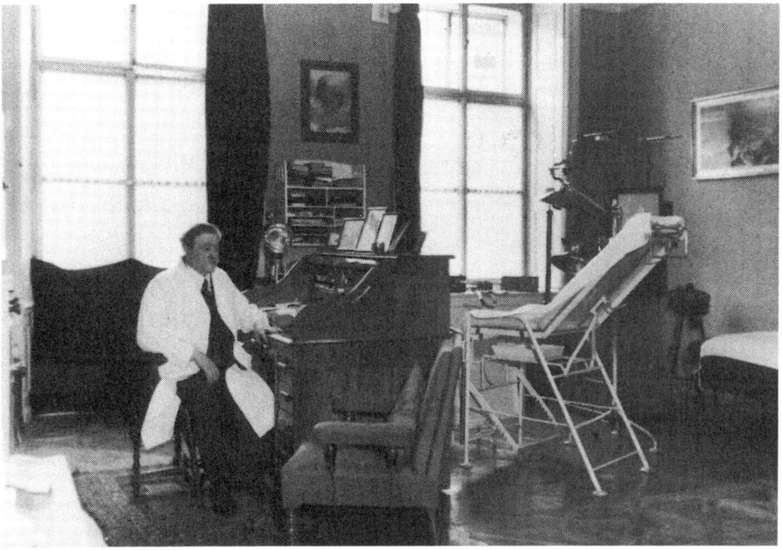

Dr. Eduard Bloch 1938 kurz vor der Schließung seiner Praxis

wie Adolf und Klara sich liebten, oder, vielleicht genauer: ob und wie weit man hier von einer Liebe sprechen kann, die sich als Ausdruck und Folge einer gelingenden bezogenen Individuation verstehen läßt. Diese Frage hat die sich mit Hitler beschäftigenden Psychologen und Historiker immer wieder rätseln lassen und in Widersprüche und Kontroversen verstrickt – denn offenkundig war der sich später als so mitleidslos und liebesunfähig darstellende Hitler seiner Mutter innig und teilnehmend verbunden.

So läßt sich kaum daran zweifeln, daß Adolf zu der Zeit, als er als 17jähriger in Wien Fuß zu fassen suchte, ungewöhnlich darunter litt, als Klara unter Qualen an einem Krebsleiden dahinsiechte und schließlich starb. Dr. Eduard Bloch, der Klara behandelnde jüdische Hausarzt, erinnerte sich später nach seiner (offenbar durch Hitler persönlich ermöglichten) Auswanderung in die USA: »In innigster Liebe hing er (Adolf Hitler) an seiner Mutter, jede ihrer Bewegungen beobachtend, um ihr rasch kleine

Hilfeleistungen angedeihen lassen zu können. Sein sonst traurig in die Ferne blickendes Auge hellte sich auf, wenn die Mutter sich schmerzfrei fühlte.« Und Bloch erinnerte sich auch an den Tag ihrer Beerdigung, den 23. September 1907: »Ich habe in meiner beinahe 40jährigen ärztlichen Tätigkeit nie einen jungen Menschen so schmerzgebrochen und leiderfüllt gesehen, wie es der junge Adolf Hitler gewesen ist.« Wie aber verträgt sich solch liebende Anteilnahme am Leiden der Mutter mit dem Bild des lieblosen, »widerwärtig banalen« Unmenschen, das sich uns auch in seriösen Hitlerbiographien darbietet?

Nun, hier lehrt nicht zuletzt die systemisch-therapeutische Erfahrung, daß, treten noch andere Faktoren hinzu, gerade solche »innigste Mutterliebe« dazu angetan sein kann, den fälligen Prozeß der bezogenen Individuation auf verhängnisvolle Weise zu blockieren. Denn sie beinhaltet seelische Ausbeutung und bereitet den Boden für überfordernde Delegationen, für Konflikte und Spaltungsprozesse, die für einen (systemisch orientierten) Psychiater sogar die Entwicklung einer schizophrenen Psychose verständlicher machen könnten. Denn man könnte hier fast von einer »schizophrenogenen« Konstellation von gleichzeitiger Bindung und Delegation sprechen, bei der sich, wie ich dies in der bereits erwähnten Veröffentlichung tat, die folgenden Elemente in Hitlers Erleben annehmen lassen: »Sorge und Angst, jenen Menschen verlieren zu müssen, der ihn in immerwährender Hingabe verwöhnt und ihm in dieser Hingabe ein Gefühl von Einzigartigkeit und Auserwähltheit vermittelt hatte; Haß auf diesen selben Menschen, der als Bindender und Delegierender *durch* ihn gelebt, das heißt ihn – ohne sich dessen wohl bewußt zu sein – ausgebeutet, ihn an sich gekettet und an der autonomen Entfaltung seiner Persönlichkeit [oder, wie ich eben heute sagen würde, an der fälligen bezogenen Individuation] gehindert hatte. Daher sein ambivalenter Wunsch, sie zu verlieren und doch nicht zu verlieren; daher seine simultane Hoffnung auf und Furcht vor ihrem Tod, daher das Verlangen nach ständiger symbiotischer Nähe und nach gleichzeitiger Befreiung.« Daher dann aber auch, so würde ich heute hinzufügen, eine innere Zerrissenheit, eine Spaltung in seinem inneren Parlament, die sich unter anderem in der so ungleichen Gewichtung von privatem und öffentlichem Selbst, ja möglicherweise in Symptomen und Verhaltensweisen bezeugte, die uns an eine schizophrene Störung denken lassen können.

Denn sprechen wir von einer schizophrenen Störung, dann legt das nicht nur eine innere Gespaltenheit und gleichsam »verquere« Denk- und Gefühlsprozesse nahe, wir denken auch an wahnhafte Verfälschungen der Wirklichkeit, die den Betreffenden zwangsläufig in Konflikt mit der gängigen Realität – oder vielleicht genauer: mit dem, was sich einer tonangebenden Mehrheit als Realität darstellt – bringen und ihn nicht selten in einer psychiatrischen Anstalt landen lassen. Und in der Tat läßt sich bei Hitler um so eher eine Wahnwelt und Wahnkarriere ausmachen, je mehr Distanz wir zu ihm gewinnen. Wobei bis heute auch unter Psychiatern darüber gestritten wird, ob und wie weit man bei Hitler von einer Form der schizophrenen Störung sprechen kann.

Diese Wahnwelt kommt in Hitlers Weltanschauung zum Ausdruck. In diese Weltanschauung ordnet sich auch sein Bild der deutschen Frau ein: Rassische Reinheit und Schönheit verkörpernd, mußte sie sich aus der Politik heraushalten, mußte sie den Männern, die sich zum Kampfe rüsteten oder bereits kämpften, als liebende Hüterin des Heims den Rücken stärken, mußte sie daneben möglichst zahlreiche zukünftige reinrassige Kämpfer gebären und mußte sie diese schon früh auf soldatische Tugenden verpflichten.

Nur: Und darin zeigt sich nun nicht nur für Psychiater, sondern für nachdenkliche Betrachter überhaupt das vielleicht größte Rätsel: Hitler landete nicht im Irrenhaus. Vielmehr vermochte er unzähligen Menschen seine Wahnwelt zu deren Schaden aufzudrängen, ja vermochte er – in der Sicht nicht weniger heutiger Menschen – weite Teile Europas in ein Irrenhaus zu verwandeln.

Wir haben uns zu fragen, ob und wie weit dieser »Weltanschauungswahn« Hitlers im Lichte der oben angedeuteten engen und zugleich ambivalenz- und konfliktträchtigen Beziehung zu seiner Mutter verständlicher werden könnte.

Ich meine, das könnte der Fall sein, gehen wir davon aus, daß Hitler Ambivalenz und Konflikte in der Beziehung zu seiner Mutter mit Hilfe einer Reihe von Spaltungsmanövern zu bewältigen versuchte, die uns aus der psychoanalytischen Arbeit vertraut sind und bei denen der Phantasietätigkeit und der damit einher gehenden Manipulation von Symbolen und Metaphern eine besondere Bedeutung zukommt. Wir sprechen in diesem besonderen Fall von Symbolen und Metaphern, die vorrangig auf der politischen Bühne ihre Wirkung entfalten, deren Manipulation Hitler als Demagoge und Politiker mit zunehmender Meisterschaft beherrschte.

Man kann sagen: Hitler erweckte seine Beziehung zur Mutter Klara wieder in seiner Beziehung zu Deutschland, seinem verklärten »Mutterland«. In dieser Beziehung verwirklichte er sich als ein auserwählter Beschützer, Sohn und Führer, dem alles erlaubt war, dem (eine Zeitlang) offenbar alles gelang, der nichts falsch machen, ja nunmehr als Klaras gebundener Delegierter deren verdeckte und unterdrückte Wünsche befriedigen konnte. So vermochte er dem Mutterland zu einer bisher für unmöglich gehaltenen Macht und Ausdehnung zu verhelfen und so konnte er ihm »Lebensraum« erobern. Möglicherweise vermochte er dadurch auch, wie dies Rudolph Binion nahelegt, die Juden insgesamt stellvertretend für Dr. Bloch, den er im Nachhinein für den qualvollen Krebstod seiner Mutter verantwortlich machte, zur Rechenschaft zu ziehen und zu bestrafen. Denn wie immer man es bewerten möchte: Binion wies meines Erachtens überzeugend nach, daß Dr. Bloch, wenn wahrscheinlich auch in bester Absicht, bei Klara eine Therapie anwendete, die keinen Nutzen hatte und vielmehr ihre Qualen verlängerte und verstärkte. (Vielleicht ist nicht zufällig in seinen Reden und Schriften immer wie-

Die Mutterverehrung bei der Post

der die Rede vom »jüdischen Krebsgeschwür«, das den deutschen Volkskörper befallen habe und das es auszurotten gelte.)

Wie dem auch sei: Hitler konnte in einem Szenario politischer Phantasmagorie die ursprünglich verdeckt auf die Mutter gerichteten aggressiven Impulse von ihrer Person abtrennen, konnte diese in gerechter, haßerfüllter Empörung gegen einen klar definierten Außenfeind – eben *den* Juden und dessen internationale Helfer – richten und sich austoben lassen und konnte nun gerade in der Ausgrenzung und Bekämpfung dieses Außenfeindes das »Wir-Gefühl« der Deutschen, das Gefühl, einer schicksalshaft und symbiotisch zusammengeschweißten Volksgemeinschaft anzugehören, stärken. Was nun alles auch verständlicher machen könnte, warum sein öffentliches Selbst – sozusagen als Produzent und Regisseur solcher Phantasmagorie – sich auf Kosten des privaten Selbst so stark zur Wirkung brachte, ja bringen mußte.

## *Geli Raubal*

Gibt es Hinweise dafür, daß Hitler auch im Bereich des privaten Selbst oder, genauer: im Szenario seiner Beziehung zu anderen Frauen als seiner Mutter Elemente seiner ursprünglichen Mutterbeziehung und damit auch Elemente der ursprünglichen Konfliktkonstellation reaktivierte? Und dies vielleicht nicht unähnlich einer psychoanalytischen Beziehung, die ebenfalls dazu angetan sein kann, Elemente früherer, konfliktbesetzter Beziehungen in deren Übertragung auf den Psychoanalytiker zu aktivieren, hier aber in der Erwartung, daß sich dadurch des Patienten »Altlast« an neurotischen Spaltungsprozessen und Konflikten aufarbeiten läßt? Oder anders ausgedrückt: Gibt es Hinweise darauf, daß sich auch in diesen Frauenbeziehungen die von mir angenommene seinerzeitige Blockade der bezogenen Individuation zum Ausdruck bringt, und dabei ebenfalls typische Konflikte und Bewältigungsstrategien erkennbar werden, die uns an eine psychische Störung, ja eine schizophrene Psychose denken lassen? In Betracht kommt hier vor allem eine Beziehung Hitlers, die zu seiner Nichte Geli Raubal, der Tochter seiner Halbschwester Angela.

Denn diese Beziehung hebt sich von all seinen anderen Frauenbeziehungen ab. Er war davon in einer für ihn ungewöhnlichen Weise persönlich betroffen und aufgewühlt. Und es liegt nahe anzunehmen, daß sich darin auch ein inzestuöser Sog zur Wirkung brachte, wie es ihn schon in seiner Beziehung zu Klara gegeben haben könnte.

Geli war zwanzig Jahre alt, als sie im Herbst 1928 als Hitlers (anscheinende oder wirkliche) Geliebte in die von diesem neu angemietete Wohnung am Münchner Prinzregentenplatz einzog. Sie wird uns als ein kindlich unbefangenes Mädchen geschildert, das das gesellige Leben liebte, gerne mit Hitlers Chauffeur Emil Maurice flirtete, aber dadurch auch so stark Hitlers Eifersucht erregte, daß dieser den Chauffeur aus seinen Diensten und aus seiner Gesellschaft entließ.

Es ist möglich, daß es zwischen Geli und Hitler zu sexuellen Kontakten, ja möglicherweise, wie schon angedeutet, zu von Hitler erzwungenen perversen Praktiken kam, vor denen Geli sich ekelte.

Auch wenn dies nicht der Fall war, in seiner Beziehung zu Geli zeigt sich uns Hitler als extrem eifersüchtig, besitzergreifend und kontrollierend, aber auch als unfähig zum intimen, einfühlenden Austausch. Für Geli wurde es offenbar immer schwieriger, Hitlers emotional aufgeladene Bemühungen um Kontrolle, wenn nicht um Einkerkerung, bei gleichzeitiger eisiger emotionaler Ferne zu ertragen. Am 19. September 1931 fand man sie tot in der gemeinsamen Wohnung auf. Sie hatte sich mit dem Revolver des Geliebten ins Herz geschossen.

Hitler war offenbar vom Selbstmord Gelis zutiefst betroffen. Es wird verläßlich berichtet, er sei Tage lang verstört, sei einem Nervenzusammenbruch nahe gewesen, ja habe den Selbstmord erwogen. Den Verlust seiner Geliebten soll er mit den Worten kommentiert haben: »Bisher hatte ich noch Bindungen zur Welt – offenbar hatte ich sie noch, ich wußte es gar nicht. Jetzt gehöre ich nur noch dem deutschen Volk und meiner Aufgabe. –

Landpartie mit Adolf Hitler und Geli Raubal (links neben Hitler)

Die arme Geli! Sie hat sich dafür opfern müssen«. Sollte dieses Zitat stimmen, würde es in der Tat treffend zum Ausdruck bringen, daß Hitler es aufgegeben hatte, die ihm aus seiner Mutterbeziehung erwachsene »Altlast« – Altlast im Sinne einer infolge von Spaltungsprozessen und von als unlösbar erlebten Konflikten blockierten bezogenen Individuation« – in der intimen Beziehung zu einem lebendigen Menschen zu bewältigen. Das konnte für ihn fortan eben nur noch in der Beziehung zum deutschen Volk auf der heroisch verklärten Bühne der deutschen Politik und später der Weltpolitik geschehen.

Andere Frauen, die später Hitlers Nähe suchten oder diese ertragen mußten, zeigen sich uns nicht mehr als lebendige, emotional besetzte Partnerinnen, sondern nur noch als Dienerinnen und Statistinnen auf dieser Bühne.

## *Eva Braun*

Das gilt auch für Eva Braun, die er als 18jährige Bürokraft bei seinem Photographen Heinrich Hoffmann kennenlernte, und die er dann später auf dem Obersalzberg als jederzeit abrufbereite Unterhaltungsdame (und vielleicht auch als Bettgenossin) aushielt, schließlich, in aussichtsloser Lage, noch kurz vor dem gemeinsamen Selbstmord im Führerbunker der Berliner Reichskanzlei heiratete. Schon vor diesem Selbstmord hatte sie sich mehrmals das Leben zu nehmen versucht. Offenbar hatte sie sich ähnlich wie Geli Raubal kontrolliert und ausgebeutet gefühlt, ohne daß sie doch fähig gewesen wäre, auszubrechen oder zumindest auf die räumliche Nähe zu einem der mächtigsten Männer der Welt zu verzichten. Anders als Geli dürfte sie sich als ein leicht austauschbares Ersatzstück erlebt haben. Von seinen Tref-

Eva Braun an ihrem Arbeitsplatz bei dem Fotografen Heinrich Hoffmann

fen mit Politikern und Berühmtheiten hielt Hitler sie konsequent fern. Und auch im engeren Kreis nannte er sie herablassend »Tschapperl«, ja behandelte er sie als Unperson. In ihrem Beisein bemerkte er einmal zu Albert Speer: »Sehr intelligente Menschen sollten sich eine primitive und dumme Frau nehmen ... In meiner freien Zeit will ich meine Ruhe haben.«

Was aber band Eva Braun dennoch über viele Jahre an Hitler, ja band sie so stark an ihn, daß sie sich schließlich aus freien Stücken bei Kriegsende zur gefährlichen Reise in das weitgehend bereits zerstörte und heftig umkämpfte Berlin entschloß, um dort gemeinsam mit Hitler zu Grunde zu gehen? Diese Frage stellt sich auch bei einigen anderen Frauen, wie etwa bei der Engländerin Unity Mitford, die Hitler wie lichthungrige Motten umschwärmten, um sich schließlich an ihm zu verbrennen.

## *Was an Hitler zog Frauen an?*

Zweifellos war da die Aura der gewaltigen von Hitler ausgehenden Macht, der sich gerade die Frauen seines Umfeldes kaum entziehen konnten. Wir sehen Hitler fast niemals allein. Ständig umgibt ihn ein Kreis von Prominenten und Hofschranzen, die jedes Wort und jede Geste bewundernd aufsaugen. Und diese Aura der Macht dürfte den Boden sowohl für verklärende Idealisierung, ja Gebanntheit als auch für unterschiedlichste Projektionen bereitet haben, wobei gerade die sich auch in seinem Äußeren bekundende innere Leere Hitlers – Ausdruck und Folge der Verkümmerung seines privaten Selbst – zu solchen Projektionen eingeladen haben könnte. Aber es lassen sich auch Unterschiede der jeweiligen Motivations- oder auch Projektionsdynamik annehmen. Einige davon kommen in den Blick, beachten wir das unterschiedliche Alter der Frauen in Hitlers Umfeld.

Da gab es zum einen die Gruppe der jungen Frauen, die ein ähnliches Alter wie Geli Raubal und Eva Braun aufwiesen. Zu ihnen zählen auch Mizzi Reiter und Unity Mitford, die so schöne und ganz dem Rassenideal der Nazis entsprechende junge Frau aus englischem Adel. Diese Frauen lassen uns an heutige Altersgenossinnen denken, die auf Massenveranstaltungen ein Rockidol umschwärmen, es ekstatisch beklatschen und ihm manchmal auch, so wie dies ähnlich Unity Mitford bei Hitler tat, unverdrossen im täglichen Leben nachstellen. Auch ein Rockidol vermag, so sehr es sich auch von einem Hitler unterscheidet, Macht auf verführungs- und einstimmungsbereite junge Frauen (und Männer) auszuüben. Allerdings schwindet diese Macht in der Regel bald: Trotz und wegen einer stimmgewaltigen »Anmache« werden die meisten Zuhörerinnen und Zuschauerinnen früher oder später ernüchtert die Banalität und/oder Realitätsferne ihres Idols feststellen können. Die Frauen in Hitlers Umfeld konnten oder wollten sich seinem Einfluß nicht entziehen und einige konnten oder wollten dies nur bewerkstelligen, indem sie sich das Leben nahmen. (Auch das Idol Hitler bediente sich übrigens neben vielem anderem der Musik, um die von ihm hypnotisierten deutschen Massen verstärkt an sich zu binden. Nur bot er keine Rockkonzerte, sondern eher martialische Melodien wie den Badenweiler Marsch an, der bei zahllosen seiner Auftritte gleichsam als seine Erkennungsmelodie von einer Militärkapelle gespielt werden mußte.)

Einer zweiten Gruppe von Frauen, die von Hitler angezogen wurden und sich in seinen Dienst stellten, ja wesentlich zu seinem Aufstieg beitrugen, setzt sich aus älteren Frauen wie Hermine Hoffmann, Helene Bechstein und Elsa Bruckmann zusammen. Sie bemutterten ihn während der späten zwanziger und frühen dreißiger Jahre in München und führten den noch ungelenken und intimitätsscheuen, aber schon wortgewaltigen Versammlungsredner und Politiker in die sogenannte bessere Gesellschaft ein. Wobei sie ihm auch Zugang zu finanzstarken Industriekreisen verschafften, deren Gelder er dringend benötigte. Über die Motivationen dieser Frauen lassen sich im Rückblick nur Vermutungen anstellen. Immerhin bietet es sich an, auch hier vor allem in der Hypertrophie von Hitlers öffentlichem Selbst und der Verkümmerung seines privaten Selbst ein Element seiner Anziehungskraft zu sehen. So könnte gerade Hitlers »Intimitätsscheu« diesen für nicht wenige dieser Frauen attraktiv gemacht haben. Unter anderem könnte sie bei diesen Frauen neben Wünschen nach Bemutterung von diesen sonst nicht zugelassene Wünsche wie etwa den Wunsch, erobernd und verführerisch zu wirken, aktiviert haben. Und das könnte schon früh der Fall gewesen sein. Denn bereits aus seiner frühen Wiener Zeit – er war damals um die zwanzig Jahre alt – gibt es dafür Hinweise. So berichtet sein Jugendfreund Kubizek über einen gemeinsamen Besuch der Wiener Hofoper: »Trotz seiner bescheidenen Kleidung, seines zurückhaltenden und kühlen Wesens in der Gesellschaft gefiel Adolf den vorbeipromenierenden Damen so sehr, daß mitunter sogar eine oder die andere den Kopf nach ihm umwandte, ein Verhalten, das nach der strengen, in der Hofoper geltenden Etikette, als ungehörig galt. Ich wunderte mich um so mehr darüber, als Adolf in keiner Weise dieses Verhalten herausforderte, im Gegenteil, er beachtete das aufmunternde Augenspiel der Damen kaum oder machte nur mir gegenüber eine unwillige Bemerkung darüber. Mir aber genügten diese Beobachtungen, um festzustellen, daß mein Freund beim anderen Geschlecht ausgesprochenes Glück hatte, ein Glück, das er allerdings zu meiner Verwunderung in keiner Weise ausnützen wollte.«

Einer dritten Gruppe von Frauen, die sich von Hitler angezogen fühlten, lassen sich Winifred Wagner und Leni Riefenstahl zurechnen. Sie standen Hitler im Alter näher als die Frauen der beiden anderen Gruppen. Und sie waren, anders als die Frauen der eben genannten Gruppen, offenbar nicht bloß leicht zu ersetzende (und ihm auch leicht lästig werdende) Randpersonen und Statistinnen in dem von ihm aufgezogenen weltpolitischen Theater. Vielmehr leisteten sie zu diesem Theater wesentliche Beiträge.

Leni Riefenstahl leistete solchen Beitrag durch ihre Filme, vor allem aber durch ihren die Nürnberger Parteitage und damit die schicksalshafte Symbiose zwischen Hitler und den Deutschen mythisch verklärenden Streifen *Triumph des Willens*. Und Winifred Wagner tat dies offenbar als Schwiegertochter und somit irdische Stellvertreterin des von Hitler vergötterten Richard Wagner. Sie blieb auch noch nach Ende des Krieges bis zu ihrem Tod eine unkritische Bewunderin seiner Person und Politik.

## *Gruppenprozesse*

Das Bild des seine Zuschauerinnen und Zuschauer elektrisierenden Rockidols unserer Zeit lenkt den Blick auf die Gruppenprozesse und Massenphänomene, denen bei Hitlers Aufstieg zum Diktator eine so große Bedeutung zukommt. Diese Prozesse waren dazu angetan, bei seinem Publikum und möglicherweise auch

Adolf Hitler begrüßt Verehrerinnen auf dem Obersalzberg

bei ihm selbst alle Reste einer reflektierenden und differenzierenden Vernunft hinwegzufegen und pure, durch einfache Metaphern und Bilder gesteuerte Emotionalität an deren Stelle treten zu lassen. Und sie ermöglichten es Hitler, sein wohl größtes Talent zur Wirkung zu bringen: seine Begabung als wortgewaltiger und zugleich sich psychologisch auf sein jeweiliges Publikum geschickt einstimmender Demagoge. Diese Begabung deutet sich bereits in *Mein Kampf* an.

So lesen wir darin etwa: »Die breite Masse eines Volkes besteht weder aus Professoren noch aus Diplomaten. Das geringe abstrakte Wissen, das sie besitzt, weist ihre Empfindungen mehr in die Welt des Gefühls. Dort ruht ihre entweder positive oder negative Einstellung. Sie ist nur empfänglich für eine Kraftäußerung in einer dieser beiden Richtungen und niemals für eine zwischen beiden schwebende Halbheit. Der Glaube ist schwerer zu erschüttern als das Wissen, Liebe unterliegt weniger dem Wechsel als Achtung: Haß ist dauerhafter als Abneigung, und die Triebkraft zu den gewaltigsten Umwälzungen auf dieser Erde lag zu allen Zeiten weniger in einer die Masse beherrschenden wissenschaftlichen Erkenntnis als in einem sie beseelenden Fanatismus und manchmal in einer sie vorwärtsjagenden Hysterie.« Und daher folgert er: »Wer die breite Masse gewinnen will, muß den Schlüssel kennen, der das Tor zu ihrem Herzen öffnet. Er heißt nicht Objektivität, also Schwäche, sondern Wille und Kraft.«

Ohne Zweifel kannte Hitler diesen Schlüssel und wußte er ihn zu nutzen. Und offenbar war dies auch für ihn der wichtigste Schlüssel, um immer wieder die symbiotische Verbundenheit mit der Mutter Deutschland, seiner »einzigen Braut« herzustellen und damit ein Kreisgeschehen zu unterhalten und zu intensivieren, worin sich *sein* Wille und *seine* Kraft und der Fanatismus wenn nicht die Hysterie der von ihm vorwärts gejagten deutschen Massen wechselwirkend bedingten und verstärkten.

Möglicherweise ist dies aber auch der Schlüssel, der uns am ehesten verstehen lassen kann, warum Hitler den eigenen Zusammenbruch (wenigstens eine Zeitlang) abzuwehren vermochte: Dank seiner Begabung und dank seiner Willens- und Kraftanstrengung als Demagoge und politischer Manipulator war er in der Lage, die überwiegende Masse der Deutschen auf seine psychotische Wirklichkeitskonstruktion einzuschwören und so diese Konstruktion zur nicht mehr hinterfragten kollektiven Realitätskonstruktion überhaupt zu machen.

Auch diesen Tatbestand nimmt er bereits in *Mein Kampf* vorweg, wenn er, die obigen Überlegungen fortsetzend schreibt: »Hier muß aus dem Heer von Millionen Menschen einer hervortreten, um mit apodiktischer Kraft aus der schwankenden Vorstellungswelt der breiten Masse granitene Grundsätze zu formen und so lange den Kampf für ihre alleinige Richtigkeit aufzunehmen, bis sich aus dem Wellenspiel einer freien Gedankenwelt ein eherner Fels einheitlicher glaubens- und willensmäßiger Verbundenheit erhebt.«

Gehen wir nun davon aus, daß sich mit der Herstellung solch glaubens- und willensmäßiger symbiotischer Verbundenheit für Hitler auch ein Spaltungsmanöver verband, das der Abwehr seiner ursprünglich gegen die Mutter gerichteten aggressiven Impulse diente, dann kündigt sich in dem obigen Zitat aus *Mein Kampf* auch bereits dessen zwangsläufiges Scheitern an. Denn in dem beschriebenen Kreisgeschehen, das Hitler und das deutsche Volk zusammenschweißte, zeigt sich uns auch schon der Keim zu einer fortschreitenden Radikalisierung, vielleicht genauer: zu einer Gegenüberstellung und Zementierung von entweder nur positiven oder nur negativen Positionen, das heißt zu einem Denken in und Erleben von schroffen Entweder-oder-Gegensätzen, die jedes Nachgeben, jedes Ertragenwollen von Ambivalenz und Unsicherheit, jede Halbheit, jede Kompromißbereitschaft als Schwäche und Niederlage werten mußten.

Und diese Radikalisierung nährte sich auch von seinem immer verzweifelteren Bemühen um Schamabwehr, wie ich dieses anfangs bei der Beschreibung seines öffentlichen Selbst angedeutet habe. Hier dürfte daher auch eine Ursache für das zu suchen sein, was Joachim Fest Hitlers »alles übergreifenden Katastrophenwillen« genannt hat, das heißt ein Schlüssel für sein unbeirrtes Festhalten an ideologisch festgelegten Positionen auch dann noch, wenn für einen Außenstehenden deren Realitätsferne längst offenkundig war, und ein Schlüssel für seine Inszenierung einer Wagnerschen Götterdämmerung und eines Wagnerschen Nibelungentodes von welthistorischem Ausmaß. Gehen wir überdies von einer unterschwellig ambivalenten, konfliktgeladenen, ja haßvollen Beziehung sowohl zur Mutter Klara als auch zum deutschen Mutterland aus, so ist dies ein Schlüssel, der uns verstehen lassen könnte, warum bei ihm selbst das trostlose Schicksal zahlloser deutscher Volksgenossen keinerlei Mitgefühl ausgelöst zu haben scheint.

Denn eine bislang zum Schweigen verurteilte Fraktion seines inneren Parlaments – die gegen die Mutter eingestellt war, ja deren Niederlage und Bestrafung wünschte – brachte sich jetzt zu Worte. Oder anders gesagt: In seiner Bilanzierung der Verdienstkonten von Hitler versus deutsches Volk (alias Mutter Klara) fühlte er sich als derjenige, der alles gegeben und zu wenig dafür bekommen hatte. Er konstatierte das, was ich anderenorts als einen Verrechnungsnotstand beschrieben habe. Und daraus ergab sich für Hitler: Wenn dieses deutsche Volk nicht seinen fairen Beitrag zur gemeinsamen Anstrengung zu leisten bereit war, war ihm eben nicht zu helfen, dann sollte es die Folgen spüren. Dementsprechend hören wir ihn bereits im Januar 1942 sagen: »Wenn das deutsche Volk nicht bereit ist, für seine Selbsterhaltung sich einzusetzen, gut, dann soll es verschwinden.«

Was auf der politischen Bühne beziehungsweise auf der Bühne der politischen Phantasmagorie so lange den Durchbruch der sich gegen die Mutter auflehnenden, haß- und rachegeladenen Gefühle verhindert hatte, die sich im Führerkult bezeugende und besiegelnde symbiotische Verbundenheit von Hitler mit den vom ihm berauschten und ihm blindlings folgenden Deutschen, zerbrach sozusagen an ihrer eigenen Dynamik und wurde dabei schließlich allen Beteiligten zum Verhängnis.

Heute, mehr ein halbes Jahrhundert nach Hitlers Tod bleibt als Frage: Sind die psychologischen Dispositionen, die Muster der Beziehungen, die Bedürfnisse und emotionalen Energien, die seinerzeit einem Hitler entgegenarbeiteten, inzwischen gezähmt? Wurden sie gebannt? Oder im Rahmen meines Themas genauer gefragt: Läßt sich von heutigen in Deutschland lebenden und heranwachsenden Frauen (und Männern) weniger Anfälligkeit für Persönlichkeiten vom Schlage eines Hitler erwarten?

Auch diese Frage läßt sich leichter stellen als beantworten. Immerhin springt hier aus meiner Sicht zweierlei ins Auge: Erstens das Faktum, daß in Deutschland – zunächst in der Bundesrepublik, nach 1989 auch in den neuen Ländern – trotz oder wegen Holocaust und Niederlage eine Demokratie entstand, die sich als handlungsfähig erwies, die den meisten Deutschen ökonomische Sicherheit, wenn nicht Wohlstand, bescherte und dabei im großen und ganzen Meinungsfreiheit und Rechtssicherheit garantierte. Dies spricht dafür, daß ein Mann wie Hitler heute das bliebe, was dieser selbst bis zu seinem dreißigsten Lebensjahr war: eine verkrachte Außenseiterexistenz mit mehr Aussicht, in einer psychatrischen Anstalt als auf einer politischen Spitzenposition zu landen.

Und dies auch – und damit komme ich zu dem zweiten wichtigen Gesichtspunkt – weil sich bei vielen, wenn nicht den meisten dieser Wählerinnen etwas Wesentliches geändert haben dürfte: Sie sind weniger, als es noch ihre Mütter und Großmütter waren, geneigt, sich aus der Politik herauszuhalten und sich patriarchalisch geprägten Normen und Strukturen zu fügen. Rechtlich wurden sie inzwischen Männern so weit gleichgestellt, daß sie, wenn sie wollen, auch als Soldatinnen an der Waffe Dienst tun können.

Zum Selbstverständnis der allermeisten von ihnen dürfte es inzwischen gehören, daß sie einen eigenen Beruf ausüben und ein eigenes Einkommen erwerben – was es ihnen auch leichter als den Frauen früherer Generationen macht, sich von einem mißliebigen Ehemann zu trennen oder diesen erst gar nicht zu heiraten. Ein solcher Wandel in der Position und im Selbstbild moderner Frauen dürfte diese dann ebenfalls weitgehend dagegen feien, sich von einem Hitler – oder dessen heutigem Äquivalent – in den Bann schlagen zu lassen.

Dabei hat gerade Hitler solche, sich über mehrere Generationen hinziehende Entwicklung mit angestoßen: Der sich immer verlustreicher gestaltende Krieg, zwang das Regime, Frauen vermehrt in Männerberufe einzusetzen – im Widerspruch zu den Rollen, die Hitler Frauen in seiner Weltanschauung zugedacht hatte: die sich um Politik nicht scherenden Hüterinnen des Heims und Mütter reinrassiger Kinder zu sein. So aber verhalf Hitler vielen Frauen zu der Erfahrung, daß sie auch als Frauen in vielerlei Weise ihren Mann oder eben ihre Frau stellen konnten, zu einer Erfahrung, die über die Generationen hinweg nachgewirkt und zur Emanzipation deutscher Frauen bis in die Gegenwart beigetragen haben dürfte.

# Anhang

# Dank

Der Themenabend *Hitler und die Frauen* im Bayerischen Fernsehen im November 2000 war sehr erfolgreich. Die Co-Produktion des Bayerischen Rundfunks, Mitteldeutschen Rundfunks und Österreichischen Rundfunks hatte ein in der Zeitgeschichte und in den Medien bis heute wenig beachtetes Thema behandelt, denn bisher war der Nationalsozialismus vor allem als »Männersache« angesehen worden. Über das Angebot der Deutschen Verlags-Anstalt, einen reich bebilderten Band zur Fernsehserie herauszugeben, habe ich mich sehr gefreut.

Für das Vertrauen der Geschäftsleitung und die ausgezeichnete Betreuung durch das Lektorat, Herrn Michael Neher und insbesondere Frau Julia Hoffmann, möchte ich mich herzlich bedanken.

Mit Frau Dr. Martha Schad habe ich wieder gern zusammengearbeitet, Herrn Professor Dr. Helm Stierlin konnte ich sofort für das Projekt gewinnen.

Vor allem möchte ich meinem Redaktionsteam mit Astrid Harms und Filmautor Thomas Hausner für die hervorragende Zusammenarbeit danken.

Nicht zuletzt gilt mein Dank Herrn Dr. Gerhard Fuchs, Fernsehdirektor des Bayerischen Rundfunks, der von Anfang an meinem Projekt *Hitler und die Frauen* jede Unterstützung zuteil werden ließ.

München, August 2001 *Ulrike Leutheusser*

# Die Beiträger

*Ulrike Leutheusser*, geboren 1943, verantwortet den Programmbereich Wissenschaft – Bildung – Geschichte und koordiniert die Programmgruppe Kultur – Familie – Bildung beim Bayerischen Fernsehen in München. Sie studierte Geschichte, Geographie und Latein an den Universitäten Köln und Berlin.

*Astrid Harms*, geboren 1963, ist Redakteurin des Bayerischen Fernsehens in der Redaktion Geisteswissenschaften und Sprachen. Sie studierte Germanistik, Geschichte und Theaterwissenschaft an der Universität München.

*Thomas Hausner*, geboren 1957, studierte an der Hochschule für Fernsehen und Film in München und arbeitet seit 1983 als Dokumentarfilmer zu Themen aus Geschichte und Politik für das Bayerische Fernsehen. Seine Schwerpunkte liegen auf dem Gebiet der deutschen Zeitgeschichte und des Nahostkonflikts.

*Martha Schad*, geboren 1939, studierte Geschichte und Kunstgeschichte in Augsburg und schloß mit einer Dissertation zu den Frauen des Hauses Fugger ab. Sie arbeitet als freiberufliche Historikerin und hat zahlreiche Bücher, vor allem zum Thema Frauen in der Geschichte, veröffentlicht.

*Helm Stierlin*, geboren 1926, ist Psychotherapeuth und Philosoph. Sein Spezialgebiet ist die Familientherapie, bei der er einen systemischen Ansatz vertritt, das heißt ein besonderes Augenmerk auf die Beziehungsgeflechte legt, in denen sich Menschen bewegen. Stierlin veröffentlichte 1975 ein Buch zur Psychologie Hitlers.

# Ausgewählte Literatur


Angermair, Elisabeth; Haerendel, Ulrike (Hg.): Inszenierter Alltag, München 1993

Arendt, Hannah: Elemente und Ursprünge totaler Herrschaft, München/Zürich 1986

Beier, Rosemarie; Biedermann, Bettina (Hg.): Lebensstationen in Deutschland 1900 bis 1993, Gießen 1993

Benz, Wolfgang: Geschichte des Dritten Reiches, München 2000

Benz, Wolfgang; Distel, Barbara (Hg.): Dachauer Hefte 3 – Frauen, Verfolgung und Widerstand, München 1993

Binion, Rudolph: »... daß ihr mich gefunden habt«. Hitler und die Deutschen: eine Psychohistorie, Stuttgart 1978.

Broszat, Martin; Fröhlich, Elke; Grossmann, Anton (Hg.): Bayern in der NS-Zeit, 4 Bde., München 1981

Ebbinghaus, Angelika (Hg.): Opfer und Täterinnen. Frauenbiographien des Nationalsozialismus, Frankfurt 1996

Falter, Jürgen W.: Hitlers Wähler, München 1991

Fest, Joachim C.: Hitler – Eine Biographie, Frankfurt / Berlin [6]1996

Gisevius, Hans Bernd: Adolf Hitler, München 1963

Gravenhorst, Lerke; Tatschmurat, Carmen (Hg.): TöchterFragen. NS-Frauengeschichte, Freiburg 1990

Haffner, Sebastian: Geschichte eines Deutschen, Stuttgart/München 2000.

Hamann, Brigitte: Hitlers Wien, München 1996

Hart und Zart. Frauenleben 1920–1970, 4 Bde., Berlin 1990

Herz, Rudolf: Hoffmann & Hitler, München 1994

Jäckel, Eberhard: Hitlers Weltanschauung, Tübingen 1969

Kershaw, Ian: Hitler, 2 Bde., Stuttgart / München 1998 und 2000

Knopp, Guido: Hitlers Frauen und Marlene, München 2001

Kogon, Eugen: Der SS-Staat. Das System der deutschen Konzentrationslager, München 1974

Konz, Claudia: Mütter im Vaterland, Freiburg 1991

Krafft, Sybille (Hg.): Zwischen den Fronten. Münchner Frauen in Krieg und Frieden 1900–1950, München 1995

Matussek, Paul; Matussek, Peter; Marbach, Jan: Hitler. Karriere eines Wahns, München 2000
Mommsen, Hans / Willems, Susanne (Hg.): Herrschaftsalltag im Dritten Reich, Düsseldorf 1988
Münchner Stadtmuseum (Hg.): München – Hauptstadt der Bewegung, München 1993
Pilgrim Volker Elis: »Du kannst mich ruhig ›Frau Hitler‹ nennen.« Frauen als Schmuck und Tarnung der NS-Herrschaft, Reinbek bei Hamburg 1994
Posner, Gerald L. / Ware, John: Mengele. Die Jagd auf den Todesengel, Berlin / Weimar 1993
Proskauer, Erna: Wege und Umwege, Berlin 1989
Schad, Martha: Frauen gegen Hitler, München 2001
Schmidt, Ilse: Die Mitläuferin, Berlin 1999
Schoenberner, Gerhard: Der Gelbe Stern, München 1978
Scholtz-Klink, Gertrud: Die Frau im Dritten Reich, Tübingen 1978
Schwarz, Gudrun: Die nationalsozialistischen Lager, Frankfurt 1996
Schwarz, Gudrun: Eine Frau an seiner Seite. Ehefrauen in der »SS-Sippengemeinschaft«, Hamburg 1997 und Berlin 2001
Sigmund, Anna Maria: Die Frauen der Nazis, 2 Bde., Wien 1998 und 2000
Smith, Arthur L. jr.: Der Fall Ilse Koch, Köln 1983
Smith, Bradley S.: Adolf Hitler: His Family, Childhood and Youth, Stanford 1967
Stierlin, Helm: Adolf Hitler. Familienperspektiven, Frankfurt 1975
Stierlin, Helm: Delegation und Familie, Frankfurt 1982
Stierlin, Helm: Eltern und Kinder. Das Drama von Trennung und Versöhnung im Jugendalter, Frankfurt 1980
Stierlin, Helm: Haltsuche in Haltlosigkeit, Frankfurt 1997
Turner, Henry A.: Hitlers Weg zur Macht, München 1996
Wagner, Leonie: Nationalsozialistische Frauenansichten, Frankfurt am Main 1996
Weyrather, Irmgard: Muttertag und Mutterkreuz. Der Kult um die »deutsche Mutter« im Nationalsozialismus, Frankfurt 1993
Wiggershaus, Renate: Frauen unterm Nationalsozialismus, Wuppertal 1984
Wobbe, Theresa (Hg.): Nach Osten, Frankfurt 1992

# Bildnachweis

Bayerischer Rundfunk, Archiv 99, 111, 122,145, 146, 209, 212, 237
Bayerische Staatsbibliothek, München 12/13, 22, 23, 24, 25, 27, 28, 30, 33, 48, 50, 51, 61, 62, 68, 76, 77, 80, 85, 90, 94, 96, 98, 101, 104, 120, 123, 132, 138, 154, 155, 156, 164, 165, 167, 169, 181, 183, 197, 198, 204–206, 242, 251, 254, 257, 265, 268, 273
Bundesarchiv Berlin 178
Bundesarchiv Koblenz, Sign. 146/75/96/33A 261
C.A.N.D.L.E.S. Holocaust Museum, Terre Haute, Indiana 231
Espresso (ehemals Elefanten-Press): *Hart und Zart* 130, 140, 171
Franklin D. Roosevelt Library, Hyde Park, New York 18
Rudolf Herz, München 39, 65, 245, 248, 249
Kongress-Verlag Berlin: *Der gelbe Stern* 201, 217, 235
KZ-Gedenkstätte Dachau 189, 224, 225
Münchner Stadtmuseum 142
Münchner Stadtmuseum: *Ausstellungskatalog München – Hauptstadt der Bewegung* 49
Münchner Stadtmuseum, Fotomuseum 46
Brunhilde Pomsel 160
Erna Proskauer / Nishen Kommunikation 135
National Archives, Washington, D. C. 88, 89, 92, 107, 114, 116, 117, 136, 177, 195, 214, 259, 269
Privatbesitz 37, 41, 42, 55, 57
Ilse Schmidt / Aufbau-Verlag 162
Staatsarchiv München 58, 59, 82, 83, 227
Stadtarchiv München 34, 79,
Stiftung Archiv der Parteien und Massenorganisationen der DDR im Bundesarchiv (SAPMO) 221
Stiftung Brandenburgische Gedenkstätten / Archiv, Mahn- und Gedenkstätte Ravensbrück 208, 219
Stiftung Dokumentationsarchiv des österreichischen Widerstandes, Wien 149, 150
ullstein bild 81, 229
Wachtturm-Archive, Selters, Taunus 187, 191

# Register